# 远东国际军事法庭庭审记录·中国部分
## ——侵占东北辩方举证（下）

Transcripts of the Proceedings
of the International Military Tribunal for the Far East:
The China related
——Manchuria Division (Volumn 2)

主编 程兆奇

彭一帆 译　翟新 校

**内容提要**

本书所译，为1947年4月10日至1947年4月22日的东京审判庭审记录，其内容涉及从"九一八事变"前后至"七七事变"直至日本战败投降期间关东军、日本政府、天皇、军部等相关的活动，并主要围绕伪满洲国的对日关系、经济建设、鸦片政策、宗教问题及其体制问题等相关案件进行审理。

本书以上海交通大学出版社、国家图书馆出版社2013年英文版《Transcripts of the Proceedings of the International Military Tribunal For the Far East（远东国际军事法庭庭审记录）》为底本翻译，参照雄松堂1968年日文版《極東國際軍事裁判速記錄》校对。

**图书在版编目（CIP）数据**

远东国际军事法庭庭审记录.中国部分／东京审判研究中心编译.—上海：上海交通大学出版社，2016
ISBN 978-7-313-14847-6

Ⅰ.①远… Ⅱ.①东… Ⅲ.①远东国际军事法庭—史料 Ⅳ.①D995

中国版本图书馆CIP数据核字（2016）第080135号

**远东国际军事法庭庭审记录·中国部分**
——侵占东北辩方举证（下）

| | | | | |
|---|---|---|---|---|
| 主　　编： | 程兆奇 | 译　者： | 彭一帆 | |
| 出版发行： | 上海交通大学出版社 | 地　址： | 上海市番禺路951号 | |
| 邮政编码： | 200030 | 电　话： | 021-64071208 | |
| 出 版 人： | 韩建民 | | | |
| 印　　制： | 上海景条印刷有限公司 | 经　销： | 全国新华书店 | |
| 开　　本： | 787 mm×960 mm　1/16 | 印　张： | 24 | |
| 字　　数： | 306千字 | | | |
| 版　　次： | 2016年5月第1版 | 印　次： | 2016年5月第1次印刷 | |
| 书　　号： | ISBN 978-7-313-14847-6/D | | | |
| 定　　价： | （共十二册）1200.00元 | | | |

版权所有　侵权必究
告读者：如发现本书有印装质量问题请与印刷厂质量科联系
联系电话：021-59815625＊8028

# 前　言

本书为1947年4月10日至1947年4月22日的东京审判庭审记录，其内容涉及从九一八事变前后至七七事变直至日本战败投降期间关东军、日本政府、天皇、军部等相关的活动，并主要围绕伪满洲国的对日关系、经济建设、鸦片政策、宗教问题及其体制问题等相关案件进行审理。

辩方首先提交了包括"满洲国"独立宣言以及溥仪即位诏书等证据，以期证明满洲从中国独立出去乃是出于自己的意志，言下之意是与日本无关。而被告之一的南次郎，于1931年4月14日开始就任陆军大臣，可以说是以最近的距离见证了从九一八事变至"满洲国"成立前后的一系列事件，并与之有千丝万缕的联系。本书的大多数内容，也是检方与辩方通过对南次郎被告的直接询问与交叉询问与反证展开。

检方首先通过九一八事变前后日本官方的记录与资料否定了"满洲国"自主建国一说，证明了关东军发动九一八事变是早已策划的阴谋，建立"满洲国"乃是出于对苏联战争准备的需要。而从多数资料可以推论日本政府事前知道关东军的此举，因此南次郎以陆军大臣不能干涉军政一说无法成立。

其次，检方澄清的事实是，事后相关人员谒见天皇，请求日本政府追认关东军的活动以及朝鲜军擅自越境出兵的行为，相关负责人并未被严惩，也是出于军部的阴谋推动。

接下来涉及一个非常重要的问题，即日本与"满洲国"的关系以及围绕"满洲国"的承认日本与国际社会的关系。检方通过对证人、原"满洲国"皇帝溥仪的问话以及相关证据证明了日本与"满洲国"不是如日本政府一直坚称的建立在《日满议定书》基础之上的"和善"、"协作"的"友好国家关系",而是建立在赤裸裸的武力威胁、人身控制基础之上;表面上政府主要官职的副官以及顾问均由日本人担任,主要政策也由这些日本人制定,背地里则辅以石原莞尔等人的特务活动,所谓"满洲国"的政治、经济、外交、国防等权力均把持在关东军手中。而日本政府不仅没有对此加以制止,反而顺水推舟,不仅迅速承认了"满洲国",还在国联李顿调查团得出结论认为不应承认"满洲国"之后,不惜与国际社会闹翻,最终退出国联。"满洲国"成立之后,华北驻屯军和关东军中土肥原贤二等人又进一步策划了华北自治和分裂内蒙古、新疆等阴谋活动,证明了日本军国主义分裂中国的野心。

最后,对于"满洲国"的国内问题,如体制、经济、宗教、鸦片等各方面,法庭也进行了审理。检方同样以有力的证据证明了"满洲国"国内存在强迫当地民众信仰日本的神道教,关东军通过生产和销售鸦片来补充军费、操纵"满洲国"的税制与货币改革等问题,而辩方只是提交形式上的"满洲国"法律条款加以反驳,显得苍白无力。

总体而言,检方提交的各种官方记录、证人证词更为前后一致、连贯,显示出了事件的因果联系。而被告所做的自我辩护或证词则漏洞百出,前后矛盾,难以自圆其说。虽然表面上的法律与说辞富丽堂皇,但在事实证据面前立即原形毕露,难以辩驳。

在翻译本书的过程中,我得到了在上海交通大学的恩师翟新老师的谆谆教导,翟老师一字一句对本稿进行了校对,为我指出了许多翻译上和知识上的不足之处,也教会了我如何分析史料,形成自己的历史观。还要特别感谢上海交大东京审判研究中心的程兆奇老师,一直鼓励我的东京审判研究工作,为国家和民族献出自己一份贡献。该中心的石鼎老师等不厌其烦地做了名词索引,上海交大出版社的金迪编辑给予了大力支持,没有两位老师的细致工作,此书恐怕难以付梓。因篇幅有限,在此感谢所有给予了我大力帮助而未能一一列举姓名的各位老师以及朋友。

彭一帆<br>2014 年 5 月

# 本册出庭发言者

**法　官**
　　威廉·弗拉德·韦伯

**检察官**
　　亨利·格兰顿·诺兰　　　弗兰克·塔夫纳
　　亚瑟·柯明斯·卡尔　　　罗纳德·亨利·奎廉

**辩护律师**
　　林逸郎　　　　　　　　富兰克林·沃伦
　　阿尔弗雷德·W·布鲁克斯　欧文·坎宁安
　　冈本敏男　　　　　　　三宅正一郎
　　威廉·洛根　　　　　　本·布鲁斯·布雷克尼
　　阿里斯蒂德斯·拉扎勒斯　山田半藏
　　鹈泽总明　　　　　　　右田政夫
　　乔治·布鲁伊特

**证　人**
　　南次郎　　　　　　　　鹿儿岛虎雄
　　植田谦吉　　　　　　　石丸志都磨
　　松木侠　　　　　　　　难波经一
　　高村岩　　　　　　　　武藤富男
　　名波敏郎　　　　　　　田中恭

# 凡 例

1. 本书为 1947 年 4 月 10 日至 1947 年 4 月 22 日的东京审判庭审记录，其内容涉及从九一八事变前后至七七事变直至日本战败投降期间的事件，主要围绕伪满洲国及其相关案件。

2. 本书根据东京审判庭审记录英文版进行翻译，并同时参考日文版本。

3. 根据审理的主题不同，由译者自行分成了十四个不同小节并添加了标题，以方便读者根据阅读需要进行选择。但全书依然严格按照庭审记录的编排顺序。

4. 对于特定历史名词，如"满洲国"等，译文均按照庭审记录保留原状。

5. 译文中凡是译者标注的地方均注明"译者注"三字。

6. 对于庭审记录中所出现的明显的谬误或纰漏之处，译者均通过脚注指出。

7. 对部分译文，译者参考了其他译本，并在脚注中指出。

# 目 录

一、"满洲国"的创立和自主性　001

二、被告出庭作证的内容与手续　021

三、被告南次郎证人出庭作证(第1日)　040

四、被告南次郎证人继续作证(第2日)　072

五、被告南次郎证人继续作证(第3日)　110

六、被告南次郎证人继续作证(第4日)　148

七、被告南次郎证人继续作证(第5日)　185

八、辩护方反证"'满洲国'的国内问题"阶段　195

九、溥仪书信、"满洲国"宗教问题　228

十、"满洲国"的鸦片、毒品政策问题　256

十一、"满洲国"的鸦片专卖制度　287

十二、"满洲国"新体制改革　310

十三、"满洲国"经济活动发展与五年计划　329

十四、"满洲国"经济基础的发展　350

索引　362

# 一、"满洲国"的创立和自主性

1947年4月10日,星期四
日本东京都旧陆军省大楼内远东国际军事法庭

……

**韦伯庭长**:按照惯例,允许证人退庭。

(和知证人退庭)

**林逸郎辩护律师**:请布鲁克斯辩护律师登台,开始"满洲国"建国相关部分的辩护。

**韦伯庭长**:布鲁克斯辩护律师。

**布鲁克斯辩护律师**:冈本辩护律师将负责提交接下来该部分第三以及第四节的相关书证。

**韦伯庭长**:冈本辩护律师。

**冈本敏男辩护律师**:韦伯庭长以及各位法官阁下,接下来这一部分我们将会处理"满洲国"作为独立国家的地位及伴随其中的各种问题。我们在此将辩护方第127号文件作为证据提交,该文件是1932年2月18日由东北行政委员会起草的《满蒙新国家独立宣言》。

**韦伯庭长**:诺兰检察官。

**诺兰检察官**:检方对该文件的提交提出异议。该文件虽然题为《满蒙新国家独立宣言》,但是阅读之后便可认为该标题并不恰当。就我得出的结论而言,我认为它是关于行政改革的计划,是由所谓的东北行政委员会制订并试图获得大众支持的一份文件。

该文件并未显示出处和证明其可靠性的证明书，它除了会延长审理时间之外，与本案件没有任何关系。基于此，检方认为应当驳回受理该文件。特别是在辩方证据提交清单中，稍后将会有份日期为1938年3月1日的"满洲国"独立宣言的文件。特此提出异议。

**语言监督官：** 修正，应该是1932年。

**韦伯庭长：** 这份文件发表于约10天之前，即1932年2月18日。该宣言有可能是真正意义上的宣言，同时也有可能是疯子的胡言乱语。

**冈本敏男辩护律师：** 为了展示这个行政委员会的构成和从国民党政府中独立与分离出去的希望和理由，以及该独立宣言核心部分的真实用意及其所采用的政策，请允许我宣读该文件做了标记的摘要部分，并记录在案。

**韦伯庭长：** 我在阅读《李顿调查团报告》的第93页，第2节。那份文件是李顿调查团报告第93页上所载的独立宣言吗？

**冈本敏男辩护律师：** 是的。

**韦伯庭长：** 除了该93页中所刊载的之外，你要宣读的文件中是否要增添其他新的内容？

**冈本敏男辩护律师：** 我想向法庭提交写作该宣言的人员名字，以及写作该宣言的方式。

**韦伯庭长：** 你从何处获得这份文件的？

**冈本敏男辩护律师：** 您希望审阅一遍原件吗？原文附有出处以及具证据力的证明书，请允许我宣读。（宣读）

我，日本外务省管理局大陆课课长中川享，证明如下情况。附加其中的3张用日文写成的题为《满蒙新国家独立宣言》的文件，乃是一份名为《帝国建国精神》的日文宣传册的真实副本。该宣传册由"满洲国"共和会中央本部发行。

1946年8月12日于东京签署。最后是该官员的签名。

**韦伯庭长：**今后我们的复印件都应该附上证明书。

**冈本敏男辩护律师：**很抱歉。

**韦伯庭长：**根据多数决议，按照惯例，受理该文件。

**法庭书记官：**辩方文件第127号成为法庭证据第2425号。

**冈本敏男辩护律师：**现在从辩方文件第127号，即法庭证据第2425号第1页第2节开始宣读其中4段。（宣读）

  满蒙新国家独立宣言

  自东北发生事变以来，瞬息已逾数月，人民求定之心宛如饥渴时寻求饮食。于此更始一新之时，复兴苏醒之愿愈显恳切。张景惠等诚惶诚恐被推举为省区之首领，而图新革旧之责不能转嫁他人。

  诸位为共商大计而集聚一堂，皆曰"非巩固有力团体则不足谋策全局，非基于人民公意则难以创建新策"。兹于此成立由东北四省一特别区及蒙古各王侯构成的机构，命名为东北行政委员会，值其成立之际现向内外通告。

  由此东北四省与国民党政府脱离关系，东北各省区完全独立。更以独立之精神，致力谋求行政之改善。

  往者军阀滥施苛政，豪取强夺，民众犹陷水深火热之中，由是性命尚且难以保全。而漫乡遍野泪痕未干，虎狼爪牙余力尚存，吾等应彻底予以根绝，不可使其再伸展枝叶、飞扬跋扈。正如先贤有云"抚民者谓之后，保民者谓之王"。四民苏醒得以安息可谓善治即成。此乃本会第一使命。

  接下来我直接跳至第2页下面第3行开始宣读，一直读到下一段第2句话为止。

近者暴民专政恣利耸怨,社会道德日渐消灭。社会乃国家之基础,道德系政治之本源。古书曰"言忠信,行笃敬,虽蛮貊之邦,行矣"。不持排外政策,斯免国际战争。更以门户开放、机会均等主义与世界各民族共存共荣。此乃本会第二使命。

安内和外乃政治之本。既谋求根本之巩固,则宜讲枝叶之繁荣。亦即奖赏鼓励职业、促进农商、使生利者日多,失业者益少,则社会之利益可均沾,阶级斗争自会泯灭。如是赤化自无法进行,民政可期也。此乃本会第三使命。

张景惠等为达成以上三大使命,即组建本会,为我东北各省区各种族人民祈福。苍天在上,照鉴此言。国人君子奋起,助我等一臂之力。

接着将辩方第189号文件作为证据提交。我只引用并宣读第9至10页和第21至24页中标记的部分。该文件是日本政府关于"满洲国"建国发表的观察报告,其中展示了在哪些点上《李顿调查团报告》与事实的相违,哪些点上该调查委员会忽略了所得到的部分情报,以及当时其他并未详细说明的额外信息。

**韦伯庭长**:诺兰检察官。

**诺兰检察官**:韦伯庭长阁下,正如法庭英文庭审记录第18765页如下文字记录所示,本文件已被法庭驳回,我在这里引用:法庭对刚才提交的文件达成一致意见,认为该文件除了理论性的内容之外,未包含其他任何东西。并且在该页结尾的部分写有"支持异议,驳回该文件"。

**冈本敏男辩护律师**:关于这一点,我是否可以说几句?

**韦伯庭长**:同意。

**冈本敏男辩护律师**:确实本文件曾以除了理论未包含其他内容为由被驳回。但是我们诚恳地在这里想说几句,即这份文件已包含了事实的陈述，特别是引用了证据。例如，首先在第9页第3节第1句结束文章的附近，记录了这样的话：张作霖在其1922年5月的声明中清楚地说到，不承认东北各省是中华民国的领土。

**韦伯庭长**：你刚才提到的那段话在给我们的副本中刚好放在没有做标记的部分里。

**冈本敏男辩护律师**：非常抱歉。今天早上因时间限制未来得及对其进行标记。此外，在脚注中还引用了发给驻北京以及天津的外国公使和领事的电报文。

**韦伯庭长**：如果你在该问题文件中标注了所有的事实陈述的话，可能我们的态度会有所变化。很明显那些是对一些事实的陈述，你是打算在这里只把那些内容作为证据提交吧。除了提交这份书证或文件的一部分之外，你是否还有其他的方法能够证明这些事实呢？为什么要提交一份单行距打印了40页的文件仅是为了证明几处事实呢？

**冈本敏男辩护律师**：您所说的我都清楚了。但是我们手头并没有这类证据。只是想稍微唤起法庭的注意。

**韦伯庭长**：根据法庭多数决议，支持异议，驳回该文件。

**冈本敏男辩护律师**：接下来提交辩方文件第177号。

**韦伯庭长**：很明显没有异议。

**冈本敏男辩护律师**：该文件是从法庭证据第279号庄士敦所著，名为《紫禁城的黄昏》一书中做的节选。著者在该书第262页中针对《李顿调查团报告》，指出……

**韦伯庭长**：诺兰检察官。

**诺兰检察官**：我必须对此提出异议，否则该文件可能会以全文作为证据被受理。这份文件的开头部分从臆测开始，即虽然一件事情并未发生，但是其假设该事件发生之后会导致什么结局。大家看一下开头的前5行就会明白。之后便一直在说明《李顿调查团报告》。紧接着便继续议论《李顿调查团报告》。我引用第262页一段话,开头是这样写的:"我知道情况虽然是这样,但是我有不同意见……"但是作者所说的他所知道的这种情况究竟是什么却丝毫没有提到。检方基于反对其他类似文件摘要同样的理由,包括该作者针对特别事件的个人意见在内,对本文件的提交表示异议。

**韦伯庭长:** 根据法庭多数决议,支持异议,驳回受理该文件。

**冈本敏男辩护律师:** 现在将辩方第104号文件作为证据提交。该文件是溥仪执政即位时的诏敕,其中记述了其本人对于即位的看法以及理由。将此证据与其他书证进行对证后可显示出溥仪是自发地执政,并希望得到别人的建议与辅佐,但并没有受到任何人的指挥命令。

**韦伯庭长:** 按照惯例,予以接受。

**法庭书记官:** 辩方文件第104号接受为法庭证据第2426号。

**冈本敏男辩护律师:** 现在宣读法庭证据第2426号。(宣读)

　　即位诏书

　　奉天承运,皇帝诏曰,我国肇基,国号满洲,于兹二年,原夫天意之爱民,赖友邦之仗义,其始凶残肆虐,安忍阻兵,无辜吁天,莫能自振,而日本帝国,冒群疑而不避,犯众咎而弗辞,事等解悬,功同援溺,朕以藐躬,乃承天眷,假我尺柄,授我丘民,流亡渐集,兴其讴歌,兵气潜销,化为日月,夫皇天无亲,惟德是辅,而生民有欲,无主乃乱,吁请正位,询谋佥同,敢不敬承,天命其以大同三年三月一日,即皇帝位,改为康德元年,仍用满洲国号,世难未艾,何敢苟安,所有守国之远图,经邦之长策,当与日本帝国,协力同心,以期永固,凡统治纲要,成立约章,一如其旧,国中人民,种族各异,从此推心置腹,利害与共,无渝此言,有如皦日,无替朕命,咸使闻知。

　　御名御玺,国务总理大臣各部大臣

　　　　　　　　　　　　　　康德元年三月一日

现在提交辩方第 131 号文件。我希望将其中标记的摘要部分作为证据宣读。

**韦伯庭长**：具体内容呢？

**冈本敏男辩护律师**：本文件是国际联盟日方首席代表松冈洋右的演说文。该演说于 1932 年 11 月 21 日在国际联盟理事会上发表。本文从国际联盟相关资料集（1932 年 12 月）中节选出来。该演说提到了需要提交给法庭进一步研究与作为证据的几个地方，以及李顿调查团未提交但是又具有价值的追加证据等，我认为对本法庭来说，是具有重要价值的。

**韦伯庭长**：诺兰检察官。

**诺兰检察官**：检方反对辩方第 131 号文件作为证据提交。该文件只是日本政府关于《李顿调查团报告》的议论的简要回顾而已。其中提到的日本政府对该报告的评论，已经包含在被法庭驳回的辩方第 189 号文件之中。因此，检方基于同样理由要求驳回该第 131 号文件。

**冈本敏男辩护律师**：希望法庭注意第 6 页的倒数第 3 段，上面写了外务大臣币原喜重郎男爵以及陆军大臣南大将于 9 月 26 日发出训电，禁止日本的军人官吏与其他文职人员参与到已经在进行之中的满洲新政治秩序建设的种种计划之中。

**韦伯庭长**：关于这件事，还有其他的相关证据吗？

**冈本敏男辩护律师**：此份文件是日本政府在国际联盟上发表的正式声明，由于币原喜重郎、南次郎两大臣的训令原文已无法获得，因此我们不得不将此份文件作为展示日本政府态度以及政策的次要证据提交法庭。

**韦伯庭长**：根据多数决议，法庭支持异议，驳回本文件。

**冈本敏男辩护律师**：接下来提交辩方第 105 号文件。宣读本文件的第 2 项并希望作为证据提交。这是 1933 年 3 月 27 日日本在脱离国际联盟之际的天皇敕语。该摘要显示了尊重"满洲国"的独立对世界和平至关重要，以及表明了日本出于对条约上新国家负有的义务是日本从国际联盟退出的一个原因。

**韦伯庭长：** 按照惯例，予以接受。

**法庭书记官：** 辩方第 105 号文件接受为法庭证据第 2427 号。

**冈本敏男辩护律师：** 现在开始宣读法庭证据第 2427 号第 1 页第 2 项。（宣读）

> 如今正值"满洲国"新兴之际，本帝国尊重其之独立，促进其健全发展，以铲除东亚之祸根、维护世界和平。然则实乃不幸，本帝国与国际联盟所见相去甚远，朕及政府经慎重审议，遂最终采取脱离国际联盟之举。

现在将辩方第 57 号文件作为证据提交。该文件是 1935 年 3 月 23 日苏联与"满洲国"间签署的最终议定书，显示了苏联在事实上已承认"满洲国"。

**韦伯庭长：** 按照惯例，予以接受。

**法庭书记官：** 辩方第 57 号文件接受为法庭证据第 2428 号。

**冈本敏男辩护律师：** 现在把第 2 条作为证据宣读。（宣读）

> 第 2 条
> 本协定第五条关于苏联在哈尔滨居民团体占有与管理之下财产的规定，丝毫不妨碍"满洲国"的法令对上述财产占有或管理的适用。

接着将辩方第 27 号文件作为证据提交。该文件是 1932 年 3 月 1 日的"满洲国"建国宣言，由"满洲国"外交部写作而成。

**韦伯庭长：** 按照惯例，予以接受。

**法庭书记官：** 辩方第 27 号文件接受为法庭证据第 2429 号。

**冈本敏男辩护律师：**现在开始宣读法庭证据第 2429 号。（宣读）

"满洲国"建国宣言

想我满蒙各地属在边陲，开国绵远，征诸往籍分并可稽。地质膏腴，民风朴茂，殆经开放，生聚日繁，物产丰饶，实为奥府。乃自辛亥革命，中华民国成立以来，东省军阀乘中原变乱之机，攫取政权，据三省为己有。豺貔相继，竟将二十年。狼厉贪婪，骄奢淫佚，罔顾民生之休戚，惟私利之是图。内则暴敛横征，恣意挥霍，以致币制紊乱，百业凋零；且复时逞野心，进兵关内，扰害地方，伤残民命，一再败衄，犹不悛悔；外则蔑弃信义，开衅邻邦，昧昧亲仁之规，专取排外为事；加以警政不修，盗匪横行，遍于四境，所至掳掠焚杀，村里一空，老弱沟壑，饿殍载途。以满蒙三千万之民众，托命于此残暴无法区域之内，待死而已，何能自脱？今者何幸假手邻邦，驱兹丑类，举积年军阀盘踞秕政萃聚之地，一旦廓而清之。此天予我满蒙之民苏息之良机，吾人所当奋然兴起，迈往无前，以图更始者耳。惟是内顾中原，自改革以还，初则群雄角逐，争战频年；近则一党专横，把持国政。何曰民生？实置于死；何曰民权？惟利是专；何曰民族？但知有党。

既曰天下为公，又曰以党治国，矛盾乖谬，自欺欺人，种种诈伪，不胜究诘。比来内讧迭起，疆土分崩，党且不能自存，国何能顾？于是赤匪横行，灾祲荐告，毒痛海内，民怨沸腾，无不痛心疾首于政体之不良，而追思曩昔政治清明之会，直如唐虞三代之远，不可几及。此我各友邦共所目睹，而同深感叹者也。夫以二十年试验所得，其结果一至于此，亦可废然返矣。乃犹讳疾忌医，怙其旧恶，借词民意从违，未可遏抑。然则纵其所之，非浸至于共产以自陷于亡国灭种之地而不已。

今我满蒙民众以天赋之机缘，而不力求振拔，以自脱于政治万恶国家范围之外，势必载胥及溺，同归于尽而已。数月来几经奉天、吉林、黑龙江、热河、东省特别区、蒙古各盟旗官绅士民详加究讨，意志已趋一致，以为为政不取多言，只视实行如何；政体不分何等，只以安集为主。满蒙旧时本另为一国，今以时局之必要，不能不自谋树立。应即以三千万民众之意向，即日宣告与中华民国脱离关系，创立"满洲国"。兹特将建设纲要昭布中外，咸使闻知。窃维政本于道，道本于天，新国家建设之旨，一以顺天安民为主，施政必徇真正之民意，不容私见之或存。凡在新国家领土只内居住者，皆无种族之歧视，尊卑之分别。除原有之汉族、满族、蒙族及日本、朝鲜各族外，即其他国人，愿长久居留者，亦得享平等之待遇，保障其应得之权利，不使其有丝毫之侵损。并竭力铲除往日黑暗之政治，求法律之改良，励行地方自治，广收人材，登用贤俊，奖励实业，统一金融，开辟富源，维持生计，调练警兵，肃清匪祸。更进而言教育之普及，则当惟礼教之是崇，实行王道主义，必使境内一切民族熙熙皞皞，如登春台，保东亚永久之光荣，为世界政治之模行。其对外政策，则遵重信义，力求亲睦。凡国际间旧有之通例，无不敬谨遵守。其中华民国以前与各国所定条约，凡属于满蒙新国领土以内者，皆照国际惯例，继续承认。其有自愿投资于我新国境内，创兴商业，开拓利源，无论何国，一律欢迎，以达门户开放、机会均等之实际。以上宣布各节，为新国家立国主要之大纲。自新国家成立之日起，即当由新组之政府负其责任，以极诚恳之表示，向三千万民众之前，宣誓实行，天地昭鉴，无渝此言。

大同元年三月一日"满洲国"政府

接下来作为证据提交的是辩方第299号文件。该文件是从1936年《日满年鉴》做的节选，记载了1935年"满洲国"政府中占据要职的人员名单。但是我并不打算宣读，提交只是方便法庭确认证据中当事人的履历，以显示"满洲国"的五个族群的代表。

**韦伯庭长**：按照惯例，予以接受。

**法庭书记官**：辩方文件第 299 号接受为法庭证据第 2430 号。

**冈本敏男辩护律师**：现在将辩方第 250D 号文件作为证据提交。该文件是 1933 年 2 月 24 日松冈洋右反对采纳十九人委员会报告草案、而针对该委员会发表的演讲，其中展示了为什么日本不能同意批准该案的理由。

**韦伯庭长**：按照惯例，予以接受。

**冈本敏男辩护律师**：特别希望法庭留意第 2 页中的第 5 项以及第 6 页中的第 15 项，该两处是关于事实的陈述。

**法庭书记官**：辩方文件第 250D 号接受为法庭证据第 2431 号。

**韦伯庭长**：你打算宣读该文件的其中一部分吗？

**冈本敏男辩护律师**：我只是想请法庭留意第 2 页的第 5 段以及第 6 页的第 15 段。因刚才被打断，现在没有时间了。

**韦伯庭长**：现在休庭 15 分钟。

（10:45 休庭）


（11:00 重新开庭）

**法庭执行官**：远东国际军事法庭现在继续进行庭审。

**韦伯庭长**：冈本辩护律师。

**冈本敏男辩护律师**：我接下来将要宣读证据第 241 号[1] 中第 2 页第 5 项。（宣读）

　　自从将中国肢解得支离破碎的革命开始，"满洲国"就不再

---

[1] 根据上文，此处的证据编号应该为第 2431 号，疑为英文版中的误记。译者注。

属于共和国。中国不再拥有对其正式从属关系的控制。西藏独立了，新疆也基本上彻底地被从中国分割出去；外蒙古多年以前也成为苏联的一部分。到去年为止只有满洲还以一种接触或联络的方式处在中国名义上的主权下作为中国的一部分残留下来。说满洲完全处在中国主权之下这种说法乃是对实际情况及历史事实的歪曲。现在，这块土地已经从中国分离，成为独立国家。

现在跳至第6页第5项。

关于这一点，请允许我谈一下满洲的人口。《李顿调查团报告》中对此的描述给世界带来了一个错误的印象。没有可靠的证据可以支持该委员会的观点。中国，即使在本土，也没有做过可靠的人口普查统计。委员会进入之前中国官方的统计数据也都不能信赖。"中国人"一种族称呼已经被使用多年，主要在外国人之间称呼使用，包括日本人，指的是中国帝国中绝大多数人民。但是这种缺乏精确性的表述不应该被认为满洲人和蒙古人，甚至是中国本土人是一个单一种族构成。

满洲的多数人完全不同于中国的人。甚至近些年从中国华北的山东、河北移居到满洲的数百万人都显著地与长江流域的人有所不同，无论从体格上还是从风俗习惯甚至语言上都不一样，与中国西部的人差别更加大。但是即使是这些近些年从中国移居到满洲的移民也并不构成满洲人的主要部分。他们大概只占十分之一，最多只占五分之一。满洲人的大部分，正确地来说，是由应该被称为满洲人的人口构成，他们是由旧满洲族的子孙以及归化满洲族的中国民族和蒙古人所组成。那些人民中的大多数未曾在中国居住过，因此完全没有李顿调查团报告中描述的那种所谓的依附关系。关于这一点,该报告书有着明显的谬误。

**韦伯庭长**:诺兰检察官。

**诺兰检察官**:我想请法庭注意法庭证据第2431号中的这些部分:第4页的第9段、第11页第20段、第12页的第22段。

**韦伯庭长**:冈本辩护律师。

**冈本敏男辩护律师**:现在将辩方第250B号文件作为证据提交。该文件是条约第16项第5段中日本政府向国际联盟发表的声明。我只宣读第三部分,从第17页至第20页。该部分叙述了国际联盟的建议事实上不可能实施。

**韦伯庭长**:诺兰检察官。

**诺兰检察官**:检方对提交辩方第250B号文件表示异议。该文件只是日本政府意见的简要回顾。其中第一部分是日本关于与国际联盟合作的意见。第二部分在谈报告书中对纷争主要性质的错误观点。第三部分是谈报告给出建议的不可实施性。法庭当局已经申明,不希望将法庭变成一个决定《李顿调查团报告》及日本政府方面对此的回应哪方好哪方坏,或进行质疑的场所。该文件因为并未提出任何新的事实,检方主张应当将该文件整体驳回。

**冈本敏男辩护律师**:辩方遵从法庭的裁决。

**韦伯庭长**:你对此事有何要说吗?

**冈本敏男辩护律师**:没有。

**韦伯庭长**:支持异议,驳回文件。

**冈本敏男辩护律师**:现在将辩方第278文件作为证据提交。该文件是1937年《日满年鉴》的节选,记载了日本政府关于废除在满洲新国家治外法权的政策。

**韦伯庭长**:按照惯例,予以接受。

**法庭书记官**:辩方文件第278号接受为法庭证据第2432号。

**冈本敏男辩护律师：**我只宣读第 1 页的第 1 段。接着跳至第 2 页。（宣读）

  1934 年 8 月 9 日，日本政府以外务省当局谈话的形式发表了如下声明。

现在跳跃至第 2 页第 3 段。

  日本多年以来在满洲享有治外法权，该治外法权在"满洲国"建国前的状态下，成为影响我国国运在"满洲国"发展的重要因素。但是，随着我国对满政策的展开，这些要素逐渐丧失其重要性，且为了让"满洲国"充分地发展，有必要放弃这些权利。
  而无论是为了日满间真正的合作，还是为了使日本国民在满洲得以实现充分发展及得到保证的基础之上强化两国间亲善不可分的关系，治外法权的废除都是非常必要的。
  满铁附属地带则是我国在日俄战争中赌上国家前途才获得的。近来三十年，我国以不懈的努力一直在经营满铁。自不待言，其成了我国在满洲发展的基础。
  因"满洲国"建国以来，由新国家建设而带来的新形势使得我国逐渐调整、移交满铁附属地带的行政权成为必要。
  其结果，我国政府于 8 月 9 日的内阁会议上确定了关于废除治外法权以及调整、转移满铁附属地带行政权等如下方针，并且正在筹划制订逐步可行的具体方案：
  （1）基于历来的协议之精神，以及随着"满洲国"各种制度设施得以改善，应渐进式地废除我国在"满洲国"的治外法权以免对该国居住的日本人生活产生急剧变化。
  在废除治外法权之际，必须特别考虑到我国国民在"满洲国"

全境上得以日益发展的希望以及我国对满政策必须得以顺利实施。

（2）满铁附属地带虽然不用说将为日本保有，但是鉴于我国对该地带行政权与上述治外法权转移之间的关系，该行政权也将调整转移。

该调整转移随着"满洲国"各种制度设施的改善进行，应与治外法权的逐步交还之步调相一致，且要根据与受此影响的事情的性质来进行。

最后要指出的是关东州租借地其由来与性质都与满铁附属地带的行政权相去甚远。

因此，显而易见的是上述权利之调整转移与关东州租借地问题毫不相关。

宣读到此结束。现在将辩方第382号文件作为证据提交。该文件意在举证苏联已在事实上承认"满洲国"，是"满洲国"哈尔滨航行局与苏联黑龙江航行局之间关于改善航行而于1934年9月4日签署的协议。

**韦伯庭长**：诺兰检察官。

**诺兰检察官**：检方对辩方第382号文件即称为《航海相关协定》的文件提出异议。检方看来，这种关于航行的协定与本案没有任何关系。

**冈本敏男辩护律师**：此份协议可说明"满洲国"与苏联之间达成的谅解。但是我们并不打算宣读这份文件并记录在案，只是作为证据提交。

**韦伯庭长**：有关事实上存在的政府之间协议的这样类型的文件很常见。正如我的一位法官同僚所说，现在提交的文件乃是补充性质的文件，其中也未承认"满洲国"。这一点已经在法庭证据第2428号上得到体现。但是根据多数决议，只予以接受这份文件，驳回其他文件。同时驳回异议，按照惯例受理。

**法庭书记官**：辩方第382号文件接受为法庭证据第2433号。

**冈本敏男辩护律师**：但是我不打算宣读该书证据。

**韦伯庭长**：我应该已经说过受理了该文件。

**诺兰检察官**：我希望法庭注意刚才接受的法庭证据第2433号的第3、第4页上签署的名字。其中看起来至少有日本人的名字。

**冈本敏男辩护律师**：现在将辩方第70号文件作为证据提交。该文件是1935年3月23日签署的苏满协定，规定了苏联向满洲让渡中东铁路的相关事项。提交该文件是为了举证苏联在事实上承认了新国家"满洲国"。本文件不会作为证据宣读。

**柯明斯-卡尔检察官**：检方对本文件的提交表示异议。理由是该协议的签署已经由检方提交的第443号证据文件中所证明，并且我们认为该协议的条款无关紧要。

**韦伯庭长**：你不打算宣读该文件吗？

**冈本敏男辩护律师**：是的。

**韦伯庭长**：根据多数决议，支持异议，驳回受理该文件。

**冈本敏男辩护律师**：现在将辩方第295号文件作为证据提交。该文件是"满洲国"与德国于1938年5月12日签署的友好条约。我不宣读该文件，将其作为德国承认"满洲国"的佐证而提交。

**柯明斯-卡尔检察官**：该事实已经由检方第242号文件提交给法庭的证据所证明，即使不宣读该文件也属重复性质。对这一点，检方再次提出异议。

**韦伯庭长**：之前所下达的最后的裁决涵盖了此文件。支持异议，驳回该文件。

关于这点，你们为什么不能够达成一致意见呢？这样做的话，会造成财力和人力的不必要浪费。

**冈本敏男辩护律师：**作为辩方来说，提交此类书证的目的与检方的目的有所不同。

**韦伯庭长：**现在这份文件是因为重复性，属于不必要的证据而被驳回。

**冈本敏男辩护律师：**现在将辩方第 294 号文件作为证据提交。本文件是 1940 年 12 月 1 日罗马尼亚王国承认"满洲国"的交换备忘录。

**韦伯庭长：**有什么异议吗？

**柯明斯-卡尔检察官：**该事实并未被检方的文件所证明，如果法庭方面认为该文件是必要的话，检方不能提出异议。

**韦伯庭长：**为何不承认该事实，然后阻止这类文件被添加入记录中呢？

**柯明斯-卡尔检察官：**如果要求我们这样做的话，当然我们会执行。

**韦伯庭长：**你现在可以承认了。这样做的话，我们在这里也就能够批准你方的要求。

**柯明斯-卡尔检察官：**想要请法庭注意两点：第一点是日期，是 1940 年 12 月；第二点是该条约虽然是罗马尼亚与"满洲国"之间的条约，但是在东京签署。因此作为检方，我们将承认以下事实，即该条约 1940 年 12 月 3 日在东京签署，因此省去了作为证据提交的麻烦。

**冈本敏男辩护律师：**那么可以认为检方认可了罗马尼亚承认"满洲国"了吧？辩方稍后会在辩方内部决定这些条款。不宣读本文件。

**韦伯庭长：**我认为因为这份文件并不必要，因此应该撤回。

**冈本敏男辩护律师：**那么我撤回该文件。接下来将辩方第 61 号文件作为证据提交。该文件是 1941 年 4 月 16 日的日美谅解案。

**韦伯庭长：**塔夫纳检察官。

**塔夫纳检察官：**本文件与检方证据文件第 1059 号相同，除了标题与两句话之外两者之间完全相同，因此提出异议。该61号文件的标题暂且不议，但这绝对不是日本与美国间的协定，事实上只是日本的某个人与美国的某个人之间的非正式交涉。这在1059号文件作为证据提交当时的记录中已经添加说明。

**韦伯庭长**：你所说的两句话不同指的是哪两句？

**塔夫纳检察官**：我将会指出本文件中所有的不同点。1059号文件的标题是"1941年4月9日经由美籍与日籍个人中介向国务院提交的提案"。而辩方第61号文件的标题则是"4月16日日美两国谅解草案（4月17日来电第234号）"。

1059号书证中的以下句子在辩方第61号文件中被删除。在第400页引用了"1931—1941年日美间的外交关系"，最后三行，即"如果蒋介石拒绝了罗斯福总统的要求，美国将会停止对华援助"一句。

另一句是第402页第7段（C）的如下字样："日本政府要求美国政府以友好并且是外交手段让英国政府停止以香港和新加坡为通道，继续政治入侵远东。"除了标题与辩方第61号文件中将以上两句话删除之外，这两份文件是相同的。

**韦伯庭长**：冈本辩护律师，如果你同意以上发言的话，这份文件可以撤回，且也应该撤回。

**塔夫纳检察官**：书证第1059号是文件原件，我为了在此加以说明，从而把该原件与辩方第61号文件做了比较。

**冈本敏男辩护律师**：首先辩方第61号文件在日期上与检方文件不同，且该文件是外务省收到的电报，其出处可以由最后添加的证明书所证明。然后是在第3页的第3段中写了该文件的一个条件是美国承认"满洲国"。

特别是第4页中的H项，外务省收到的这份官方电报构成了当时日美两国交涉的基础，因此我们希望能将这份显示美国对"满洲国"态度的文件从检方证据中抽出作为证据提交。

**韦伯庭长**：总而言之，你可以基于法庭证据第 1059 号进行辩论，因此没有必要关于该问题提交额外的文件。事实上你认可了塔夫纳检察官指出的这两份文件之间的不同之处。

**冈本敏男辩护律师**：辩方不大了解检方证据 1059 号，但是辩方第 61 号文件是官方文件。

**塔夫纳检察官**：对于辩方刚才最后的申辩，我能否进行回答？

**韦伯庭长**：但是原件已经作为证据提交了。支持异议，驳回刚才提交的文件。

**冈本敏男辩护律师**：现在将辩方第 489 号文件作为证据提交。本文件是广田弘毅外相于 1936 年 1 月 21 日在众议院发表的演讲，公布在 1936 年 1 月 22 日的第 68 次议会议事官方公报之中。

**韦伯庭长**：按照惯例，予以接受。

**法庭书记官**：辩方第 489 号文件接受为法庭证据第 2434 号。

**冈本敏男辩护律师**：现在从第 1 页的最后一段开始宣读。

（摘要）　对于我国盟友"满洲国"正年复一年的进步发展，此乃极大令人愉悦之事。不仅如此，鉴于其与我帝国关系日益密切之情况，帝国逐渐废除在该国的治外法权，且与此相应地渐次调整移交满铁附属地带的行政权，亦是期待为其独立发展做出贡献。

帝国与"满洲国"紧密不可分之关系，除在其建国之际的共同防卫之外，在经济方面两国更是理所当然的相互合作，因此设置了日满经济共同委员会。而新兴"满洲国"的俨然存在与其健全地发展是东亚安定的前提条件，为了继续完全达成此目的，我认为应在进一步提高该国国际地位的同时，也需努力改善其与接壤邻国的友好关系。换言之，一方面调整日满中三国的关系，另一方面也为了妥善处理日满苏关系，需尽最大的努力。

首先是日满中三国的关系，虽然该关系正逐渐得以改善，但还未能说已恢复正常。我们痛感为了更加巩固东亚安定的基础,必须要进一步改善此三国关系,以期其回到正轨。

接下来布鲁克斯辩护律师将要传唤证人。

## 二、被告出庭作证的内容与手续

**韦伯庭长：**布鲁克斯辩护律师。

**布鲁克斯辩护律师：**如果法庭许可的话，我想传唤被告南次郎出庭作证。

**韦伯庭长：**批准。

（南证人登上证人席）

（证人宣誓）

**韦伯庭长：**塔夫纳检察官。

**塔夫纳检察官：**检方已经接到辩方的通知，该证人，同时也是被告中的一员，只会在现阶段一般阶段进行作证。接下来辩方会在之后的其他阶段中至少再传唤该证人一次。我们要对本阶段审理中的该证人作证的相关手续提出异议，即对分开两次进行的做法提出异议。检方非常反对把我们的交叉询问打断分割进行的做法。即使法庭允许该证人现在进行作证，我们想法庭应该也不会强行要求我们进行交叉询问。

**韦伯庭长：**就询问的权利而言，法庭的这项权力不受限制，即我们并不受到各国国内法的约束。也就是说，询问证人并不是将其视为检方或是辩方的证人，而是作为一位完全独立的证人进行的。但是，如果将国内法适用到这个场合的话，我们认为会严重妨碍到交叉询问。但是，这对辩方交叉询问检方证人时的情况也同样适用。检方之前要求分开进行，因此同样的事情难以否决辩方的要求。这样做可能会导致原来应由检方承担的工作，即这种对证人进行全盘询问的职责就转嫁到了法庭身上。

**塔夫纳检察官**：检方并没有听说存在任何一种要求在被告作证完全结束之前，我们必须对其进行交叉询问的规则。

**韦伯庭长**：我并没有说其他的方式。我所说的是，如果证人像这样分开个别作证的话，检方的交叉询问则会处于严重的制约之下。法庭方面必须认真听取你们双方的意见，因为此事事关重大。

**塔夫纳检察官**：作为检方对于此种交叉询问必须要提出异议的理由是，我们想要向法庭证据明这会引起各种混乱状态。之所以这么说，是因为检方认为法庭不会强迫检方进行这种分割式的交叉询问。如果是对普通证人的交叉询问的话，我们并不会提出申述，但是如果是被告作为证人出庭的话，这就另当别论了。当然，如果辩方律师希望对本被告进行全盘充分的询问的话，作为检方则不会有异议也不会提出异议。但是，从审理有效进行的观点来看，我们感到有必要对这种分割成一段一段来作证的方式提出异议。

**布鲁克斯辩护律师**：辩方在此阶段传唤南次郎证人的原因是其地位非常重要，即该证人从奉天事变爆发当时开始直至1931年12月10日为止一直担任陆军大臣。我并没有打算完全宣读该证人的宣誓证词。之所以这样做，是因为在该宣誓证词中的一段或者是两段与之后的审理阶段相关，可以在稍后的个人阶段再做处理。

这是我之前的考虑。但是，现在我希望宣读该宣誓证词的全部部分。因为其中与个人阶段相关的部分比例甚小，因此希望能够在此整体宣读该文件。之后到了各被告的个人阶段时，其他的证人被传唤之后，如果我感到有必要的话，则考虑再次传唤该证人。

我作为南次郎个人的辩护律师，丝毫没有打算给法庭方面或者是检方打算实施的交叉询问制造任何障碍的意思。

**韦伯庭长**：沃伦辩护律师。

**沃伦辩护律师**：我为我个人代表的被告对现在正讨论的手续规则

提出申述，该被告可能稍后也希望能够履行类似的手续。我无法同意布鲁克斯辩护律师提出的作证方式。我希望法庭采纳的手续方式与检方提出的手续方式相同。

**韦伯庭长：** 如果辩方无法达成一致意见，请在休庭时间里商讨。现在休庭，13:30 重新开庭。

（12:02 休庭）

（13:30 开庭）

**法庭执行官：** 远东国际军事法庭现在开始下午的审理。

**韦伯庭长：** 沃伦中校。

**沃伦辩护律师：** 根据法庭的建议，辩方在午休时间对问题点进行了磋商。现在我将宣读1928年发行的美国陆军军事法庭手册的摘要，作为接下来我们议论的依据。由此可以看到在国际联盟的法律之中已清晰地记载了实例。我从145页的120d节开始做节选宣读。请注意，其中的两句话根据本法庭条例在这里并不适用。

> 除非被告是自己提出要求，否则并不具备证人资格。但是如果该被告没有做出此要求，即没有要求作证的话，也不会给自身带来任何不利影响。如果作为证人出庭的话，也不会受到任何差别对待。是否认可该证人的证言，或者是可靠性、丧失资格等，都与其他证人一样适用同样的规则。这是对其进行直接询问时适用的法则。

> 在该文件的第127页、121b节中写有对其进行交叉询问时的规则。

> 一名被告作为证人出庭接受交叉询问时，将受到与其他证人同样的对待。但是，只要法庭做出同意的裁定，那么相比其他证

人,可以适当地扩大对该证人进行交叉询问的范围。如果他拒绝作证,如果被告否认自己的罪行,或者是关于自己被起诉的罪名进行说明的话,那么交叉询问就不限于直接询问的范围,可以扩大至其有罪、无罪事项的全部范围。任何关于其罪行的起诉事项或者是其作为证人的可靠性的问题都可以进行交叉询问。在进行交叉询问时,被告不能以拥有免于自我检举的权利为由拒绝回答。如果证人受到多项指控且在直接询问中只对一部分罪行作证,那么在接受交叉询问之时就只能限定在询问其作为证人的可靠性与其在直接询问中已经作证部分的范围之内。

这是我个人的意见,其他辩护律师中也有持同样意见的,即我们认为被告有放弃接受这种与本审理或本阶段没有关联性的交叉询问的基本权利,而我们作为辩护律师则没有权利放弃被告的这些权利。

**韦伯庭长**:你的意思是指在交叉询问的时候,辩方不能放弃被告要求限制交叉询问范围的权利?

**沃伦辩护律师**:正是这样,阁下。我们这样认为,当检方在处理检方案件时遵从的是检方自己定下的规则,所以我们主张同样的规则。检方适用的规则对我们也适用,对我们适用的规则对检方也适用。我们认为,既然被告作为证人时所处的立场并没有什么特别,因此对其交叉询问的范围理所应当限制在直接询问的范围之内。询问其可靠性时也必须如此。这是我们辩方之前受到的限制,因此此限制也必须加给检方。

其他的辩护律师好像关于此事有话要说。特别是洛根辩护律师要代表美国和日本的辩护律师说些什么。

**韦伯庭长**:洛根辩护律师。

**洛根辩护律师**:基于检方的主张以及中午吃饭前检方向我们辩方

提供的私人意见,这里我要提出两个问题。

第一个是辩方是否有权利在其他各阶段再次传唤被告作为证人出庭;第二个是交叉询问的范围应限定在宣誓证词范围之内的规则是否适用于被告。

如果加以考虑证人席上证人的真实意见的话,那么可能这两个问题可以立即得到答案。被告站在证人席上时,在检方看来,他可能是一名被告;但是从其他被告的角度来看,他只是一名证人。

因此,正如在检方的阶段中操作的那样,应允许我们在各阶段将其作为证人传唤出庭,且对该被告进行交叉询问的范围应当限制在其宣誓证词的范围之内。

然后是第二点。如果被告出庭,但对其的交叉询问完全不受限制的话,那么这会导致该被告又要接受其他被告的辩护律师进一步本方再次询问,因为他可能在交叉询问中提到其他被告的名字,而这又关系到该被告并没有被问及的事件及其他被告的辩护律师不知晓的事件,因为该事件并没有在宣誓证词中提及,因此这些辩护律师又不得不去询问。

如果赋予检方无限制地交叉询问的权利,对此在该证人的交叉询问中可能提到的其他被告的辩护律师又被赋予无限制地再直接询问的权利,那么审理就永无休止了。此外,将被告视为证人的时候,如果此时对于该证人的规则现在被改变的话,那么除了在证人席上的被告之外,对于其他被告也是不利的。

基于以上这些理由,我们认为至今为止法庭所采纳的这些规则应当继续施行,且允许我们在不同阶段传唤这些被告作为证人出席。另外,对其进行的交叉询问的范围限定在直接询问的范围之内的规则也应当继续实行。

拉扎勒斯辩护律师有话要说。

**拉扎勒斯辩护律师**:在稍后进行的中国阶段、苏联阶段中,我们辩方考虑让数名被告登台，且只关于该特定阶段的案件让他们作证。

他们将通过宣誓证词作证，这样也给予了检方充分的通知与准备交叉询问的时间。如果被告登台作证，而交叉询问被允许涉及全部起诉事项的话，那么就像洛根辩护律师之前向法庭指出的那样，例如现在进行的中国阶段可能要持续好几个月。

正如韦伯庭长阁下您所说，我们是法官而不是陪审员，因此检方担心由于各被告经常变动，出席不同的阶段进行作证而不是一次性全部作证完毕的审理方式会导致证据无法被顺利、清晰地掌握，这种担心是没有根据的。相反，我认为如果被告根据不同的阶段出席，针对提交的相关证据进行作证的话，对法庭来说可以更加清晰地了解被告的证言与对案件审理的认识。

总而言之，我认为非常重要的一点是，比起让被告之后关于全部案件重复地进行作证，现在让他们在不同阶段针对和他们相关的不同证据作证的审理方式能节省更多的时间。

**韦伯庭长**：塔夫纳检察官。

**塔夫纳检察官**：我可以针对以上3名辩护律师的发言分别做出回复吗？

**韦伯庭长**：问题是这种只允许各被告在不同阶段中作证一次，接下来出席作证只有在个人举证阶段的审判是否公平。至今我们还没有听到过相反意见。

另外，洛根辩护律师对本阶段检方的无限制交叉询问表示深深的担忧和反对。除了洛根辩护律师之外，辩方的考虑主要是节省时间和为了法庭的便利着想。但是为什么要求被告在每个阶段开始后集中一次作证的方式会对被告产生不利呢？法庭想就以上两个问题听取意见。

**沃伦辩护律师**：现在达成的一致意见似乎是认为对于特定被告个人来说并没有产生不利影响，但是会给该阶段对整体事件审理产生不利,因为其会对法庭审理顺利进行产生影响。

我们的举证阶段采取的是按时间先后顺序进行,注重一致性与合理性。从这一点来看,我们让被告作为证人出庭作证是有利的,因为我们不是把他当做被告,而只是单纯地作为一个证人来对待。

还有就是如一些辩护律师指出的那样,由于时间上的差错,有一些案件中会产生时间的空隙,但是却发生了在该空隙时段我们无法传唤我们认为适合填补该时段的证人。

**拉扎勒斯辩护律师**：我认为,此次审理的对象乃是非常庞大非常复杂的案件,因此对于被告来说,与其让他们连续站在证人席上一天、两天或三天从而试图去覆盖起诉书中涉及的过去17年中17届内阁以及其他所有的复杂起诉事项,不如让他们在各自相关阶段一一回答与自身相关的问题,这样对被告来说更为有利。

但不是希望所有的被告都采取这种方式出庭作证。真正希望这样实施的只是针对极个别的被告,让这几名被告在不同的阶段分别作证,同时辅以其他文件、证人或是宣誓证词的充分佐证,这样分割作证的方式我们确实觉得是有利于他们的。

**韦伯庭长**：塔夫纳检察官。

**塔夫纳检察官**：很明显,正如沃伦辩护律师所说,本审理之中,只在辩方的举证阶段时被告出庭作证绝不会给被告造成不利。

**语言监督官**：塔夫纳检察官,刚才你说的是"辩方的举证阶段"还是"被告的举证阶段"？

**塔夫纳检察官**：辩方的举证阶段。

**韦伯庭长**：如果鹈泽总明博士有什么想要向法庭申述的话,我认为最好放在塔夫纳检察官之前先进行。

**塔夫纳检察官**：抱歉,我不知道有其他的辩护律师有话要说。

**鹈泽总明博士**：这个问题至关重要,绝大多数日本辩护律师赞成以洛根、沃伦、拉扎勒斯等为代表的意见。我要说的就是这些。

**韦伯庭长**：塔夫纳检察官。

**塔夫纳检察官**：我想要指出的是就像沃伦辩护律师所说的那样，在辩护阶段即个别的辩护阶段中，允许被告作证绝对不会给被告带来不利影响。

**韦伯庭长**：沃伦辩护律师所说的话不是不受限制的。

**塔夫纳检察官**：另外想请法庭注意洛根辩护律师所做的辩论。他说建立在受到限制的直接询问基础之上的交叉询问会导致产生非常复杂的结果。交叉询问之后的再次直接询问，会引发出其他许多各种复杂的问题，而为了勾绘这些复杂情况的轮廓则需要耗费相当的时间。但是完全没有必要这样做。如果现在赋予被告个别分开作证的权利的话，这确实可以说是法庭的一次让步。

**韦伯庭长**：我们已经对你做出了让步，不需要讨论。

**塔夫纳检察官**：抱歉我还没有说完。这个权利只能用于促使审理快速进行。但是我认为很明显得到了完全相反的结果。我们并不是在审理每个不同的阶段，而是在审理被告。如果单纯只是准备证据上的便利与迅速进行审判被告之间的问题的话，则完全没有犹豫的余地。我想法庭做出的决定是很明确的。这与沃伦辩护律师所说的，被告针对起诉书中所列的种种指控分别——具体做出回应的情况不同。

共同谋议该起诉事项，涵盖了该事件的全部范围。我们想不出任何理由认为被告会因被要求在某一阶段中作证而受到不利影响。我说完了。

**布鲁克斯辩护律师**：我能简短地回答刚才的最后一句话吗？

**韦伯庭长**：最后一句话并没有任何新意。

**布鲁克斯辩护律师**：我想说的是，现在这位证人站在证人席上，如果接下来的其他证人做出了对他不利的证言的话，那么必须赋予该证人再次被传唤对此做出回应的权利。因为对于检方的每个阶段只能作证一次主张,我认为被告有进行回应的权利。

**韦伯庭长**:法庭现在休庭讨论该事项。

(14:22 休庭)

(15:00 重新开庭)

**法庭执行官**:远东国际军事法庭现在继续进行审理。

**韦伯庭长**:法庭根据多数决议做出如下裁定:被告可以在任何场合、任何时间进行作证。但是,必须在一回中结束全部证言,不可分割多次于其他时候再次作证。

**布鲁克斯辩护律师**:关于交叉询问,法庭是否有裁决?

**韦伯庭长**:请好好考虑由刚才的裁定所产生的各种情况。由此你可能会希望提交一份完全不同的宣誓证词来继续进行审理。

**布鲁克斯辩护律师**:基于法庭的裁定,我希望允许证人席上的证人退庭,且之后时机合适时再次传唤出庭。

**韦伯庭长**:正确的程序是证人直到下一阶段为止才能退席。因此,命令其退庭。

(南证人退庭)

**布鲁克斯辩护律师**:同时,我想在法官室中提出如下申述。在不违背法庭刚才的裁定"只赋予被告一回作证的机会"的前提下,如果出于为我负责的被告中的一人辩护的目的,是否能够让其他的一名被告作为证人出庭呢?

**韦伯庭长**:布鲁克斯上尉,所有关于此的申请应当在法庭上进行。

**布鲁克斯辩护律师**:对此,在我们美方及日方辩护律师进行协议、任命代表我们陈述协议结果的代言人为止,希望能够休庭,直至该任命完成为止。

**韦伯庭长**:我认为你们需要一些时间,因此现在休庭,直到明天早上 9:30 为止。

（15：10 休庭）

1947 年 4 月 11 日，星期五
日本东京都旧陆军省大楼内远东国际军事法庭

（9：40 重新开庭）
**法庭执行官**：远东国际军事审判现在开始今日的审理。
**韦伯庭长**：除被告东乡茂德之外，全体被告已出庭。被告东乡茂德根据巢鸭监狱医师的证明，因病无法出庭。该证明书已载入法庭记录。沃伦中校。
**沃伦辩护律师**：对昨日法庭关于被告作证的裁决，辩方觉得有两个非常重大的问题。

其一，该问题由布鲁斯辩护律师提出，即当被告中的一人为其他被告作证时，是否应当遵从该裁定以及此时是否要求其做出全部证言？

其二，假设某位被告现在因个人辩护而站在证人席上，那么根据此裁定，该证人是否会被拒绝进行反驳举证来为自己辩护？也许法庭并非故意，但是根据我们的解读，的确会造成这样的情况发生。

就以上两点，我想尽可能简洁地谈谈看法。首先是第一个问题，如果现在证人站在证人席上，那么他就不能为其他被告作证而再次传唤。因此对于其他各被告来说，就有必要从坐在证人席上的该被告那里获得其知识范围之内的、他们认为与各自个人辩护相关的证言。自不待言，很多情况下为一些事件预备的证词因为并未成为证据，当时还没有关联性，因此也就不具备效力。所以，有必要将对证人的询问建立在还未成为证据的事实的基础之上，而法庭可能还未曾有机会考虑个中的关联性。这样马上就会清楚的是，假设一名被告被传唤为某件案件的其中一部分或是为其他被告作证，那么此时很多还未提交给法庭的证据、证人所不知道的证据稍后将会由其他被告提交。而其中很多证据，如果不加以说明的话则会成为不利的东西。多数场合下，辩方认为只能由被告自己说明或进行反证。这样的情况下，被告的证词是勉强而为，而负责的辩护律师不仅是勉强，而且是极度警戒地让被告出庭作证。这样，我们就觉得如果一位被告未被要求做出全部证言，而又不能传唤其出庭为其他被告作证的话，那么对于感到该证人证词不可或缺的其他被告而言，可能会带来难以挽回的损害。这种状况之下，相关被告及其辩护律师会拒绝作证也是自然的。

其次是第二点。除了最后一个作为证人出庭的被告之外，其他的全部被告都没有机会来反驳先于他出庭作证被告所做的证词，因此我们所处的立场是要求这些被告有机会来作证。毫无疑问，此次审判并不是所有的被告人都因同样的罪名被起诉的联合审判，而是各被告因起诉书中不同的罪名而共同进行的审判。因此就存在着利害的差异，一名被告所做的证词非常可能会给其他被告的辩护带来不利。而在现行的规则下，并没有赋予被告作证机会以反驳因其之前的证人的证词，或者书证及其他证人证词而造成对自己不利的情况。假设辩护律师之间暂时决定被告的个人辩护按照姓氏英文字母顺序进行。比如说我所负责的一名被告按照该顺序排在第二位，而其他的一名排在第五位，那么毫无疑问，在这样的情况下继续辩护对我来说并非心甘情愿，可以肯定其他辩护律师也是同感。结果，各辩护律师会在现行的规则下尽量延后自己所负责被告的作证。因此，我们对于昨天法庭下达裁定之前没有唤起法庭注意的地方，希望法庭能够认真地考虑以上两个问题。

我们诚挚地认为，如果该裁定适用于为其他被告作证的被告，或者是未授予被告进行个人反证的特权的话，那么这不仅会造成辩护律师之间的混乱，结果也不仅给法庭带来审判手续秩序的迟滞，也会将被告排除在公平的审判之外。谢谢！

**布鲁伊特辩护律师：** 我们考虑可能只在其个人辩护阶段传唤被告

东条英机出庭作证。但是我们认为，如果检方已经在许多询问中做了详尽的调查了的话，那么被告东条英机也做好了在任何时候在交叉询问中回答任何问题的准备。

如果法庭向其他被告发出传唤书的话，被告东条英机也十分高兴准备为该名被告进行作证。但是我们认为如果要求他在一回之中对所有事件作证的话，这无法构成有序的审理。这里想要提醒法庭注意的是，检方已经传唤被告东条英机出庭提问达 21 回了。

**韦伯庭长**：因为两者并没有矛盾之处，所以我们不能批准你的要求。

**布鲁伊特辩护律师**：但是此证言事关很多阶段，从法庭证据 1110 号直到 1984 号。

**韦伯庭长**：稍微订正。据称是由东条英机写的陈述书，检察方已经将其作为证据提交了 21 回。仅仅如此。不能说他作为证人被传唤。这种事情在刑事审判中经常发生。

**布鲁伊特辩护律师**：如果可以对现在的裁决进行修正的话，作为我们辩护律师，希望在被告被其他被告辩护律师传唤时应该将其他辩护律师进行交叉询问限制在直接询问的范围之内；如果是该被告自己的辩护律师传唤做整体辩护的话，则交叉询问可关于所有问题不受限制进行。

**韦伯庭长**：塔夫纳检察官。

**塔夫纳检察官**：对于刚才辩护律师所提出的两个问题，我们可以做非常简单且实际的回答。第一个问题，是关于一名被告的辩护律师传唤其他被告出庭作证的权利。且举证的秩序、手续当然法庭可以自由裁量。

**韦伯庭长**：辩方关于该点并未持疑问。唯一的问题是公平的审判需要具备哪些东西。

**塔夫纳检察官**：本法庭已经指出在某个阶段被告肯定会被传唤出庭做自我辩护。当该被告被传唤时，法庭会自行判断，决定其他被告可能会对其询问的范围。因此，各被告的辩护律师可以自行充分地行使其权利，对站在证人席上的被告实施反诘或询问。此手续给予了每个被告一个公平的机会来陈述自己坚持的权利。由此就可以回避辩方所提出的各种复杂的问题。关于这个问题处理，我认为我们刚才所说的是最简单且最实际的提案。

我刚才听到辩方的责难说，如果不是假定被告全部站在证人席上这个前提的话，该方案就并不适用。我认为，除了法庭条例所规定的情况外，如果不是出于被告的自由意志，那么任何一名被告都不能被强迫登上证人席，即使是为其他的被告作证。这些问题都很实际，且如果使用普通的方法来处理的话都能够自然解决。但是如果对该手续做了一些变动的话，那么会引起许多麻烦。

另外，被告在一度登台之后，肯定又会想再次登台对其之前说的话进行修正，或对某些地方进行补充，这作为人类来说是必然的天性，是理所当然的。为了维持本审判的有序审理，且是对被告的绝对公平公正，唯有法庭昨日下达的裁决才是最实际、合理的解决方法。

第二个是关于被告反驳的问题。如果按照法庭昨天下达的裁定执行程序的话，则不会产生此问题。一位被告出席，由自己的辩护律师以及其他被告辩护律师询问，进行充分地作证后，如果出现了需要反驳的情况，那么同样的规则也适用于其他的证人。如按照此程序来审理，我们认为不会引起任何麻烦。但是法庭会发现，如果一位被告为另一位被告出庭作证的话，就会带来复杂的问题。之所以这么说，其原因是如果不是出于被告的自我意志，就不用出庭作证；如果该被告是出于自愿出庭，那么他就会关于所有阶段、所有问题，即起诉书中所有指控事项接受交叉询问。以上是我们的观点。

**沃伦辩护律师：**请允许我反驳。我刚才想起了检方关于田中隆吉证人的议论。我们辩护律师曾经一度非常高兴，且非常期待田中隆吉证人能够完整地给我们供述一遍证词。可是现在这位检察官又要改变其立场，采用另一种对他们有利的方法。当然，我认为法庭方是非常清楚所谓证据，或者说是手续的，因此，说如果不采用检方提议的普通方法就无法有序地审理则是荒唐透顶。

**韦伯庭长**：也许这不是普通的方法，可能会有其他的方法。

**沃伦辩护律师**：当然我们认为有其他的方法且有必要时，如果稳妥的话也可以采用，但是到现在为止，据我们了解还没有一条规则规定一名被告不能传唤出庭为其他被告作证。如果被告不是出于自己的意志，而是被强制传唤出庭的话，那么被告可以对此主张自己的权利。且如果不是自愿被强制地作为证人传唤，作证中又有陷自己于罪的危险时，也能够行使权利拒绝作证，而法庭条例对此有做相反的规定吗？检方之前所做的陈述并非简单的问题。如果很简单的话，我们就没有专门提出这个问题的必要性了。且虽然检方不知道辩方究竟遇到了怎样的问题，但我们认为法庭方是清楚的。如果昨天的裁决原封不动地执行，那么无论检方如何评论该事，我都会犹豫让自己负责的被告出庭。我们的主张已是最明了的了，没有回旋的余地。谢谢。

**韦伯庭长**：本问题确实是非常重要，对此，纽伦堡法庭对两件提案下达了如下裁定。很明显，纽伦堡法庭所做的决定在实践中运作良好，我还未听到过对它的任何批评。该决定于1946年2月11日下达，以下是相关部分：

被告只允许作证一次，如果是为自己辩护而希望作证时，可以等到自己的辩护阶段时进行。辩方、辩护律师以及检方的询问或是交叉询问的权限可以届时行使。如果被告并不希望为自身辩护作证，而是为同僚被告作证时，可以在同僚被告的辩护阶段中进行。为同僚作证结束之后，其他被告的辩护律师或检方可以对其实施询问和交叉询问。但这并没有限制在特殊场合下法庭再次传唤该被告的权限，如果法庭判断这是为了审判的公平有必要的话。

**坎宁安辩护律师**：我可以说几句话吗？

**韦伯庭长**：坎宁安辩护律师，非常遗憾你没有在塔夫纳检察官之前发言。但是作为特别照顾，现在特准你发言。

（坎宁安辩护律师登上发言台）

**坎宁安辩护律师：** 实际上我现在站在发言台上是因为至今为止该问题还未发生。之前就想提醒法庭注意本审判与纽伦堡审判有许多不同之处。纽伦堡审判中，辩方的反证阶段并没有被分割成不同阶段。

**韦伯庭长：** 虽然有很多的差异，但是却没有根本的差别。也许这个问题就是其中之一。

**坎宁安辩护律师：** 我认为，被告关于某阶段的特定问题进行作证的场合与为了被告个人辩护而作证的这两种场合之间，多少能够做一些相互让步。我现在提出的妥协当然也是为了有序地审理。我提议首先按照正常的顺序把证人的证词以宣誓证词或是其他的形式提交，之后检方可以传唤该被告，一次性地关于该被告的所有证词进行交叉询问，但是同时也要允许辩方按照时间先后顺序引用被告的证词以配合案件的不同阶段。我认为，审理的有序进行与达成法庭以及检方的目标两者之间，必须要做一些妥协。谢谢。

**韦伯庭长：** 布鲁克斯辩护律师。

**布鲁克斯辩护律师：** 我想做一点说明，据我所知，纽伦堡法庭的这个裁决在被告戈林的案件中并没有施行，当新证据提交时，被告戈林被允许再次出席进行反驳新证据。

**韦伯庭长：** 我想请你注意纽伦堡审判最后的条款部分。纽伦堡审判中，该裁定并没有限制法庭在特殊情况下再次传唤被告出庭进一步作证的权限。戈林再次被传唤也是出于深思熟虑、慎重考虑的结果，且只是对其询问关于案件中的一点，几分钟后就结束了。我并没有说过被告不可以再次传唤进行反驳，只是该情况很少见，至少在我处理的案件中并无先例。但是我相信如果是为了公平正义的话这是可以实施的。但是赋予辩方此种权利必须非常小心，否则本审判将会不知道何时才能结束。

**布鲁克斯辩护律师：** 但是我们要求与检方之前行使的权利一样，分成不同阶段提交证据。即在每个阶段提交该阶段关联性最为重要的证据,这样审判的记录可以更为清晰一些。另外我们认为,为了审理的有序进行,根据不同阶段提交证据比在之后的被告个人辩护阶段中提交很多不同阶段的相关证据要好。

这样做绝对不会导致时间的浪费,因为如果该证据在该阶段未提交,那么它将在稍后的个人辩护阶段提交。另外也绝对不会打乱审理的手续。在适当的时间提交具有重要性和关联性的适当证据的做法是合乎有序的手续。正如检方操作的那样,先是在某阶段中传唤相关证人,然后在下个阶段中根据需要再次传唤,这样做绝对不会扰乱程序。对此,我们希望能够尽快得到法庭的裁定或是理解,因为该问题严重影响到我们接下来马上要传唤的证人。

**韦伯庭长:** 洛根辩护律师。

**洛根辩护律师:** 鉴于今天早上产生的一系列的问题且进行了讨论,如果可能的话,我们辩方急切地希望法庭现在就检方的权利,即检方对被告进行的交叉询问的范围下达裁决。

**韦伯庭长:** 问题是,究竟什么才是一场公平的审判所需要的?法庭根据多数决议,决定采取与纽伦堡审判相同的裁决,即我之前宣读的那份。纽伦堡审判中被告是按 ABC 顺序传唤的,但是我在这里并不做如此要求。布鲁克斯上尉,你已经做好继续审理的准备了吗?我知道你是接下来的负责辩护律师。

**布鲁克斯辩护律师:** 关于交叉询问,辩方希望得到法庭的指导。

**韦伯庭长:** 交叉询问没有限制。

**布鲁克斯辩护律师:** 据我所知,如果被告是为自己辩护的话,对该证言的交叉询问可以无限制。但是如果是为其他被告的话,交叉询问的范围要限于已做证言范围之内。

**韦伯庭长:** 换句话说,如果你考虑传唤一名被告,不是为他自己而是为其他被告作证的话,这种场合就适用联邦政府法律。

**布鲁克斯辩护律师**：好的。

**韦伯庭长**：但是如何适用该法律我并不知道，因为他可能不免某种程度上会在其中加入为自己的辩护。当然，他可能关于非自己被起诉的原因进行作证。那种情况可能会有，但是看起来又不太可能。

**布鲁克斯辩护律师**：一些被告希望在他们的个人案件中传唤其他被告作为证人出庭。现在我所负责的这个阶段，我并不打算传唤南证人在他的个人案件中出庭，而是在一般阶段中传唤，这样他就可以作为证人为全体被告作证。但是我了解到以下事实，即如果被告现在出庭作证的话，那么就无法再次出庭作证。除非其他证人在交叉询问中有新的不利于他的证据提交，或者是因特殊情况，由我向法庭提交申请则可能再次传唤。即使南被告今日登上证人席，改日在他的个人辩护阶段时我也可以传唤其他的证人或者提交其他证据为他进行辩护。

**韦伯庭长**：如果现在被告南出庭作证的话，那么他在之后的其他阶段或者是自己的辩护阶段都不能够再次作证，除非法庭考虑到特殊的情况准许之外。但是该特殊许可不会轻易批准，如果我们像纽伦堡法庭再次传唤被告戈林时那样谨慎的话。

**布鲁克斯辩护律师**：韦伯庭长，请允许我代替那些可能会想要传唤南证人出庭作证的辩护律师询问一个问题：如果我今天让被告南出庭且当他的证词结束之后，其他被告的辩护律师若是想让南作为己方证人的话，是否今天稍后时候必须立刻要进行直接询问或是交叉询问呢？

**韦伯庭长**：如果南被告今日出庭作证，对于其他被告的辩护律师对南进行询问或是交叉询问的权限，法庭不做任何限制。

**布鲁克斯辩护律师**：我希望传唤南被告。

**韦伯庭长**：塔夫纳检察官。

**塔夫纳检察官**：我想确认一件事。刚才辩护律师说要传唤被告南出庭时，我认为会受到某些限制，因此我想确认实际上是否会受到限制。按我的理解，布鲁克斯辩护律师的口吻似乎是说此次作证结束之后,稍后如果有新的证据提交的话他将再次传唤南被告,是这样吗?

**韦伯庭长**:我再一次重申,如果南被告现在出庭作证,那么他在之后的阶段中将不能再次作为证人出庭,除了法庭认为有必要的特别情况,但是所谓的特殊情况也是非常罕见。并且,如果现在南被告要作证的话,他必须说清楚他的证词是为自己辩护,还是为其他被告辩护,以及该被告的姓名和关于哪个罪名。如果是为自己辩护作证,那么对其实施的交叉询问将不会受到限制。如果是为其他被告辩护作证,对其实施的交叉询问的范围可能会受到限制,但是在我们不清楚他为哪名被告作证、关于什么罪名作证时,则无法确定交叉询问限制的范围。

我们可以这样假设来说明,即南被告现在站在证人席上说他要关于满洲阶段为其他被告作证。虽然他声称是要为其他被告而非自己作证,但是其间他仍然有可能为自己辩护,因此我们必须得非常注意他的证词。无论他说自己作证的目的是什么,只要在其证言中有为自己做辩解的话,那么对其进行的交叉询问就不会受到限制。交叉询问范围的问题需要精细地调整。

**塔夫纳检察官**:刚才布鲁克斯辩护律师告诉我他所用的表达方式并非是为了添加限制或是设置条件。现在我已经知晓,所以不再议论。

**布鲁克斯辩护律师**:我想澄清一点就是被告南这一次是为自己辩护而出庭作证。但是我并不打算在此提交为南被告辩护的全部证据,他只是为自己作证而已。

**韦伯庭长**:昨天法庭已经告诉你,你可以在任何阶段传唤南被告。

**布鲁克斯辩护律师**:好的。

**韦伯庭长**:今天早上我所说的话以及纽伦堡审判中的裁定,都不会使该决定失效。

**布鲁克斯辩护律师**:明白了。

**韦伯庭长**:如果纽伦堡的裁定与该点有不一致的地方的话,我愿意就此进行讨论。纽伦堡的确不分阶段,但是被告是按 ABC 的顺序被传唤出庭。如果我们也按照那个规则行事的话，被告荒木贞夫就要比南先传唤。纽伦堡审判中没有实施每个阶段的辩护方反证，所以我们允许传唤南被告的裁决与纽伦堡法庭的裁决不存在不一致之处。

**布鲁克斯辩护律师**：辩方辩护律师在被告的个人辩护阶段按照字母顺序来进行辩护，也将在那时提交与该被告的相关证据与证人。

**韦伯庭长**：现在休庭15分钟。

（10:45 休庭）

# 三、被告南次郎证人出庭作证(第1日)

(11:15 重新开庭)

**法庭执行官:** 远东国际军事法庭现在继续审理。

**韦伯庭长:** 布鲁克斯上尉。

**布鲁克斯辩护律师:** 我现在传唤南被告出庭,关于起诉书中所列罪名为自己做辩护。

**韦伯庭长:** 请速记员重复一遍刚才布鲁克斯辩护律师所说的话。

(英语速记员宣读)

**韦伯庭长:** 其中包括了所有的罪名。

**法庭执行官:** 韦伯庭长,证人昨日已经宣誓并且在宣誓书上署名。

(南证人登上证人席)

**韦伯庭长:** 直接询问结束以后法庭休庭,以便其他辩护律师进行询问商议。

**直接询问(由布鲁克斯辩护律师询问南次郎证人)**

**布鲁克斯辩护律师:** 请把辩方第989号文件递给证人。

(递交给了证人辩方第989号文件)

问:南将军,请你看一下手上的文件,确认是不是你的宣誓证词。

答:是的。

**布鲁克斯辩护律师:** 因为南将军的听力不好,所以我恳请将其宣誓证词副本的一部分放在他的手头,这样他就可以阅读、跟上同声翻译。

**韦伯庭长:** 他的听觉哪里有问题吗?

**布鲁克斯辩护律师：**他的听力非常差。

**韦伯庭长：**因特殊情况，法庭批准你的要求。

**布鲁克斯辩护律师：**现在将辩方第989号文件作为证据提交。

**韦伯庭长：**按照惯例，予以接受。

**法庭书记官：**辩方第989号文件接受为法庭证据第2435号。

**布鲁克斯辩护律师：**在宣读这份宣誓证词中的副本时，请南证人注意紧紧跟上。当宣读结束时，如果有什么需要订正的话，我会向你询问，你再做回答。现在开始宣读法庭证据第2435号，这是南次郎的宣誓证词。

**韦伯庭长：**柯明斯-卡尔检察官。

**柯明斯-卡尔检察官：**为了避免中途被打断宣读，我现在需要指出在该宣誓证词英文版的第7页下方，第8页开头部分中提到证人从溥仪处收到的一封书信，但是该书信证人说还在他的手上，并未提交。

**布鲁克斯辩护律师：**该书信是法庭证据第278号，已经作为证据提交。

**柯明斯-卡尔检察官：**只要能确保是同一份文件即可。

**布鲁克斯辩护律师：**书记员处已经有该文件。

**柯明斯-卡尔检察官：**我刚才听说该信件最初是作为识别证据向法庭提交的，因此我想问之后是否已经成为证据？

**布鲁克斯辩护律师：**我的记忆中该文件后来已由检方自己提交。

**柯明斯-卡尔检察官：**278号。

**法庭书记官：**该文件只是识别证据，是一份据称出自亨利·溥仪之手的信件。

**柯明斯-卡尔检察官：**之后并没有作为证据提交，对吧？

**布鲁克斯辩护律师：**但我记得稍后季南首席检察官已经要求将其作为证据提交。一开始它只是作为识别证据提交，我想翻看一下法庭记录的话，这一点便会清楚。如果检方希望查看的话，便会发现它已经作为证据提交了。

**韦伯庭长**：布鲁克斯上尉,我建议当你读到该书信的地方时就提交。

**布鲁克斯辩护律师**：我记得季南首席检察官已经要求将其作为证据提交。但是如果确实未提交的话,那么当我宣读到该处时我们将会提交。(宣读)

南次郎供述书

(1) 我于1874年8月10日在大分县日出町出生。在完成了初等学校、士官学校的学业后我于1895年出任骑兵少尉,日俄战争(1904—1905)时作为骑兵上尉随军。当时受到大炮强烈声音的刺激导致耳朵受到损伤,以至于现在听觉全失。

(2) 1924年以中将身份成为骑兵监督,1926年任第十六师团长,1927年任参谋次长,1929年任朝鲜军司令官,之后的1930年以大将军衔成为军事参议官,1931年4月14日若槻礼次郎第二次内阁成立时被任命为陆军大臣。以上期间恰逢贯彻华盛顿会议的决议,日本陆军致力于裁撤4个师团而尽力削减预算,特别是民政党组成的加藤高明内阁(1924.6—1926.1)、若槻礼次郎第一次内阁(1926.1—1927.4)、滨口雄幸内阁(1929.7—1931.4)以及上面提到的若槻礼次郎第二次内阁,内政上均采取紧缩政策,同时外交上标榜和平协调主义。我虽然不是民政党的党员,但是上述加藤内阁成立以来长期担任民政党系统内阁陆军大臣的宇垣一成大将是我的前辈,在他的举荐下我成为他的继任者,所以对于民政党的政策我也有充分的理解。

(3) 1931年8月4日在我成为陆军大臣后首次于陆军省中召开了师团长惯例会议。但是席上我所做的训示未意料到遭到一部分政界人士的反对。但是只要看一下我发言的内容就会知道,我只是陈述我作为陆军大臣理所应当持有的意见,即在由裁军而导致的困难状况下,为维持帝国军队的效能而应尽力训练士兵。但是一些反政府分子为了阴谋推翻内阁从而故意曲解我所说的话,而这就成了问题。我并未反对裁军,这可以从同年5月我修正陆军薪资令,实施从中尉的工资下调5分8厘至大将的薪资下调12%,甚至试图削减退休金等事实中得知。

第一次世界大战让欧美列强加速了现代化装备,而与此相对,日本却处于上世纪的状态。因此如果要以最低限度的军备来完成国防,则必须提高质量,我的主张只限于此。此外,我并未鼓吹对满蒙实施积极政策,这也可以从之后发生事件时我努力维持不扩大方针,却被当地的军队与国内的民众批评过于消极等事实中得以知晓。当时的满蒙悬案非常之复杂,若槻礼次郎首相与币原喜重郎外相发表了意见之后,我也曾训示陆军不得疏忽关注相关问题。

(4) 1931年9月18日夜,我如往常一样住在陆相官邸,19日凌晨3点突然被陆军省的值勤士兵叫醒,然后交给我一份奉天特务机关发来的电报。里面提到18日晚十点半左右奉天西北的满铁路线被中国军队破坏,我军守卫兵遭受攻击,现独立守备第二大队正在前往当地。大约一个半小时后,本庄军司令官再次发来电报,提到"凌晨3点由旅顺出发前往奉天"。内容非常简单,前因后果未提及,但是很清楚的是日中两国的正规军发生冲突。于是我立即叫来次官杉山元中将、军务局长小矶国昭少将以及秘书栉渊商量对策。之后到了上午5点半6点左右就将此事电话通知了总理、外务、拓务以及海军的四位大臣,且要求总理大臣迅速召开临时内阁会议。

另一方面,参谋本部也收到了同样的电报,因此金谷范三参谋总长、二宫治重次长以及其他首脑们就集合举行了会议。7点左右小矶国昭军务局长作为陆军省去参谋本部进行沟通,九点前后双方统一了意见,决定了不扩大方针。当时我们最担心的事情是比起张学良军的近25万军队,关东军仅仅1万人兵力是否能保护漫长的铁道沿线、20万在满日本人以及百万朝鲜人。假如1920年尼港的数百名日本居留民被俄国人屠杀的尼港事件再次重演的话,将会是一件非常严重的事情,军队将会因疏于职守而被人民问责。出于作战的角度统帅部中要求派遣增援军的意见很强烈,所以对此陆军部决定不扩大方针花费了不少时间。上午十点举行内阁会议,确定以上方针为政府方针,首相以及参谋总长先后上奏天皇并得到了许可,因此下午时参谋总长将该旨意作为统帅命令传达给了关东军本庄司令官,而我则作为政府方针将该决定以训电传达给了该司令官。之后,当地军队的行动即统帅权的发动就进入了总参谋长的指挥系统之中。这时朝鲜军司令官林铣十郎中将向东京请示要求向满洲紧急增援,但是通过参谋总长向其下达了终止的命令。

(5) 但是到了21日下午内阁会议结束,内阁成员解散后若槻礼次郎首相和我进行商议时,朝鲜军司令官发来了电报。其中写道应关东军的迫切要求,于情理上无法拒绝,因此自作主张让在新义州混合旅团越境出动。与首相商议后,我于第二天22日上午的内阁会议上通报了朝鲜军的擅自越境行为,但内阁鉴于关东军所处的不利境况,不得已追认了上述旅团的派遣以及由此带来的经费支出。首相也立即上奏天皇,参谋总长也紧随其后,越境出兵的敕命后通过参谋总长传达至了朝鲜军。在当日的内阁会议也决定如果关东军的行动并非是占领满洲,只是临时计策的话并不需要颁布军政,我向本庄军司令官通过训电传达了这个决定。另外在9月26日外务大臣向在满洲外务机关、我向关东军发出训电传达了内阁决议,禁止日本人参与满洲的新政府建立运动。这项决议是极有必要的,因为我们收到情报说在该事件发生后,满洲的独立运动急剧发展,特别是清朝复辟主义者开展了猛烈的活动,我们担心军队会被卷入其中。之后在11月上旬,居住在天津的宣统帝的名为远山猛雄的使者带给了我一封信。我虽然没有和使者直接面谈,但是记得不大清楚是通过秘书还是值勤的将校传达了这样的信息:"宣统帝希望在满洲从根本上更正张氏政权的恶政。"但是我没有理由相信使者说的那样的话,且政府早有方针规定不得参与事关中国内政的问题,且我也不喜欢此信息,因此溥仪的信我没有回复,就这样置之未理。

法庭证据第278号提到的那份书信是否已经作为证据提交了呢?

**法庭书记官**:法庭证据278号于1946年8月21日由辩方作为识别证据提交,翌日1946年8月22日由检方作为证据提交。

**柯明斯-卡尔检察官**:该文件法庭是否已接受为证据?记录中有日期吗?

**法庭书记官**:没有记录。

**柯明斯-卡尔检察官**:我想那份文件并未接受为证据,因为据我所知,无论是检方还是法庭,都未有这份文件的译文。所以我想问这份文件在法庭记录中是否有译文?

**韦伯庭长**:布鲁克斯上尉,你是否会提交该译文?

**布鲁克斯辩护律师**:我会提交的。(继续宣读)

不仅如此,11月15日我还给关东军司令官发了封电报,指示"最近关于宣统帝有很多传闻,而关东军的行动必须极其慎重,严厉禁止掺入中国的内政问题"。数年之后,"满洲国"总理大臣郑孝胥访问日本时我去帝国酒店会见了他,请他鉴别上述溥仪书信的真伪，他在信末做了批注证明这是溥仪真迹。我于是将其保留下来作为纪念。

（6）9月24日关于奉天发生的事件，政府发表了最初的声明。在该声明之前，我们的代表一天要向国际联盟报告两回奉天的情况。但是当地的情况就连我们自己的内阁阁僚都不是非常清楚，有时事情看起来已经偃旗息鼓，有时又会有新的问题发生。在此情况下，政府发表声明之前我所处的立场也是非常尴尬。

**柯明斯-卡尔检察官**：我对宣誓证词的该部分提出异议。这是试图将传闻作为证据提交。我认为这已经超过了法庭承认的传闻证据的范围。

**布鲁克斯辩护律师**：据我了解，被告在审理时可以关于与案件相关的地方进行任何证言，这一点并未受到任何限制。因此我对打断我宣读该宣誓证词的行为表示抗议。

**柯明斯-卡尔检察官**：我想没有必要对此做出评论。被告在提交证据时所处的立场，与其他证人毫无区别。

**布鲁克斯辩护律师**：不仅如此。检方提交的证据中大部分也都是传闻证据。而且这份文件不是传闻，而是证明这份书信笔记真伪的相关证明书。

**韦伯庭长**：法庭受理此文件。但是关于其作为证据的价值，可能意见有所分歧，要依情况而定。

**布鲁克斯辩护律师**：（继续宣读）

这是因为日本军队建军的一条原则就是陆军大臣不得干预军队的作战行动。然而另一方面虽然关东军根据当地的实际情况遵守不扩大方针，但是面对数量是数十倍的敌人的不断攻击，采取自卫行动也是迫不得已。否则等待他们的只有自取灭亡。并且，9月下旬时关东军请求允许出兵哈尔滨以保护日本居留民，我们不仅要求参谋总长绝对终止该行动，而且还成功地将主力军撤到了铁道沿线。然而，在我方撤退之际张学良的军队乘虚而入，挺进到铁道沿线，搅乱了后方。因此10月初时我方飞机前往对方大本营锦州实施飞行侦察，之后收到报告说张学良的军队开火射击飞机，因此我方对其投放了炸弹。由于此次飞行事前没有向总参谋长或是我做任何报告，所以我立即向本庄司令官发出严重警告。11月时马占山的军队破坏了嫩江桥梁，且开火射击我方修理队。对方不顾我再三的警告，因此关东军才决心要击退对方军队。但之后中央军部立即向关东军发出命令从齐齐哈尔撤退且也得到执行。11月下旬，中国军队在天津发生暴动，我华北驻屯军要求增援，但是不仅这个要求被拒绝，而且关东军的救援部队前往锦州附近的行动也被抑制，被撤回到了大辽河的东方新民屯附近的铁道沿线。此时每年例行的陆军军演在天皇的视察下正在九州举行。虽然陛下亲临，陆军大臣也必须随行，但是鉴于我要应对上述所说的时刻变化的内外情势，所以在得到了陛下的恩准后我留在了东京，与政府及统帅部保持紧密联系，专心致力于避免事态扩大。我现在还记得在成功阻止关东军前往锦州时，我与首相两人在首相官邸举杯庆祝的场景。这样，我作为陆军大臣在任时，虽然由于满洲快速变化的时局导致日本政府的声明与当地的情况时间上有点颠倒混乱，但是我确信从未发表过虚假的声明或是违反过国际协议。

（7）除了上述满洲的棘手问题之外，10月中旬我还收到消息说国内一部分少壮派士官有不安定的可能性，所以我命令宪兵队扣留了那些士兵，分别做出了适当处分。因为国内外对若槻礼次郎内阁的稳健政策不满之声日趋渐高，所以首相希望联合民政党与政友会重组内阁的希望也随之落空。结果,由于安达谦藏内务大臣采取了独自行动,11月10日因内阁不统一而总辞职。我辞任陆相以后去了军事参议会就任一份闲职,一年只要聚集两次听陆军当局的报告,除此之外没有任何事情。因为我之前就被委托辅佐闲院宫亲王,因此就专注于此职,对于政治军事几乎不再过问。其后,过了三年在1934年12月10日时,很意外地我由当时的冈田启介内阁推举,被任命为驻满洲全权大使、关东厅长官兼关东军司令官。

(8) 是年末,我由天皇陛下钦命为全权大使、关东厅长官及军司令官。在与冈田启介首相、广田弘毅外相、高桥是清藏相、林陆相和小原直法务相等举行会谈后,我赴任新京以便在当地彻底贯彻中央政府的方针。当时,前一年中不仅日"满"议定书已经缔结,日本承认了"满洲国"的独立地位,且罗马教皇、萨尔瓦多共和国、多米尼加共和国等也纷纷给予承认,"满洲国"正日益成长为一个新生的独立国家。翌年,即1935年1月广田弘毅外相在议会中发表了对华亲善方针的声明,2月3日蒋介石、汪精卫、孙科等人对此做出回复,日中双方达成共识,之后"满洲国"与中国之间圆满地实施了关税、邮政、电信等相关协定。3月时苏联与"满洲国"间缔结了"水路协定"与"中东铁路买卖协定",也同意设立一个委员会来专门处理国界问题。我的上上任武藤信义元帅与"满洲国"皇帝定于每月1日、11日、21日会面,前任菱刈隆大将则定在2日、12日、22日,我则定在每月3日、13日、23日定期谒见。4月2日至27日这段时间,"满洲国"皇帝访问了日本,受到我国皇室的热烈欢迎。这意味着日满两国处于平等地位,而尊重"满洲国"的完全独立,帮助其稳健的发展则是当时的冈田启介内阁之政策,也是我个人的信念。因此,关东军以"满洲国"内的治安稳定为第一要义,也正是基于此原因,我经常训示军人不得介入政治,不能损害"满洲国"的权利。这样,根据中央政府的政策我一到任之后,便着手致力于撤销军队的特务部与关东厅,尽可能地精简日方在满机构。在我的任内,未曾发生过一次越境派兵之事。

(9) 1935年5月,日本的驻华公使馆升格为大使馆,有吉明大使向中国政府的林森主席递交了国书。6月,蒋介石发布了邦交敦睦令,中日友好的气氛则越来越浓厚。同月中,为了和平处理中满间国境问题,我也收到报告说在极其友好的气氛中缔结了所谓梅津—何应钦协定与土肥原—秦德纯协定等协定。这些虽说是地方性质的协定,但是都得到了日华两国各自中央政府的批准。7月,日满经济共同委员会成立,日满两国在平等地位下处理各种经济问题。8月,日本政府宣布放弃在"满洲国"的治外法权。这是将日本之前在"满洲国"的权益返还给"满洲国",乃是日本政府的英明决断。同月,内蒙古的德王为了谒见"满洲国"皇帝而出访新京。可以相信该德王是羡慕于"满洲国"实现了和平发展,因此怀着希望蒙古效仿"满洲国"实现独立。但是我认为德王的企图即内蒙古独立无论是实际上还是时机都不恰当,因此对德王的援助请求都予以了拒绝。但当时的关东军参谋田中隆吉中佐则由于职务原因非常熟悉满洲情况,对满洲问题也很热心。甚至到了1942年,他还亲自来东京拜访了我,希望我能够担任一个援助蒙古独立的协会之会长,我当然予以否决。基于同样的原因,关于华北问题我只遵从中央政府的指示努力维持中满间和平,从未试图进行政治上的交涉活动。听说同年末建立冀察政权乃是中国政府方面的倡议。然而到了1936年2月26日,东京发生了兵变,很多要员被暗杀,因此我痛惜时局,于是进而请求辞职。尔后的3月6日免职,4月18日待命,22日正式编入预备役。但出乎人意,回国后不久的8月5日又被任命为朝鲜总督。

韦伯庭长阁下,您是希望我停下还是继续宣读?在中午之前没法全部宣读完毕,而宣读到这里比较好一些。

**韦伯庭长**:你可以再花几分钟把它读完。

**布鲁克斯辩护律师**:好的。(继续宣读)

(10)我想是前任朝鲜总督宇垣一成大将推荐我为他的继任者,且不是以军人身份而是文官身份就任此职位。因此自己在总督任中关于军事方面则由朝鲜军司令官专门负责,我一概不参与。我作为朝鲜总督,除了专心努力提高朝鲜人的地位之外,其他没有特别值得一提之处。

(11)1942年5月29日我从朝鲜总督一职退任的同时被任命为枢密顾问,担任该职一直到1945年3月。其间,1942年10月因新设了大东亚省,随着官制变更,政府向枢密院提出了一个议案,希望将朝鲜总督和台湾总督置于内务大臣的统辖之下。当时,我被议长任命为审查该政府议案的委员会的成员,关于大东亚省我没有发表一句意见;但是关于朝鲜总督问题,我则基于就任朝鲜总督时的体验,我担忧政府议案会给殖民地统治带来各种不利影响,因此极力反对。但是由于多数决议该案得以通过。在枢密院期间就没有其他值得阐述的事情了。

(12)近卫文麿内阁时代,解散了所有政党后而建立的翼赞政治会渐渐失去了国民的信赖,最后在1945年3月30日大日本政治会诞生。与翼赞政治会不同,大日本政治会的组党主要目标是纠正政府以及军队的施政方针。从这一点来看,其与翼赞政治会从本质上就不同,因为后者与民众毫无联系。在大日本政治会创立之际,原政友会、民政党的一些身居要职的干部们推荐我来领导该党,理由是我"很胜任抑制政府和军部的角色"。国民对于日益危急的战争情势的舆论使我痛感必须要领导日本的政治,因此挺身而出担任了该党总裁。身为总裁,为了达成本党目标,我首先在全国各府县市町村设立了党支部,以求与国民大众建立直接联系。由于完全未得到政府的援助,所以只能靠会员费来支撑。为了听到民众真实的声音,我会亲临大部分支部的成立仪式,回到东京后都要向政府和军队首脑一一汇报舆论动向。但是之后不到半年时间战争结束,大日本政治会也于同年8月20日解散。

由于没有其他被告需要对本证人的宣誓证词实施直接询问或交叉询问,至少就辩方而言不需要为此休庭。

**三宅辩护律师:** 韦伯庭长,我有话要说。我想在中午休息磋商之后对该证人实施直接询问,就两三点问几个问题。

**韦伯庭长:** 所以你认为整个下午不需要为此休庭了吗?

**三宅辩护律师:** 是的。

**韦伯庭长:** 现在休庭至下午1:30分。

(12:05休庭)

(13:30重新开庭)

**法庭执行官:** 远东国际军事法庭现在开始下午的审理。

(南证人登上证人席)

**韦伯庭长:** 布鲁克斯辩护律师。

### 直接询问(由布鲁克斯辩护律师询问南次郎证人)

问:南大将,你已经听到了你的宣誓证词,请问其中是否有误?

答:无误。

**布鲁克斯辩护律师:** 辩方不进行询问,如果检方要交叉询问的话可以开始。

**韦伯庭长**：有位日本辩护律师要向证人提问。

**布鲁克斯辩护律师**：因为他是我辩护律师同僚中的一员，所以我此时不适合发话、提出问题。

**韦伯庭长**：溥仪的信怎样了？最后提交了吗？

**布鲁克斯辩护律师**：该书信将在下一个阶段中提交。下一个阶段由布雷克尼辩护律师负责，届时他将会提交并且传唤一位笔迹鉴定专家。但是如果法庭希望的话，我也可以现在就提交该书证。

**韦伯庭长**：按照惯例，予以接受。

**法庭书记官**：法庭证据278号作为证据受理。1946年8月21日提交的识别证据第278号现登记受理成为证据。

**柯明斯-卡尔检察官**：该文件的翻译件尚未提交，我想确认是否需要提交？

**韦伯庭长**：翻译件必须提交。

**布鲁克斯辩护律师**：本文件的翻译文已于数日前完成，现在向法庭提交其副本。

**韦伯庭长**：柯明斯-卡尔检察官。

**柯明斯-卡尔检察官**：可能法庭已经注意到了，该宣誓证词并未作为证据提交，其中还提到了为数众多的内容无法证明的文件。法庭业已数次警告辩方此项工作必须完成。对像这份如此重要的宣誓证词，我要求法庭下令必须完成此项规定，抑或将提到的部分从宣誓证词中删除。

**布鲁克斯辩护律师**：请法庭回忆一下，去年我们从美国华盛顿的中央文件中心申请了给南被告辩护需要用的文件，之后对我们数次请求迅速寄送这些资料的电报信息，后来收到了该文件中心回复的数份报告。

**韦伯庭长**：但是这些规则仍然有效。这些文件必须要提交或者是附加证明，否则不具备证据能力。

**布鲁克斯辩护律师：**如果凭借国际军事法庭命令书的权力都无法取得上述文件的话，那么辩方就更不可能完成此事。但是我们手头里有些检方持有证据文件的副本，这些文件是我们以前提交但是被驳回的，我们可以将这些作为证据提交。

**韦伯庭长：**华盛顿的意见是除了溥仪的书信之外，可以对其他文件出具证明吗？

**布鲁克斯辩护律师：**我认为华盛顿的意见正是如此。现在检方所提到的文件、电报指的是所谓的绝密文件。而现在站在证人席上的证人，正是发送这些电报的人，所以可以在这些文件中辨认出这些电报。关于其他的文件，我认为检方并不了解我们辩方为了获得它们提交给法庭而做出的努力，我们与检方同样着急获得这些文件。

**柯明斯-卡尔检察官：**我的辩护律师朋友，是否能够出示证据，证明这些问题文件中有哪一份已经被寄送到了华盛顿呢？

**布鲁克斯辩护律师：**检方手头里有一份关于送至美国的全部文件的详细清单，通过这份清单我们才第一次知道了这些文件的所在，且清单中附有所有电报编号，也正是通过它我们才能给证据编号。

但是这些文件几乎全部是以日文被送至美国的，所以我想现在华盛顿方面根据我们发出的文件传唤令来寻找和打包运送相关文件稍微有些困难。除了我们申请寄送的文件之外，华盛顿那边还有其他的文件，但是给我们发送过来的肯定只限于我们要求寄送的。

**韦伯庭长：**华盛顿方面对于未能按照文件传唤令办理是否说明了理由？

**布鲁克斯辩护律师：**我们发出文件传唤令后，一些辩护律师去了华盛顿的文件中心询问该事，得到的回复是由于装船邮寄的手续原因，一些从我们这发出的文件送抵华盛顿需要数月时间，甚至当时有些文件仍未抵达华盛顿。

**韦伯庭长：**如果原件无法立即获得的话，根据法庭条例可以提交间接证据。按照布鲁克斯上尉你的说法,这些文件无法立即到手。

**柯明斯-卡尔检察官**:没有任何证据表明,且辩方没有做任何努力去确认在我提出异议的此宣誓证词或其他宣誓证词之中提及的文件是否已经被送至东京。

**布鲁克斯辩护律师**:我们会尽可能快地把从检方处获得的文件进行复印、分发。

**韦伯庭长**:但是如果此期间能够继续实施交叉询问的话,法庭会感到很宽慰。

### 交叉询问(由柯明斯-卡尔检察官询问南次郎证人)

问:南大将,带上那个耳机你是否能够听见我的问题?可以听见吗?

答:可以听见。

问:1931年4月14日,你是陆军大臣吗?

答:是的。

问:当时是否存在一些计划,若是与各国发生战争的时候,就会实施这些计划?关于这一点你是否清楚?

答:我并不知道详情。

问:比如说日本和苏联发生战争时,作为日本作战计划的一部分,日军将通过各种途径向苏联推进,其中一种途径就是经由满洲挺进。对此你是否得知?

答:我不知道。

问:对此种计划你是否有兴趣?

答:当时并无兴趣。

问:为什么?

答:我就任陆军大臣时,首先主要着手的是陆军的兵制改革。

**译员**:更正,我的主要任务是陆军的兵制改革。

问：你提到了你在1931年8月4日发表的演说，你在该演说中是否发表了见解，认为"满洲国"是日本的生命线？

答：是的。

问：那是否是因为你认为一旦日本与苏联发生战争，"满洲国"有必要成为对抗苏联的作战基地的缘故？

答：是的。

问：但是如果"满洲国"仍然是中国领土一部分，日苏战争爆发时日本经由满洲推进的话，你是否认为这也会导致与中国发生战争？

**布鲁克斯辩护律师**：我反对该问题，完全是猜测性，且不具备关联性与重要性。

**韦伯庭长**：驳回异议。

问：请回答刚才的问题。

答：如果日本不幸与苏联发生冲突，虽然可能也会发生与中国的战争，但是我们并不会，也不想发生此种情况。

问：如果是打算经由满洲来攻击苏联的话，你又怎样来避免与中国的战争呢？

答：我并未考虑过与苏联发生冲突或攻击苏联。

问：但是你不是说一旦日苏战争爆发之际，日军的打算是通过满洲进军苏联吗？如果满洲仍是中国领土一部分的话，那么在刚才说的事态下如何避免与中国的冲突、避免战争呢？

答：发生攻击的情况下，日本将会在满洲进行防御；以及通过外交交涉，通过外交谈判来进行防御。但是我们根本没有想过要把中国卷入其中。

**语言监督官**："发生攻击的情况下"改为"遭到苏联攻击的时候"。

问：但是日本陆军是否热切期望，即在众多理由之中要数与苏联发生战争的该情况最为便利，借此可以将满洲从中国分割出去并加以控制？

答：请允许我陈述自己的想法。我从未考虑过要与苏联发生战争，我历来认为与苏联发生战争对日本非常不利。我们考虑的只是遭到苏联的攻击，不得已的时候才有必要借满洲之地来防御苏联的攻击，但是从未考虑过通过满洲来攻击苏联。这与我的想法根本上是不同的。

问：我并不关心是哪方先开始攻击的。我想问的是日本陆军当时是否考虑当与苏联发生战争时，通过事先占领满洲的领土，借此日本陆军得以更加强化？

答：并未这样考虑过。

问：你是否还记得1931年6月30日招待满铁的干部们午餐会一事？

答：记得。

问：这是我现在提到的法庭证据2202A号。当时是否有很多军队领导人出席？

答：没有。

问：那我读一下该报告书中写的出席人员名单。参谋总长金谷范三，他不是出席了吗？

答：是的，出席了。

问：杉山元、伊藤呢？

答：出席了。

问：二宫治重？

答：出席了。

问：当时的军务局长、被告小矶国昭呢？

答：出席了。

问：第二部长[1]建川美次？

答：出席了。

---

[1] 译者注：建川美次应当为参谋本部第一部长。

问：那你刚才为什么说没有很多军队领导人出席？

答：那是因为出席的大家都是友人。这个会是每年满铁总裁回东京时都要招待与满洲相关的各省部，比如外务省、陆军省、拓务省等的要人出席的午餐会，大家席间进行恳谈。同样，作为回礼，各省部举行宴会时，陆军省受到招待的话自然陆军大臣会作为代表出席，而参谋总长或枢要人员陪席没有什么特别含义，只是普通的社交礼仪而已。因此，因为是社交性质，所以不会谈什么严肃的话题，也就是什么很久不见最近怎样的客套话之类的。如果今天不问我的话我甚至想不起这样的餐会。

问：当天是否有军事参议官的非正式会议？

答：我不知道，不记得了。

问：你是否在当天某些集会上说了这样的话：陆军长久以来一直认为有必要增加在朝鲜的师团数量，且期待不久的将来有一天能向朝鲜派遣更多的师团？

答：我可能说过这样的话，但是我当时的想法是多年以来陆军一直期望增加驻朝鲜师团，而我进入了内阁以后才发现情况并非这样，因为政府根本没有经费来实施。基于此，我记得我说过此事无法实现。

问：但是你说过还未最后确定对吗？

答：是的，不仅还未确定，而且我还说过我确信我没法完成此事。对于来自朝鲜方面要求增援师团的声音以及军部中一部分人增加朝鲜师团的希望，我也用此话来回绝，清楚地向国内外做了声明。

问：如果你说过这番言论的话，你是否知道你的这部分发言却为何没有写进这份文件之中？

答：因为我觉得没有必要写。

问：那么军部希望增加驻朝鲜师团的原因是什么？

答：我不知道。但是这是朝鲜方面多年以来的希望。民间希望借此来加强防御，或者是促进该区域的繁荣，一直以来都前往东京做动员。因为有此种声音，所以为了打消该念头，我才清楚地做出公开申明不会向朝鲜增援师团。

**问**：你在 8 月 4 日的演讲中说从"国防的角度来看，满洲、蒙古与日本有着密切的关系"。这是为什么？

**答**：为了巩固东洋的和平，满洲以及蒙古必须保持稳定。因此我想陈述一下我在 8 月 4 日所做训示的含义，你听了以后就会对你的问题有一个明确的答案。师团长会议上我演讲的主旨大体上分为三点：第一点，日本的军备改革；第二点，对军人的训练以及教育，坚决贯彻军人的天职；第三点，当时时局恰逢满洲问题变得棘手之时，我对此做了训示。

**语言监督官**：第三点是向那些熟悉满洲情况的陆军将校做的训示，因为当时恰逢满洲问题变得棘手。

**答**：如果我在这里可以陈述该训示的要旨的话，对此的普遍误解便会消除。

第一点，所谓的军备改革，指的是装备的机械化，配备坦克、装甲车、飞机等。但即使废除历来的师团，废除骑兵旅团，废除其他兵种，而如果不做这些变化的话，那么我国的军备也会远落后于世界各国的军备。第一点指的主要是机械化兵团的改进。但是我担任陆军大臣之后，财政方面延续了滨口雄幸内阁时期的政策，国家的总预算是 144 800 万日元左右，而拨给陆军的总预算只有 18 000 万日元的程度。到了若槻礼次郎内阁，也继承了同样的财政政策，所以陆军绝对不可能增加兵力。因此为了在有限的预算内改进兵制，完成兵团的机械化，就不得不裁撤其他很多兵种。为了在有限的预算内改良军备，就必须大量精简军队，解雇很多有作为的将校，变更兵种，对人心影响甚大。一战之后举世要求缩小军备之声不绝于耳。因此，大概是在 1925 年的时候，在山梨半造大臣之时日本削减了全国各师团及人员的数量，即缩小了军备。两三年之后的宇垣一成大臣之时，又裁撤掉了 4 个师团，军缩继续实施。所以到了我的任上，如果要改进机械化兵团的话，一般的陆军将校士兵都会担心我是不是也要实施裁军。

**韦伯庭长**：我认为他本来应该说明8月4日的演说。

**柯明斯-卡尔检察官**：是的，韦伯庭长。

**韦伯庭长**：证人你到底什么时候才能开始说明呢？

**答**：我正在进行说明。

**韦伯庭长**：这是回到1931年7月1日的演说吗？根据检方法庭证据第2202A号显示，被告，即该证人说我们希望有一天能够向朝鲜派遣更多的师团。为什么证人你当时抱有这种希望呢？

**答**：如果国家财政允许的话，我们希望可以这么做。

**韦伯庭长**：这有必要吗？

**布鲁克斯辩护律师**：该问题证人之前已经回答过了。请检方不要时时打断证人的话，最好让他有逻辑地做完证词。

**韦伯庭长**：请你不要干扰问话，你没有此权限。

**布鲁克斯辩护律师**：法官阁下，我是辩方律师。

**答**：我向陆军将校做的第一点训示是关于兵制的改编，虽然会给人心带来不安，但是迫于国家财政的现状，乃不得已而为之，别无他法。第二点是鉴于此种情况，所以我希望军队将校认识到必须努力进行军队的教育、训练以及精神修养。第三点是当前满洲问题变得非常紧迫棘手。但是对军队来说，要按照敕令的指示，不得参与政治，不能受舆论影响，须尽到自己的本分。

**柯明斯-卡尔检察官**：非常抱歉，南将军，稍等一会儿。我也不忍打断你的话，但是我想指出，如果你对于没有被问到的问题进行长篇大论地回答的话，那么无论是对于你自己还是对于其他人都不会有所帮助。

**布鲁克斯辩护律师**：我必须对检察官这样打断证人作证的方式提出异议。如果证人想陈述事实的话请允许他陈述。我想给予他充分地解释的机会，也希望我们能认真地听他的证词。

**韦伯庭长**：证人有回答与解释回答的权利。但请证人先回答开始的问题，你还没有给出答案。

问：你希望增派驻朝鲜师团的真正原因，是不是期望通过增强朝鲜的军队以便日后可以帮助到在满洲的关东军？

答：不是。

问：关于这两次演说的话题就到此结束。接下来是关于8月4日的演说，同样的演讲内容但刊登在不同的报刊上。检方作为证据文件提交的是法庭证据186号，辩方提交的是2393号。

请问证人，外务大臣币原喜重郎当时是不是经常将他从管辖下的驻满洲及中国的领事那里收到的电报内容向你通告？

答：是的。

问：那么在1931年9月18日之前，币原喜重郎外相是否有向你通告说他接到报告，据悉关东军将会在满洲暗中策划一起重大事件？

答：的确通告了，是在内阁会议上。他说似乎某些计划在悄然进行。

问：你是否保证过会阻止该计划？

答：我说我会进行调查，否则无法相信确有其事。

问：你派建川美次少将前往奉天，是否就是为了此目的？

答：建川美次少将是参谋本部的部长，是奉参谋总长之命派遣过去的。

问：该命令是基于你的要求吗？

答：我是听说参谋总长要派遣建川美次少将前往满洲之后，才与他本人会面谈论此事的。

问：你是否向参谋总长提过建议，说建川美次少将才是最适合的派遣人选？

答：没有。

问：你是否知道小矶国昭少将是否曾推荐过他？

答：我不知道。

问：那你是否知道建川美次与小矶国昭两位少将都是满洲事变方案制作的支持者？

答：虽然两人对满洲问题都很关注，但在支持该方案上，我却并不清楚他们的具体所为。

问：建川美次少将本应来得及向奉天传达命令，但是他却没有传达，这件事你知道吗？

答：他回到东京后我接到了他的报告，说他没能传达命令。

**布鲁克斯辩护律师**：如果法庭允许的话，关于检方刚才所说命令，我想听一下具体的内容。

**韦伯庭长**：该命令我们是知道的，但是如果被告或者是你不清楚的话，你可以让他回忆一下。

问：有没有经过建川美次少将之手向关东军递交了什么命令？

**南证人**：没有。我只是让他调查一下之前和他说过的内阁会议上的那次讨论，以及陆军省希望能够调查满洲的实际情况。

**韦伯庭长**：现在休息15分钟。

（14∶45 休息）

（15∶00 重新开庭）

**法庭执行官**：远东国际军事法庭现在继续进行审理。

**韦伯庭长**：柯明斯-卡尔检察官。

**布鲁克斯辩护律师**：检察官通知我说他会提到一份敕令。因为该敕令没有作为证据提交过，因此为了避免产生误会，我要求确认该文件。法庭可能知道该文件，但是作为辩方，我却没有办法确认该文件。

**柯明斯-卡尔检察官**：我认为在我提交时会有充足的时间来提出该问题，而不是在我提交之前提出。

**布鲁克斯辩护律师**：但是之前所说的调查的命令依然还是个问题，有可能会与检察官稍后所说的敕令混淆，我们可能会认为两者是同一份文件。

**韦伯庭长**：我的一位法官同僚做了一份笔记，其中说其实证人南将军是知道敕命的内容的，因为他刚才作证说建川美次少将没有能够传达命令。

**布鲁克斯辩护律师**：但是我们可以在本方再次询问中弄清楚那个命令到底是什么内容。

**韦伯庭长**：你有权利在适当的时候可以提出异议并以此来保护证人，但是该证人很清楚他被问到的问题，因此并不需要你的保护。柯明斯-卡尔检察官。

**柯明斯-卡尔检察官（继续进行对南次郎证人的交叉询问）**

问：建川美次少将是否携带着你的命令，让他无论付出什么代价都要阻止事变的爆发？

答：他并没有这么做。

问：刚才说的是不是你直接从天皇那里领受的命令？

答：不是。

问：建川美次少将有没有携带书信前往？

答：我没有交给他过。

问：你的意思是建川美次少将被选派前往一事你并没有任何关系吗？

答：是的，我是这么说。派遣他是参谋总长的权限范围。

问：小矶国昭推荐他为派遣的合适人选一事，你是否清楚？

答：我不清楚。

问：那你是否知道他从谁那里拿了书信前往？无论该书信是何性质的。

答：我没有听说过。

问：我们回溯到之前一点的时间。你于1931年8月24日是否与铁道大臣江木翼进行了协商？

**答**：关于什么事的协商？

**问**：日期是 8 月 23 日，是关于向满洲及蒙古派遣远征队。

**语言监督官**：检察官，你所说的"远征队"是什么意思？是军事上的远征吗？

**柯明斯-卡尔检察官**：是的，远征军。

**答**：没有。

**问**：江木翼有没有和你说过讨论这种事非常荒诞？

**答**：不记得了。你指的是讨论什么事？

**问**：派遣军的事。他是否说过难以想象没有敕令而调动军队这样类似的话？

**答**：没有印象了。

**问**：9 月 4 日或者是稍微早一些的时候，你有没有和大藏大臣井上准之助进行商谈？

**答**：我经常和井上准之助大臣商讨事情，那一天的话记得不是很清楚了。

**问**：关于你之前提到的陆军的改编问题吗？

**答**：是的，我经常和井上准之助大臣讨论事情，包括陆军的改编问题。

**问**：你在 9 月 4 日之前是否与井上准之助关于陆军改编计划达成了一致意见？

**答**：大体上是的。

**问**：但是在 9 月 4 日前后，你是否和井上准之助说过，由于小矶国昭少将对你与井上准之助在陆军改编问题上达成的一致提出非议，因此你不得不撤回你的意见？

**答**：不记得了。

**问**：币原喜重郎男爵是否有给你看过一份他从驻奉天林久治郎总领事那里收到的电报？即法庭证据 181 号。

**答**：他没有给我看过电报原文，但是我记得他和我说过军队在奉天的行动不是很稳定这些意思的话。因此建川美次少将在前往满洲时，我和他说了币原喜重郎对我说的话，并且同时命令他要与奉天总领事联系，好好调查这件事。

**问**：你说的是9月18日之前的报告。而我问的是9月18日之后一天即9月19日的那份报告。

**布鲁克斯辩护律师**：为了避免产生误会，我要求向证人展示法庭证据第181号，这样证人就能明白无误地了解到底是哪份电报了。

**韦伯庭长**：但是据我的理解，证人说他根本就没有见过电报，只是从币原喜重郎男爵那里听说了而已。

**问**：币原喜重郎男爵有没有和你提到过，说林久治郎总领事的报告中指出关东军企图在满洲全境内沿着满铁附属地带展开积极的作战行动？

**答**：他没有说过，但是我需要做一点说明。大家集中开内阁会议的时候，座谈时币原喜重郎男爵说他从林久治郎总领事那里得到了报告说满洲似乎要有事情，还问我怎么看。我回答说我没有接到过类似报告，仅此而已。币原喜重郎也没有向我展示任何电报文，也没有问我"你有没有见过""你怎么看这份电报"等任何问题。

**问**：我不是问你币原喜重郎男爵有没有给你看过那份电报，而是问你，他有没有和你说过他从林久治郎总领事那里得到的电报，就是我刚才读的那份报告。

**答**：他没有说过。

**问**：那么币原喜重郎有没有和你说在同一天的早上他从林久治郎总领事那里收到的电报？在该电报中，林久治郎总领事综合分析了所有的事实，得出结论认为最近发生的事变全部是军部策划的行动。

**答**：币原喜重郎没有和我说。

**问**：根据林久治郎总领事的报告，建川美次少将乘坐的列车于9月

18日中午1点已经抵达奉天，这件事币原喜重郎有没有和你说？

**答**：他没有说。

**问**：币原喜重郎是否和你说过林久治郎的报告中指出，军队隐瞒了建川美次抵达奉天的事实？

**答**：没有说过。

**问**：如果军队将建川美次少将抵达视为秘密，那么是否有什么正当的理由呢？

**答**：我认为没有。

**问**：币原喜重郎有没有和你说，根据南满洲铁道株式会社的一位理事的证词，关东军阻止了南满铁道的工人前往被破坏的铁道沿线附近进行修复的工作？

**答**：我不记得有类似的事情。

**问**：对于铁路被炸毁一事，你是否有亲自调查过到底是何人所为呢？

**答**：我没有亲自去满洲，而是让兵务局长去调查了。

**问**：你指的是谁？

**答**：安藤利吉。

**问**：他现在在哪里？

**答**：我估计他已经过世。他不久前还一直在担任台湾军司令官。

**问**：法庭证据第162号中若槻礼次郎男爵说的如下言论是否正确？这是我从法庭证据第162号中摘取的若槻礼次郎男爵的话，现在开始宣读。（宣读）

　　内阁成员们一致认为此刻在满洲发生的行动应立即停止。陆军大臣南将军也同意将该政策贯彻到陆军中实施。但是行动却日益扩大，我作为总理大臣也与陆军大臣南将军举行了几次会谈。每天都有人给我展示地图，而南大将也经常在上面给我划出一条边界线，告诉我陆军今后不会越过此线。但是同时我得到报告说基本上该边界线每天都被忽视且在向外扩张,而总是保证这是最后的一次行动了。

这段话是否正确？

答：没错。

问：关于法庭证据第 2207 号,即检方第 1867 号文件,在给你做询问记录时,你是否说过如下的话？这是我从询问调查书中做的摘抄：

  问：你是否恰好在奉天事变发生之前全权授予了本庄大将,允许他可以在满洲做任何他认为是合适的事情？

  答：没有,关东军司令官才有此权力,且已经拥有此权限长达 25 年了。

  问：那么他是否可能在当地最高司令的特权之下将他所希望的类似战争的行动付诸实践呢？

  答：在他自己的管辖范围之内,实际上可以做他想做的任何事情。

刚才读到的这段话你是否说过？

答：是我说的。

问：说的是事实吗？

答：是事实。

问：如果他真的可以这样随心所欲的话,那么你向内阁保证阻止他的行动又有什么作用呢？

答：那不一样。我在回答询问时说得很清楚,是在关东军司令官的权限范围之内。如果你仔细看的话就会明白,他不能做超过该权限的事情。

问：意思就是说如果你有意的话，还是可以阻止他的吗？

答：是的。

问：但是为什么没有阻止呢？

答：我无法，战况不允许我这么做。

问：正是因为你认可了他的做法，所以才没有阻止的吗？

答：不是。

问：你回答"不是"，到底是想表达什么意思？是想说你并未认可，还是想说认可了所以没有阻止？

答：关东军司令官会尽可能依据中央的命令行事，但是大敌当前且经常出其不意地攻击我们，无法躲避，因此事态只能逐渐扩大。

问：你的回答就是认可了关东军司令官的做法？

答：我认可了由于敌情不得已而为之。

问：当你向内阁报告说你会去阻止关东军司令官时，你是否是出于真实想法？

答：是的。

问：并非没有诚意吗？

答：我是尽了全力的。

问：尽全力做了什么？

答：尽可能贯彻不扩大方针。具体来说，命令关东军保护铁道沿线以及重要的各区域，但是以北不能超过吉林、长春、郑家屯，往西不能越过大辽河。

问：只有这些吗？

答：只有这些。

问：你认为占领锦州是由于日军遭到了中国军队的攻击，结果不得已而为之吗？

答：在我的任中绝对没有进攻锦州。

**柯明斯-卡尔检察官**：我现在要宣读在你辞职前四天，即1931年12

月9日提交给枢密院的报告，即法庭证据第2205A号。

**布鲁克斯辩护律师：**检察官刚才提到的南次郎证人辞职前四天，12月9日提交的报告，而据我所知根据检方自己的证据显示被告南是在12月10日辞职。

**柯明斯-卡尔检察官：**不，他是在13日辞职。

**布鲁克斯辩护律师：**应该是10日。

问：13日。我现在宣读枢密院会议记录。（宣读）

南陆相：接下来报告锦州方面的状况。根据兵法中的原则，集结军队首先要派出一支先遣部队。众所周知，我们的部队分散在齐齐哈尔、四平街等地。为了集结这些部队，一支部队被派往了锦州，命令该部队在锦州当地的一切行动要遵从上司的指示，且命令该部队应于27日中午12点40分撤回到新民屯以东。这样做的话中国方面可能就会按照日本要求的那样撤离锦州，便没有必要发动强大攻势进攻。我想新闻媒体上报道参谋总长、陆军大臣及外务大臣一致认为不会攻击锦州可能也是这个原因吧。

从这段话可以知道你事前就知道了攻击锦州的详细计划不是吗？

答：不，并非如此。当我听说一部分关东军已经行进到锦州附近时，我就说了这可不行，部分军队必须返回。

问：你对枢密院说的如果中方从锦州撤退、日军进驻的话就没有必要发动攻势，这是真的吗？

答：这是我从币原喜重郎外相那里听说的，根据他们与中国的中央政府进行交涉的结果，此事处于计划之中。向枢密院报告的时候还在交涉之中。

问：你是否向枢密院表明，新闻中的不会攻击锦州的报道并非事实？

答：我完全不记得说过那样的话，因为我是提议不应该攻击锦州的倡议者。我还要求参谋总长尽快从锦州撤退。

问：你那样说是不是仅仅因为你知道中国不打算交火而交出锦州？

答：不，主要的理由是我方的外务大臣与中国中央政府的外交部长通过交涉，希望和平地解决问题和撤军。

问：日方到底有什么权利占领锦州？

答：正如我刚才回答的那样，我采取的不是占领锦州之类的政策。因此我还下令军队不能越过辽河以西，因此你这个问题对我来说很不可思议。

问：接下来我们将探讨江木翼顾问是如何理解你在枢密院做的报告的。在我刚才读到地方之后立即是江木翼顾问说的话。

"江木翼顾问：虽然我也认为应找些借口来攻击张学良的大本营锦州，但是这样做会使我们大大失去国际联盟与列强的信任。虽然'满洲国'独立对日本来说非常有利，但是我不认为各国会承认它。若是满洲人自己发起独立运动的话尚且可以，但如果日本经常打着自卫旗号行动的话，不就会失去大家的同情了吗？"

答：是的，这是理所当然的。

问：我不大明白你说的意思，你是否同意江木翼顾问说的，所谓自卫只是一个借口？

答：是的。我没有这么说。我说的是江木翼顾问的疑问是理所当然的。

问：请你回答刚才的问题。你是否同意江木翼顾问说的，所谓自卫只是一个借口？

答：不，我不同意。

问：但是为什么你没有反驳他说得不对？
答：我可能说了，但是不记得是怎样回答了。
问：会议记录中你说了如下的话：
"南陆相：我们不希望给外国造成印象认为我们侵略了满蒙。"
你说这句话是想表达什么意思？
答：就如字面上的那样。
问：意思是因此可把自卫作为一个借口吗？
答：不，并非那样。
问：那你是用什么方法来避免给大家造成日本攻击了满洲和蒙古的印象呢？
答：我至今为止从未想过千方百计地欺瞒外界。我在若槻礼次郎内阁中的唯一目的就是让满洲自然地成为一块安定的土地。
问：接下来是樱井锭二顾问的质问。（宣读）

　　樱井锭二顾问：自从我军飞机轰炸锦州以来，我国迅速失去了国际联盟的同情，实乃遗憾。我们是否应该将此视为不可避免的呢？

对此，你是否还记得是如何回答的呢？
南证人：不记得了。
问：我来读给你听。（宣读）

　　南陆相：我也同样觉得非常遗憾。但是欧美列强误认为我们使用了他们在欧洲战争中使用的大型炸弹。并且，该事件与政府经常发表的不会扩大事态的声明形成了对比，因此引起了他们强烈的反感。

**韦伯庭长：**已经四点钟了，是否准备可以结束这个部分了呢？

**问：**我还有最后一个问题，法官阁下。如果我们通览整个事件的话，不是可以看到你的言论与你的实际行动之间有强烈反差吗？

**答：**我不认为有什么反差。

**韦伯庭长：**现在休庭，至星期一早上 9:30 为止。

（16:00 休庭）

# 四、被告南次郎证人继续作证(第 2 日)

1947 年 4 月 14 日,星期一
日本东京都旧陆军省大楼内远东国际军事法庭

(9:35 重新开庭)

**法庭执行官:** 远东国际军事法庭现在继续进行审理。

**韦伯庭长:** 除被告东乡茂德之外全体被告已出席。根据巢鸭监狱医生的报告,被告东乡茂德今日因病无法出庭,该报告已受理并编入记录。被告东乡茂德由辩护律师代理。

柯明斯-卡尔检察官。

(南次郎被告登上证人席)

### 交叉询问(由柯明斯-卡尔检察官询问南次郎证人)

问:南大将,我是否可以认为你的意思是你会积极地配合若槻礼次郎内阁的要求?

答:是的。

问:所指的要求,是否指的是:一,不扩大事件;二,维持与国际联盟良好的关系?

答:是的。

问:实际当中,在 9 月 22 日首次提出派遣朝鲜军增援关东军时,你在内阁会议上是否给予了支持?

答:我表示反对派遣朝鲜军。

**问**：是不是你支持了该建议但却遭到内阁多数决议的反对？

**答**：不是这样。

**问**：你是否一贯支持该政策直至最终该事件的发生？

**答**：是的。

**韦伯庭长**：你要表达什么意思？有时你表示肯定，有时你又表示否定？请清楚表明你的观点。

**答**：出动朝鲜军因为意味着向日本国外派兵，与国际关系有着重大关系，当时乃属天皇之大权，现在时机正好合适，我想对当时的情况加以若干说明。

朝鲜军司令官林铣十郎看见关东军面临紧迫状况，且关东军强烈要求救援，事情重大，因此我将此事提交给内阁审议。接着19日早上东京方面接到了第一份报告知晓了满洲事变爆发后，接下来的19日、20日、21日三天内阁依然未下达决议。因此我将内阁会议的结果传达给参谋总长，告诉他绝对不允许派遣朝鲜军。参谋总长也领会了政府的意图和政策，因此虽然林铣十郎将军再三请求从朝鲜派军增援满洲，但依然拒绝批准。林司令官等了三天，却被参谋总长禁止调动，而陆军省也没有得到任何答复。因此实在无法继续等待，遂于第三天，即21日，林将军个人独断率军越境。关于此事，正如若槻礼次郎男爵在宣誓证词中陈述的那样，朝鲜军是在未得到政府、参谋总长以及陆军省许可的情况下擅自越境的说法是正确的，接下来就产生了严重的问题，林铣十郎也受到了天皇陛下的严厉惩罚。

**韦伯庭长**：法庭更加关心你在其中起了怎样的作用。你本身在该事件中扮演了什么角色呢？

**答**：我一直对未得到政府许可出动军队表示反对。自始至终我一直保持这个观点，并且让参谋总长很好地理解了我与政府的立场。

**问**：现在我想问你的是，9月19日以及22日两次的内阁会议上，你是否主张了出兵？

答：我只是从参谋总长那里听说了林铣十郎向参谋总长要求增援，并将此事在内阁会议上做了报告。

问：我想指出的是，你不仅仅报告了此事，而且还表示支持此事。

答：是的，我的确在内阁会议上说过不得不支持林将军提出的增援关东军的申请。

问：当朝鲜军队违反内阁决议从朝鲜出兵时，你并没有采取任何手段。对此你如何解释？

答：正如之前所说的那样，我对参谋总长说没有内阁的决议而出兵是无法原谅的，通过参谋总长向林铣十郎传达了天皇陛下的处罚。出兵已成既成事实之后就是统帅的事情了。

问：南将军，你是否企图重复之前说过的话来回避回答这个问题？我的问题是，当林司令官违反你的命令从朝鲜派增援军至满洲时，你对此做了什么？

**布鲁克斯辩护律师**：我认为我的证人已经回答了该问题。

**韦伯庭长**：我认为柯明斯-卡尔检察官想要知道的是向林铣十郎发出的命令究竟是撤回军队，还是只是满足于惩罚林司令官？

答：林已经出动军队，所以就转移到了统帅的管辖权上，这超出了陆军省的权限。所以我未做任何处置。

问：你的意思是在贯彻内阁决议上，你本人没有能力做任何事？

答：陆军大臣没有权限惩罚天皇的亲任官。并且，我已经试图通过参谋总长阻止林司令官的派兵。

问：在参谋总长发出的命令遭到违反时，你做了什么吗？

答：什么都没有做。既然已经出兵，之后就根据敕命转移到了参谋总长的统帅关系上。

问：你说的那道敕令是什么时候颁布的？

答：出兵之后的9月22日。

问：奏请天皇颁布该敕令的是谁？

**答**：22日我与若槻礼次郎首相进行商议的结果，提交了一份报告给天皇，指出朝鲜军已经独断擅自越境。因为是向国外派兵，事关重大，所以必须要做一些处理。之后首相就直接参内，禀奏了朝鲜军已经派出的事实，而政府却无计可施。

**问**：为什么不再次命令增援的军队返回？

**布鲁克斯辩护律师**：我认为证人还没有回答完上一个问题。

**答**：请不要在我还未说完时就提出下一个问题。我继续说上面的问题，若槻礼次郎首相在参内的时候，参谋总长当时也在场，鉴于军队已经派遣出去，该情况得到了确认，也就是此时敕令正式颁布下来。这就是全部情况。

**问**：接下来我问下一个问题。刚才我并不知道你还未结束回答。那你为什么不再次命令增援的军队返回？

**答**：因为政府已经在事实上认可了这次管辖权外的派军，所以也就未试图撤回那些军队。

**韦伯庭长**：我想再问一次，你是基于怎样的原因没有命令军队撤回？

**答**：既然陛下认可了军队的越境出动，我就没有任何权限命令军队返回。

**问**：此越境被天皇正式承认前，或者是在上奏请求天皇正式承认它前，为什么不下令让军队撤回？

**布鲁克斯辩护律师**：我对该问题提出异议。我认为证人并未说过他上奏天皇请求正式认可此次出兵。

**韦伯庭长**：证人好像知道是谁上奏，以及上奏的具体内容。法庭想知道这些情况。

**答**：我不知道。

**问**：你是不是独自在9月24日傍晚与参谋总长一起谒见天皇，请求承认出兵？

答：绝对没有此事。

问：在此之前的同一天，你是否在内阁提出了同样的主张？

答：没有。等一下，你说的是24日吗？

问：是的。

答：没有，24日那天没有发生过此事。

问：你在其他时间提过此事吗？

答：除了刚才说的22日那天若槻礼次郎首相与参谋总长同时在场参内之外，我并没有谒见天皇。

问：你是否曾在任何一天的内阁会议上主张应当承认此次的朝鲜军越境出兵？

答：我未曾主张过，只是说现在已于事无补。

问：事情本来还是有挽救的余地的，不是吗？

答：不，事情已无法挽回。

问：你说对于统帅部的权限你无法干涉，但是你不是可以在任何时候通过否决统帅部的经费来进行干涉吗？

答：是的。在和平时期的话，统帅部与陆军大臣有着密切的联系。政府的意图是通过大臣与统帅部联系，如不是通过陆军大臣或者是海军大臣就无法将政府的方针传达给统帅部，所以两者间关系紧密。但是这与海外的用兵作战的统帅权完全不同，只要它没有违背政府的方针，我们就无法干涉。

**韦伯庭长**：这意味着不召回朝鲜军是与政府的方针一致的？

答：是的。

问：那我再问一次之前的问题，无论在和平时期还是在战时，如果与政府的意图相违背的话，你是否随时可以通过否决统帅部的经费来控制参谋部门的行动呢？

**布鲁克斯辩护律师**：我反对。鉴于既然军队已经出境，检察官一直忽视军队已经被派出这个事实，而提出"为什么你不能用否决经费的方式来阻止他们"这种类型的问题。

**柯明斯-卡尔检察官**：我认为该异议的提出打断了我，非常不适当。我请求不要再被这样扰乱，让我继续完成我的交叉询问。

**布鲁克斯辩护律师**：如果检察官停止误导法庭的判断或是歪曲事实，我也不必打断问话。

**韦伯庭长**：检察官并没有这么做。在交叉询问时，有时会因为这种打断或是翻译而大大影响了交叉询问的效率。

问：请证人回答刚才的问题。我再重复一遍。你是否随时可以用否决经费的方式来控制参谋部门的行动？

答：政府在军队派出以后批准了经费。

问：请再次回答我的问题。

答：当然可以通过否决经费来达到该目的。

问：那次事件的情况下，你是否曾在内阁会议上提出应该否决经费？

答：我当时并未考虑过否决经费。如果正如我和政府所坚持的立场那样，军队未被派出的话，当然也就没有必要考虑此事了。

问：请再次回答我的问题。内阁会议上是否有人曾建议你陆军大臣，应该利用否决经费的方式来处理这个问题？

答：没有，我没有提过类似建议。

问：你不知道那不是我的问题吗？我问是否曾经有人那样建议过？

答：我不记得了。我想没有任何人。

问：那么你是否曾怂恿内阁批准该经费呢？

答：没有。

问：你说过林司令官受到了惩处，指的是什么样的惩罚？

答：关于此事，有个人清楚地知道全部的情况。他随时可以接受法庭传唤作证，并且拥有相关的书证。这样最能清晰地解释问题。

**韦伯庭长**：证人，如果你能够回答问题的话，必须回答。

**语言监督官**：相关文件已经准备就绪。

**答**：关于我所知道的情况，根本没有想过要回避回答。韦伯庭长您说的意思我都很清楚了。

**韦伯庭长**：你正在给你自己造成不利。

**答**：我会毫无隐瞒地将我所知道的按事情的本来面目说出。

**韦伯庭长**：你要使我们相信你会回答问题。请认真地听问题，并慎重地回答问题。

**问**：给林铣十郎的惩罚是什么？

**答**：我所知道的是他受到了天皇的惩罚。

**问**：他被召回，并且被一个会遵守命令的继任将军替代了吗？

**答**：事实上没有这种事。

**问**：你的意思是他没有被替换？

**答**：是的，他没有被召回或被替换。

**问**：你在稍早前提到过和平时期与战时情况不同、有所区别。那么此次是属于和平时期，还是属于战时？

**答**：问题可以再说一遍吗？

（译员重复问题）

**答**：属于和平时期。

**问**：你担任陆军大臣期间，一直都是和平时期吗？

**答**：满洲事变爆发后一直在持续。即9月18日开始到12月13日我辞职为止之间，该事件一直在持续。之前是属于和平时期，因此林铣司令官的出动是发生在事变之中。

**问**：所谓事变，是属和平时期还是战时？

**答**：接近于战时。

**问**：证人你在本审判开始前接受询问时，你是否说过下面这些话？在第2207号证据第3页的开头部分。

**语言监督官**：抱歉，柯明斯-卡尔检察官，我们还在查找那份文件。

**柯明斯-卡尔检察官**：检方文件第1869号，或者是1889号，我不太确定。应该是 1869 号。

**语言监督官**：第几页呢？

**柯明斯-卡尔检察官**：英文版第 3 页上面，只有一句话。

**语言监督官**：好的，可以了。

问：1931 年，你任陆军大臣时，日本军队是否在中华民国进行了战争？

答：是的。

问：你是否是那样回答的？

答：是的，我是那么说的。

问：那么把它称之为事变又是出于什么样的目的呢？

答：当时突发的事件导致了日中两国军队的冲突。由于与和平时期有所不同，因此将其称之为事变，但是又与相互宣战的战争状态不同。我认为可以在当地解决该问题，所以把它称作事变。

问：它就是未经宣告的战争？

答：是的。

问：你把它称作事变是不是希望借此可以瞒过国际联盟？

答：我无法想象那种事情，也从未想过。

问：9 月 30 日或前后你是否曾在内阁会议上主张将军队派遣至间岛？

答：请再重复一遍日期。

**翻译员**：9 月 30 日或前后。

答：1931 年吗？

问：是的。

答：没有。

问：当时若槻礼次郎首相是否说过这样做绝对不行。如果当地危险的话，不如把当地居留民全部撤回国更好？

答：我没有印象了，也难以想象。

问：接下来是与国际联盟有关的问题。1931 年 10 月 1 日左右，被告白鸟敏夫出席的内阁会议你是否也在场？

**答**：我不记得了。

**问**：10月14日国际联盟理事会会议召开之前，白鸟敏夫是否在内阁会议上要求阐明日本的对满政策？

**答**：我不记得了。

**问**：同样的问题，在白鸟敏夫缺席的时候，币原喜重郎氏是否在内阁会议上提起过？

**答**：我不记得了。

**问**：白鸟敏夫和币原喜重郎中是否有谁问过在10月14日联盟会议之前会撤回已经派出的军队？

**答**：不记得了。

**问**：当时你是否说过日本应该从当地撤出然后退出国际联盟，而不是撤军？

**答**：不记得了。

**问**：你的意思是你忘了是否提议过这么重要的建议？

**答**：是的，我忘记了。

**布鲁克斯辩护律师**：我想问检察官是否可以提交证据证明证人曾说过这样的话，还是检察官只是无中生有？

**柯明斯-卡尔检察官**：我只是单纯地在提问。如果有必要向被告展示任何书证的话，我会出示。我没有听清答案，证人已经回答了吗？

**答**：我已经回答了。我不记得了。

**问**：接下来我要引用法庭证据第2204A号，即检方书证第1426号。我要宣读1931年10月18日你自己发表的声明书，请仔细听。（宣读）

> 美国的干涉是否有助于本次事件的解决值得怀疑，该事件应由日中两国直接交涉解决，我们无法接受第三者的介入。无论理事会与美国采取什么样的手段，在事关日本国家存亡的问题上，很显然无论如何日本都不可能更改自己的政策。

**答**：的确是的。

**问**：当时退出国际联盟未得到内阁的支持甚至是反对时，你是否做了抗辩？

**答**：没有这种事实。

**问**：在1931年10月22日或之前召开的内阁会议上，你是否说过类似没有必要顺从国际联盟的话？

**答**：我不知道是否用的是那些词语，但是有一次我曾说过类似的话。

**问**：是在内阁会议上吗？

**答**：我没有说过内阁会议对此事做出了决议。

**问**：我不是问你内阁会议是否做了决议。我问的是，你有没有在内阁会议上说过上述的话？

**答**：作为私人谈话时可能说过，但是在内阁会议上未曾说过。

**问**：那么你在什么场合说的？

**答**：不记得了。

**问**：我认为你是在一次内阁会议上说的那些话，接着你说："我对日本脱离国际联盟没有异议，不反对。"

**答**：我从来没有在内阁会议上说过那种建议或意见。

**问**：在同一次内阁会议上，你是否曾发言说"如果日本与全世界为敌展开战争的话，脱离国际联盟就方便了？"

**布鲁克斯辩护律师**：关于现在所说的内阁会议，我想请求检方提交证据以显示究竟是哪一场内阁会议。我们辩方也已经做好了对质问进行应答的准备。

**韦伯庭长**：作为法庭也是主张在适当的时候必须提交，但是现在还不是时候。

**布鲁克斯辩护律师**：法官阁下，我之所以这么说，是因为现在无法用书证来确认这些问题，并且我现在已经发现了两三处引用中错误的地方，我希望法庭不要被误导了。

**韦伯庭长**：我们现在休庭15分钟。

（10：45休庭）

（11：00重新开庭）

**法庭执行官**：远东国际军事法庭现在继续进行审理。

**柯明斯-卡尔检察官**（继续对南次郎证人进行交叉询问）。

问：南将军，我现在就紧接10月22日之前的一次内阁会议向你提问。你是否曾在那次会议上发言说过"如果日本有了与全世界为敌进行战争的觉悟的话，脱离国际联盟就易如反掌"？

答：我没有说过。

问：我认为你发表完上述言论之后，你未等待内阁会议的结论便退席了，是否有此事？

答：没有此事。

问：我稍早前向你问过向间岛派兵一事，可是有人和我说当时你可能误会了那个地名，我所说的地方是处在满洲，与朝鲜接壤的地方。你在9月30日左右的内阁会议上，是否曾向内阁建议应派兵至那个地方？

答：是的。

问：好的，你建议过。当时若槻礼次郎首相有没有说过此事万不可行，与其这样不如把侨民全部召回更好？

答：没有这么说。

问：内阁当时拒绝向当地派遣军队了吗？

答：也没有。

问：紧接着间岛是不是发生了一起事变？该事变是在日本军队的唆使下由当地朝鲜人发动的。

答：我想朝鲜人占间岛全部人口的60%左右。我记得是因为他们希望独立而引起的骚乱,听说目的是从满洲分离出去,所以可以说是相当于得到了日本支援的运动。我想这就是您刚才问题中所提到的骚乱。

问:是的。但是我所说的骚乱,根据某个朝鲜人的供述,是应关东军的要求朝鲜人才制造的。

答:是否是应关东军的要求我不知晓。

问:你没有收到同样内容的报告吗?

答:没有,我没有听说。

问:该骚乱事件发生后,关东军占领了当地吗?

答:关于这点我不记得了。但是我根据当时的情况判断,关东军并没有余力完成此事。

问:虽然你在内阁会议上建议占领当地而内阁否决了,但是最终还是占领了当地,是吗?

答:不是。这需要稍加说明。这件事是9月30日吗?我想是满洲事变之后的事情吧?

问:是的。

答:这样的话,内阁会议当然就没有反对,我不记得内阁否决了。

问:但是我记得你说过内阁决议确定继续坚守不扩大方针,并且你也是同意内阁的决议的。

答:是的,我是这么说过。

问:你是否承认,同时你又建议往当地,即间岛地方派兵?

答:是的,我提了该建议,请允许我稍加说明。间岛是一块特别的区域,长年以来由朝鲜人所开发。当时满洲事变发生之后,在林司令官的指挥下西朝鲜方面已经有部分军队出动了。间岛与北朝鲜关系非常密切,因此我判断出兵间岛是适当的,我也是这么主张的。但这是敕命下达允许军队向国境出动之后的事情了。我确信这并不与内阁的决定相矛盾。

问：你现在所说的从朝鲜的出兵与以前所说的出兵是两件不同的、新追加的行动吗？

答：是不同的行动。

问：我这么理解可以吗？因为天皇裁定认可了之前朝鲜军的未经许可的军队派遣，因此你继续命令增加援军也可以被允许。

答：那纯粹是统帅部的相关事务，内阁大臣不可干预此事。因此，向间岛派兵根据的是统帅部的命令。

问：但是你刚才不是说是你发出的命令吗？

答：我没有下达过该命令。可能说错了吧。

问：你认可该行动了吗？

答：认可了。

问：接下来询问其他问题。

韦伯庭长：检察官，你是打算询问先前说的 10 月 22 日的问题吗？就是如果日本与全世界开战就能简单地从国际联盟退出的那个问题。

柯明斯-卡尔检察官：法官阁下，关于那次特别会议的事项，该问的问题我已经全部问完了。

韦伯庭长：他似乎不记得什么事情了，当然你可以接受他的主张吧。

柯明斯-卡尔检察官：我可以提交充分的证据来进行反驳。

韦伯庭长：关于这个问题，你有义务来检测证人的可靠性，即他是在什么地点什么时候以及什么样的场合下发表该言论的。我想你的询问已经充分地说明了该案是关于某日的一场内阁会议，主题是关于某事。因此你没有进一步的义务了。

布鲁克斯辩护律师：如果 1931 年 10 月 22 日的内阁会议记录已经作为证据提交了的话，希望检方可以告诉我它的法庭证据编号。如果尚未提交的话，我认为应该作为识别证据提交法庭。恐怕法庭和我都不清楚该会议提到了什么问题,我们辩护律师不知道证人是否发表了上述言论。

**韦伯庭长**:该书证现在可以由检方提交。这是手续规定的一个例外,与此并行的问题无法证实,但是否提交则要基于检方的意思。

**柯明斯-卡尔检察官**:正如我之前所说,如果我要引用某份证据文件,我会提到该文件的编号。如果该文件出于该证人之手的话,我会展示给证人并且会设法使之成为法庭的证据。但是如果我引用的文件既不是法庭证据也并非出于证人之手的话,则提交该书证适当的时间就是进行反驳的时候。至少是在交叉询问的时候,如果我并非引用法庭证据或是出自证人之手的文件时,我将只是单纯地提出问题,请谅解。

**韦伯庭长**:如果该文件不单单是关于可靠性,也涉及论点的话,可以在反驳时提交。

**布鲁克斯辩护律师**:我认为如果检方手里有该内阁会议议事录的相关文件的话,就应该作为证据文件提交。

**柯明斯-卡尔检察官(继续进行对南次郎证人的交叉询问)**

问:南证人,现在我想问你事变爆发之后不久,是谁实际上掌控了关东军?

答:司令官本庄将军。

问:我认为掌握关东军指挥实权的是被告板垣征四郎以及另外两位参谋将校,其中一位是石原莞尔。

答:我的理解是,他们确实是有力的实权人物,但是并非不用向军司令官请示而可以采取行动。正式而言,握有绝对指挥权的当然是本庄司令官,而刚才所说的两人只是有力的校官,最后拍板的是司令官。

问:1931年9月20日或前后,当天若槻礼次郎首相是否曾两次与你会见?

答：不记得了。我们经常见面。

问：当时若槻礼次郎首相有没有和你说根据来自满铁的情报，关东军中的年轻参谋校官基本掌握了关东军的实权，几乎处于可以无视司令官、为所欲为的状态？

答：不记得了。但是不仅仅是从若槻礼次郎，我也从其他渠道偶尔听到此传闻。

问：我想你说的是不是亚洲局的课长守岛伍郎？你就是从守岛伍郎那直接听说的，或者是通过币原喜重郎听说了那些传闻？

答：我经常从币原喜重郎那里听到各种传闻，但是我与守岛伍郎没有直接见过面。

问：你是否知道币原喜重郎氏为了调查满洲的状况而派遣守岛伍郎替外务省去满洲一事？

答：我不知道。

**福尼斯辩护律师**：我反对，刚才所提的问题与证据显示不一致。守岛伍郎当时任驻奉天的副领事，并无派遣至奉天一说。

**柯明斯-卡尔检察官**：那与我所说的守岛伍郎不是同一人。币原喜重郎氏有没有和你说他接到亚洲局第一课长守岛伍郎的报告，说林奉天总领事生命濒临危险，因为他妨碍了关东军？

答：他没有说过。

**韦伯庭长**：那位课长的名字是什么？

**柯明斯-卡尔检察官**：据我所知，是同样的名字，即守岛伍郎。此外，币原喜重郎氏有没有和你说又根据守岛伍郎的报告，本庄将军现在基本处于监禁的状态？

答：我未曾听说。那种事情超出了我们的想象。

问：也没有从币原喜重郎处得知守岛伍郎报告说满洲的活动中心人物是板垣征四郎、石原莞尔以及花谷正吗？

答：没有听说过。

问：币原喜重郎也没有说守岛伍郎报告说关东军参谋长无法让那些人听从命令，他们现在可以为所欲为？

答：币原喜重郎没有和我说过这些。但是我不相信他们可以凌驾在参谋长之上。我可以补充几句吗？有权势的参谋校官在进行活动，但是我不认为他们是受到参谋长的指使。但是我相信他们在活动之前肯定向参谋长请示了的。

问：你刚才说你听到了我刚才所说的传闻，你是从哪里获悉的？

答：从报纸或者是从满洲回来的人，抑或是在日常的交谈中得知的。具体也不记得是从哪里得知的了。

问：币原喜重郎有没有和你说过，根据守岛伍郎的报告，上述三位参谋佐官曾夸口说很早以前就开始阴谋策划了？

答：没有听说过。

问：从你刚才所说的各种渠道中有没有听说过此事呢？

答：确实有此传闻，但我通常是持否定意见。

问：但是该传闻日本人及其他人听了也都相信了，不是吗？

答：是的，是有该传闻，但是我刚才说了我是否定的。

问：也许你会否认它，但是你不知道它是事实吗？

答：不，那些并非事实。

问：你有没有从币原喜重郎处听说，他收到情报显示，那三位将校夸耀说炮兵早在7月25日在奉天就已经完成了准备。

答：没有听说过。

问：那你知道它是事实吗？

答：直到满洲事变爆发时我才听说了炮击事件。之后根据调查，我才知道那些炮是从旅顺港运过来的。

问：而实际上，两门重炮不是从东京送过去的吗？

答：这不是事实。我们不可能做这么愚蠢的事情。

**韦伯庭长**：那两门炮是从哪里来的？

答：旅顺港，原来是安置在旅顺港的要塞里的。

问：那些大炮为什么放置在要塞里呢？

答：旅顺港从一开始就有那些炮，很长时间了。可能是日俄战争时使用的炮。

问：究竟是谁下的命令把那些炮送去奉天的？

答：我没有调查过。

问：为什么没有下令调查？

答：事件发生之后安藤大使被派遣去当地调查，通过他的调查报告我们才知道了这些大炮。

问：那个命令是你陆军省军务课长永田铁山发出的，你知道吗？

答：我不知道，我今天才第一次听到这种说法。恐怕我此生听过的最荒唐的事情就是陆军省把大炮送至奉天，难以想象。那只是把旅顺原有的大炮移动罢了。

译员：订正，刚才说的应该是"恐怕我此生听过的最荒唐的事情就是陆军省把大炮送至旅顺港"，而不是奉天。

问：根据田中隆吉证人的证词，1935年板垣征四郎对田中隆吉本人是那么描述的。你没有听说过吗？

答：我听说了。

问：那为什么你说你今天才第一次听说？

答：可能刚才我说得太多了。但是我并不相信田中隆吉证人的证词。几门大炮非常大，因此永田铁山军务课长可能与关东军的职员之间交涉过从旅顺送至奉天的运输问题。

问：那些大炮的射程达15英里，是事实吗？

答：我因为不是专家不了解，但是可以达到相当距离。

问：日本陆军拥有那种射程的大炮多久了？

答：日俄战争之后开始。

问：接下来是关于满洲的独立以及将溥仪带至奉天的问题。根据

9月26日拓务省的报道,土肥原贤二以及其他的军人等就在策划溥仪的满洲复辟,此事你听说了吗?

答:没有。

问:你是否采取了什么措施来阻止上述计划?

答:第一,我并没有听说该计划,我没有收到报告,对此也没有处置的方法。

问:我认为你采取了一些措施了,对此你否认吗?

答:我否认。

问:我本来打算给证人你机会,来证明你确实采取了一些措施来阻止该计划,但是你说你并没有这么做,确定吗?

答:是9月份吗?

问:是9月份。

答:首先因为我当时不知道有这个计划,因此也就无从处理。

问:你在你的宣誓证词中提到,内阁决议说断不可施行军政。该内阁的决议是在9月21日下达的。

答:对的。

问:接着你将该决定传达给了本庄司令官。

答:是的。

问:事变爆发之后的第二天早上,土肥原贤二,我记得当时他是大佐,就被任命为奉天的市长。你知道此事吗?

答:我知道。

问:你知不知道土肥原贤二在那个职位上待了多久?

答:具体的我记不清楚了,但是我记得他担任市长的时间很短,只有一个月左右,也许最多两个月。

问:确切的时间不记得了吗?

答:是的。

问:你在9月21日给本庄司令官发出了上述通知,但是到了之后的一两个月仍然未得到执行，这是为什么？

答：我只能认为是当地秩序非常混乱，总之要维护大都市奉天的治安需要一些时间吧。

问：因此你下达的命令未被遵守，对此你并不介意吗？

答：我认为实际情况是迫不得已。

问：奉天是不是有个名叫"地方自治指导部"的组织？

答：当时我并不知道，后来才听说的。

问：币原喜重郎氏没有向你通报说他从林奉天总领事处收到了关于此事的报告吗？

答：没有和我通报过此事。只是在内阁会议上说他从总领事那里收到了各种各样的报告，但是具体的内容我也没有见过电报原文。

问：如果你持怀疑态度，不相信币原喜重郎的话，不是应该会让币原喜重郎出示电报原件给你看才对吗？

答：因为我非常信任币原喜重郎，因此我不会向他一一询问电报或报告的内容。

**韦伯庭长**：现在开始到下午 13:30 休庭。

（12:00 休庭）

（13:30 重新开庭）

**法庭执行官**：现在开始继续进行远东国际军事法庭下午的审理。

（南证人登上证人席）

**韦伯庭长**：柯明斯-卡尔检察官。

### 交叉询问（由柯明斯-卡尔检察官询问南次郎证人）

问：我接下来要向你询问关于满洲奉天的地方自治指导部，以及林久治郎总领事和其他在奉天的人关于该组织的报告。

你有没有从币原喜重郎处听说，土肥原贤二说他当时在领导满洲当地的中国人自治委员会？

答：没有听说。

问：也没有从其他人那里听说吗？

答：没有。

问：币原喜重郎有没有和你说过，土肥原贤二违背当地的独立促进指导委员会的意思，命令该委员会设立财政以及产业局？

答：他没有说过。

问：币原喜重郎是否和你说过土肥原贤二还禁止当地设立其他的委员会，因为他唯一允许的委员会必须是在他的掌控之下并且得到军方支持的？

答：我没有听说。

问：但是我认为你在1931年10月8日之前已经收到了上述全部情报，且在10月8日当天的内阁委员会上讨论了该问题。

**语言监督官**：柯明斯-卡尔检察官，你是否指的是内阁会议？

**柯明斯-卡尔检察官**：是的，内阁会议。

答：我不是记得很清楚了。

问：若槻礼次郎在10月8日左右有没有和你说日本向全世界发表声明表示对满洲没有领土野心，并且即使满洲建立了独立政府，军队也应该与此毫无关联？

答：我听说了。

问：此外若槻礼次郎有没有说如果那样做了便是违背了九国公约？

答：也许他说了，但是我不记得了。

问：对于是否违反条约，你是否介意？

答：我当时并不认为满洲事变违反了条约，我认为卢沟桥事变爆发后采取的行动是正当防卫，行使自卫权。因此，我的解释是并非违反条约，而是迫不得已地行使自卫权。

问：直到现在你还这么认为吗？

答：事变发生时我是这么认为的，事态扩大后另当别论，但是我现在也依然这么认为。

问：事件扩大之后，你认为这是否违反了九国公约吗？

答：我不认为。

问：若槻礼次郎认为如果陆军支援了设立独立政府，便是对九国公约的违反，对此你是否同意或赞成？

答：对此军队绝对并未提供援助。

问：请回答问题。如果发生了那样的事情的话，你认为是否会违反九国公约？

答：是的。

问：当若槻礼次郎以上述理由让你去阻止时，你是否和他说当下不能立即回复，请求给你一些时间让你考虑一下？

答：没有，我没有说过。

问：请你说一下你当时是如何与他说的。

答：他没有和我提过这个问题。不仅如此，当时我甚至难以想象独立运动。可能满洲有部分人在这么讨论，但是在我的任中我是难以想象如果满洲独立会如何这样的事情。关于这个问题我想起了一件事，对此想陈述几句，是否可以？

问：在此之前我想让你回想一下，几分钟前你承认说若槻礼次郎和你提到过该问题。我想问的是，当若槻礼次郎和你说这件事的时候，你是如何回答他的？

答：我和他说这种事情难以想象。

问：现在如果你想补充什么说明，可以开始。

答：刚好是1931年10月中旬左右，美国的战争部长赫尔利·帕特里克突然造访了我。赫尔利·帕特里克在胡佛总统时任战争部长，他的任务是视察菲律宾的状况，正要回国之前就发生了满洲事变。因此他就直接与我会面来了。根据当时他的说法，他视察之后本应立即回国的，但是因为关于满洲事变想问我一些问题，因此就想直接与南陆军大臣我见面来了。他当时单刀直入问了我三个简明扼要的问题：第一，满洲事变是如何发生的？第二，战斗要持续到什么时候？第三，日本是否要占领满洲？满洲是要成为日本的保护国还是成为一个独立国家？

对于第一个问题，我回答说柳条沟为中方的正规军所破坏，我们为了维护自己的权益而产生的问题，即我们是行使自卫权。第二个问题，虽然战斗已经发生，但是政府的方针是尽可能在当地解决问题，因此我们是采取不扩大战争的方针。但既然战斗开始了，我们就无法预测事态会扩大到什么程度，这取决于中方军队可能采取的行动。关于第三个问题，我和他说，日本从未想过要获得满洲的领土，也从未考虑过将其变为日本的保护国或者是援助其独立，这是政府的方针。我作为一名政府内阁成员，对该政策表示支持。因此，刚才问我的那个问题，当时我是从未想过的。赫尔利部长充分地理解了我的解释，说来日本见我达到了他的目的，便很高兴地回国了，之后他还送了我他的照片作为纪念。以上是当时我和赫尔利对话的如实情况，我照实叙述，以期对回答你刚才的问题有所帮助。

问：与赫尔利举行会谈是什么时候？

答：具体日期不记得了，大概是在 10 月中旬。

问：10 月 8 日以后，若槻礼次郎是在哪天和你说独立运动得到了关东军的支持？

答：其中详情我并不知道。无论是之前还是之后，总之我并不记得若槻礼次郎和我说过军队支持独立运动的事情，我当时也未想象过那种事。

问：不久前你还说土肥原贤二担任了一两个月的奉天市长一职。

答：是的。

问：之后在内阁会议上你是否得知，奉天林久治郎总领事的 10 月

16日和10月19两日的报告中称土肥原贤二辞职之后希望自己的后任由一名他指定的中国人担任？

答：没有……对的。土肥原贤二确切担任了市长多久我不记得了，我之前说大概是一个月多一点但是啊不超过两个月，我想应该是一个月多一点。但是土肥原贤二担任该职的目的是维持当地的法律和治安，并且关东军曾报告我说，一名中国人继任者已经被任命了。

问：有没有人和你说过继任的中国人是土肥原贤二自己选择和推荐的？

沃伦辩护律师：我要对该问题以及上个问题的一部分提出异议。理由是这件事没有在证据中得到反映，另外在该证人的直接询问中也并未提过这个问题。

韦伯庭长：据我所知并没有一种证据规则规定不得向证人交叉询问稍后要证明的事件。除了法庭为了保证履行公正审判而加以限制的之外，对该证人进行的交叉询问没有其他任何限制。进行交叉询问的辩护律师或者检察官，可以向证人询问以证明自己想要证明的问题。

沃伦辩护律师：但是我们认为检方的总结发言阶段已经结束，而在辩方的反证阶段中除了发表反驳性证言之外未被批准。另外在检方的总结发言阶段中，在我的记忆范围内没有一份证据表明土肥原贤二任命中国人作为自己的后任。

问：你有没有听说土肥原贤二任市长期间帮助他工作的日本人，后来在土肥原贤二后任的中国人担任市长时也继续留任顾问？

答：没有听说。我不可能知道这么详细的内容。

沃伦辩护律师：如果检察官打算之后提交证据进行反驳，我希望现在可以作为识别证据提交，以便我们能够知道其具体内容。但是据我了解并没有这样的证据。

柯明斯-卡尔检察官：辩护律师刚才说的话充满了敌意。我提问题并不受到书证的约束，我可能这么做，也可能不这么做。我认为我有权利质问证人,无论我是否拥有该书证或我是否提及该书证。据我理解今天早上韦伯庭长下达裁定的意思,现在并没有必要为了识别添加编号而提交该文件,除非是为了让证人证明该证据。

**韦伯庭长**：今天早上裁定的是限定关于可靠性的文件,而现在这个场合这些文件并不在此之限。

**柯明斯-卡尔检察官**：他们当然不在,法官阁下。

**韦伯庭长**：如果你确实要提及未作为证据提交的文件的话,在询问结束以后,请向法庭提交添加识别编号。我虽然对交叉询问做了限制,但是我的同事是否全体都同意则不得而知。如果一份文件你之后并不打算证明或者该文件不仅仅关于可靠性,你就不能对此向证人询问。

**布鲁克斯辩护律师**：我认为,如果检方根据一份自己声称拥有的文件询问证人,说证人曾说过某些话,而证人又否认自己说过这些话,或者是不清楚时,那么检方就有责任将此文件作为证据提交,否则他就必须接受证人的证词。

**柯明斯-卡尔检察官**：没有人会对这个提议提出异议,但问题是应该在什么阶段哪个时期将该文件作为证据提交才是妥当的。我的意见是,如果只要不是证人本人能够确认的文件,那么在反驳时才提交是最恰当的。

**布鲁克斯辩护律师**：法官阁下,我认为当我们在讨论一件25或26年前的事情时,至少应该在询问结束后要给予证人机会回想一下他当时说了什么,恢复当时的记忆。并且,如果有一些需要弄清楚的问题的话,我主张应当赋予我们权利对这些事情进行再次询问。

**柯明斯-卡尔检察官**：我想说的是,我把问题说得相当清楚了,如果一份文件并非出自证人之手的话,我认为展示给证人也不会有太大帮助的。

**韦伯庭长**：那种时候如果你提到该文件,你必须要向法庭提交以便添加识别编号,这是对你的全部要求。

**柯明斯-卡尔检察官**：如果法庭要求的话我会照做。但我认为如果我并非参照一份文件提出问题，那么该问题是否建立在一份文件基础之上就不重要了，所以也不必当场提交法庭。

**韦伯庭长**：还有什么疑问吗？请继续进行交叉询问。

**柯明斯-卡尔检察官**（继续进行对南次郎证人的交叉询问）

问：你有没有调查过继任的中国人市长是谁以及他是如何被任命的？

答：没有。

问：但是你曾在宣誓证词中说，内阁决定不会在满洲施行军政以及日方不会参与任何建立满洲新政府的运动。你是否尽力去执行这些决定了呢？

答：是的。

问：如果你真的尽力执行了，那为什么在你执行的同时，土肥原贤二还继续担任了市长一个月时间，而且你并不关心他的后任被任命的原委？

答：我当然可能会对此事感兴趣，但是我并没有考虑到这么详细的内容，这件事我交给了关东军。大概是在9月24日、25日左右，我向关东军司令官发出了训示不得在满洲施行军政。因此，我相信关东军会忠实地执行我的训示，并且相信土肥原贤二不会参与满洲内部的政治事件，而且他的主要任务是维持事变后法律与治安，我相信他在执行他的任务。

**语言监督官**：维持奉天的法律与治安。

答：我之所以训示说不得实施军政，是因为听到了传言说营口附近施行了军政，这非常不得了。所以我们警告说绝对不可以行军政。

问：币原喜重郎男爵是不是特别希望这些训令得到执行？

答：是的。

问：但是他完全没有和你说过，关于当地发生的事变他收到与当地情况完全相反的情报？

答：他没有说过。

问：我们回到地方自治指导部的问题。你有没有调查过那个组织是由哪些人构成的呢？

答：没有调查过。

问：你有没有从笠木良明证人那里听到过，这个指导部受板垣征四郎的指挥，在关东军的财政支持下运转，以及得到土肥原贤二所谓的中国友好人士的支持？

答：我是第一次听说。

问：你有听说该指导部的90%要员都是日本人吗？

答：第一次从笠木良明口中听到这话就是在这个法庭上，我任陆军大臣时从未听说过。

问：对于调查该指导部为何被设置，谁来运营一事，你并不关心是吗？

答：我不关心。

问：即使你在宣誓证词中说内阁关于此事屡次收到报告并且认为有必要向关东军发出警告不得参与此事，你依然也不关心吗？

答：我尽了全力正确传达内阁的方针，但是我完全没有足够能力与信息对此一一进行详细的调查。

问：你是否曾问过币原喜重郎，根据他收到的报告显示，他下达的命令究竟有没有得到执行呢？

答：没有问过。

问：他也没有和你说过，报告显示关东军正在做与命令截然相反的事情？

答：没有说过。

问：接下来问关于天津的情况，币原喜重郎从日本驻天津总领事桑岛主计那里得到了报告，他有没有向你提供该情报呢？

答：没有。

问：桑岛主计总领事的报告在载入本法庭证据记录宣读时你听到过了对吗？

答：听过了。

问：法庭证据编号从 289 号开始至 294 号，以及第 300 号。在我提到其中具体细节之前，我想问你……

沃伦辩护律师：证人在拼命招手，很明显他还希望继续回答他的问题。

答：很多时候我的回答都被打断，想要更深入时又是接二连三的问题，根本没有回答的机会。

韦伯庭长：证人所说的不正确。我们给了你充分的机会。检方或是辩方因为误解打断你时，之后无论何时肯定会对此进行补偿。

柯明斯-卡尔检察官：如果是对于我的问题需要表达意见的话，任何时候都可以。

答：我现在想说的是，关于桑岛主计总领事的电报，我只是第一次在这法庭上听说，内阁中一次也没有从币原喜重郎处听说，也没有看过公文原文。

问：币原喜重郎男爵有没有和你说过这些电报呢？

答：没有。

问：在你宣誓证词第 7 页的下方中，你提到一封书信即法庭证据第 278 号。你说这封信是住在天津的皇帝的信使带给你，且同时通过你的秘书向你传达了一份口头要件。

答：正是如此。

问：你接下来继续这么说道：我没有理由相信这位使者的话。为什么不能信呢？这位使者哪里有问题吗？

答：当时若槻礼次郎内阁的方针是不得与满洲或天津的各种活动

有牵连,并且溥仪原来是宣统帝,这样一个我未曾谋面的人居然写信过来,第一这是不可思议,很可疑;第二,政府的方针是不得与这样的人物靠近。因此我当然置之不理了,我是这样考虑的。

问:请回答我的问题。为什么你认为没有理由相信使者的话?

答:因为我对前皇帝这样身份的人,且与我素未谋面,这样的人给我寄信抱有疑问,因此无法信任。

问:证人刚才所说的话不是你不信任密使的理由。真正的理由是什么?为什么不相信使者?

答:那就是真正的理由。其他的没有什么了。

问:那位使者是日本人,是吗?

答:是的。

问:那也是一个你无法信任他的理由吗?

答:不是。我对前皇帝是否会真的传递那些信息抱有疑问,而与使者是日本人还是中国人无关。

问:你收到信的时候,就认为该信是伪造的吗?

答:不,我分不清楚它的真伪。

问:因此你四年以后才向郑孝胥询问该信的真伪,是吗?

答:是的,因为我不清楚那封信的真伪,所以才问的。

问:你为什么会认为那封信与满洲的独立运动有关?

答:这封信因为连真伪我都无法辨别,因此就没有重视,放在抽屉中置之不理了。过了几年之后,有空闲了整理书信时又发现了它,于是让人翻译了一下我才第一次知道了内容。但是书信内容很有意思,从满洲事变后事情经过来考虑的话,这是篇很有趣的文章,所以我就作为纪念留下了。但是如果这封信是真迹的话确实很有意思,如果是伪造的话则没有什么意义。因此对皇帝尽忠尽孝的郑孝胥来访时,听说他由于常年待在皇帝身边熟悉皇帝的笔迹,因此特地向他询问。他说是皇帝的真迹,我便留在手头作为纪念了。

**问：**中途打断你的发言我也是于心不忍,但是你是否意识到了你现在的回答没有一个字是和我的问题相关的？

**答：**非常遗憾,我不知道。

**问：**那我再问一遍。即使假设这封信是真的,你为什么会认为它与满洲的独立运动有关？

**答：**我不明白该问题的意思。

**语言监督官：**请译员重复一遍问题。

（译员再次重述问题）

**答：**考虑到这是一封回到满洲成为皇帝的溥仪在发生了满洲事变后的满洲这一背景下写的,所以是很有意思的信。也因为知道了溥仪有这样的想法,所以觉得它很有意思,所以我保留了下来。

**问：**如果你无法回答我的问题的话,这个问题我就不继续问下去了。

**答：**请等一下。我是想要回答你的问题,可是没有回答到要点,非常遗憾。

**问：**我们将话题转移至你的宣誓证词第 10 页中间的位置。你在宣誓证词中这样叙述,11 月下旬天津发生了中方军队暴动,我国华北驻屯军要求增援。是谁和你说的天津发生了中国军队的暴动？

**答：**从某处传来了上述消息的报告,但记不清是天津的军队还是关东军传来的消息了。

**韦伯庭长：**现在休庭 15 分钟。

（14∶45 休息）

（15∶00 重新开庭）

**法庭执行官：**远东国际军事法庭现在开庭继续审理。

（南证人登上证人席）

**韦伯庭长：**柯明斯-卡尔检察官。

**柯明斯-卡尔检察官（继续进行对南次郎证人的交叉询问）**

问：南将军，关于你宣誓证词第 10 页中提到的中国士兵在天津的暴动我要提出疑问。你说关于那次暴动，你收到了一些人的报告。他们现在在哪儿？

**语言监督官**：柯明斯-卡尔检察官，你问的是那些报告还是指做报告的人？

**柯明斯-卡尔检察官**：首先是问一下那些报告。

答：你是问我那份报告现在在哪里吗？

问：是的。

答：可能在陆军省，但是我不清楚他们是否保存着该报告。

问：你说该暴动发生在 11 月下旬是吗？

答：报告中是这么和我说的。

问：而实际上这次暴动发生在 11 月 8 日，不是吗？

答：不是记得很清楚了，但是我记得发生了两次。第一次由于一场误会而发生，但听说误会很快就化解了。

问：但根据法庭证据第 300 号桑岛主计总领事的报告显示，该暴动是土肥原贤二收买了一部分人制造的，这是事实吗？

答：我在法庭上听说了这个说法，但是我不相信。

问：当时币原喜重郎没有和你这么说吗？

答：没有。当时从外务省那里没有得到过一份报告，币原喜重郎也没有和我提过此问题。所以最近在法庭上听到这件事还是第一次。

问：你是否知道法庭证据第 300 号并不是某个人的供述，而是当时总领事向外务大臣提交的正式报告？

**沃伦辩护律师**：我反对。证人已经说过内阁会议上他没有得到此报告。我认为检察官的问题是建立在错误的前提之下，并且试图让证人证明一份他一无所知的文件。

**韦伯庭长**：我认为检察官只是想让证人注意到 1931 年 11 月 17 日

总领事给外务大臣提交了一份报告这样一个重要事实。

**沃伦辩护律师**：如果检察官这么考虑的话我就没有异议，但是这与他所说的不同。

**柯明斯-卡尔检察官**：韦伯庭长说的和我的是同一个意思。但是我发现辩方朋友有点难以伺候。如果我对一份未提交作为证据的文件提问的话，他们要求我出示给证人以便验证该文件；而现在该文件已经作为证据提交，他们又抗议说我试图借证人之手来鉴定这份文件。

**沃伦辩护律师**：但是证人已经说了他没有见过这份报告。可是检察官为了强化这份文件的真实性才提出了刚才的那个问题，他们正是假设我们辩方稍后会攻击这份文件的真实性，而从现阶段来看我认为我们也极有可能那么做。

**韦伯庭长**：我们法官还是第一次听说你们怀疑这份报告是否存在，试图攻击和否定，但是你们仍然可以这么做。但是至于它的内容，这是另外的问题了。

**问**：现在它已经由外务省文件课出具的正式文件所证明，而向法庭提交该文件时辩方并没有提出异议。

南将军，你是否知道土肥原贤二最早于11月2日左右已经在天津了？

**答**：日期我不知道，但我知道他11月在天津。

**问**：你有没有收到报告说，土肥原贤二去了总领事馆，他和总领事馆说满洲现在的情势完全是由满洲的军事当局的行动造成的？

**答**：没有。本来那种报告就不会呈递给陆军大臣。土肥原贤二是根据关东军司令官的命令被派遣过去的，与我们直接得到情报的信息系统不同，所以该报告不会递交给我。

**问**：土肥原贤二借此暴动之机将溥仪带至了大连，你是否得知？

**答**：我不知道。

**沃伦辩护律师**：对于刚才的问题，我们认为如果检察官引用法庭证据或者提及稍后要提交的文件，则我们有提前了解该文件的权利。否则的话，检察官便是在推测还未成为证据的事实，并以此为基础来提问。我们对此表示抗议。

**韦伯庭长：** 交叉询问必须要处于我之前说的法庭决定的范围之内。但事实上我的法官同僚中有人说我没有在足够大的范围内宣布该决定。

**柯明斯-卡尔检察官：** 正如我之前所说，现阶段的交叉询问中，我进行提问的根据是法庭证据第 289 号至第 194 号以及第 300 号。我接着要追加提交第 2196 号。

**韦伯庭长：** 没有提及的文件不需要作为识别提交。

问：溥仪被转移至大连前的数日，桑岛主计总领事对外务省发出警告说土肥原贤二声称自己打算把溥仪带至大连，对此你知道吗？

答：在法庭上第一次听说。

问：但我认为你当时已收到该报告并要求你去阻止此事发生。

答：没有。

问：以下是你宣誓证词第 7 页中提到的决议的一部分。该决议向关东军发出警告不得参与该事，我引用你的原话：

"我们得到情报说特别是清朝复辟主义者发起了猛烈的运动，我们很担忧，军队不得卷入这些运动。"

而我们现在根据提交给外务省的报告知道当地军队通过土肥原贤二煽动了这些运动。你依然说对此你一无所知吗？

答：天津桑岛主计总领事的报告，无论是从外务省还是币原喜重郎那里我都没有听说。但是当时有各种各样的传闻，我无法指出具体来源，各方面都传来传闻。因此我便向关东军发出训示，命令他们不得参与满洲的运动。

问：但我认为事实上你已经知道他们要把溥仪带到大连了，不是吗？

答：我大概是 11 月 11 日左右收到报告说溥仪抵达了营口，同时报告显示他不是被其他人带过去，而是溥仪出于自己的意愿所以才去满洲的。

问：意思是你确实知道他从天津过来了？

答：是的，我听说他从天津出发，11日到达营口。

**语言监督官**：更正，11日从天津出发。

问：你有没有听说他是通过什么路径抵达大连的？

答：当时没有听说。

问：你知不知道土肥原贤二当时恰好也在大连？

答：知道。

问：你未曾想过要把这两件事——土肥原贤二在大连与溥仪之行联系在一起吗？

答：没有想过。

问：你认为土肥原贤二在天津想要做什么？

**沃伦辩护律师**：我抗议这个问题。这是要求证人下结论，用美国的说法就是检察官在钓鱼式地询问。

**柯明斯-卡尔检察官**：我认为应当对辩方这种无用无意义、有时具有攻击性的异议加以限制。

**韦伯庭长**：我认为向当时的陆相询问自己的一名将校部下当时在做什么乃是一个很公正的问题。

**沃伦辩护律师**：法官阁下，证人已经说过土肥原贤二不是他的部下，他们分属不同的指挥系统。检察官对我的话不满，我对他的说话方式也同样感到不满。

**韦伯庭长**：我认为检察官的问题不能算钓鱼式的询问，他只是想向总揽统辖权的当时的陆相寻求解释，问他土肥原贤二当时到底在天津做什么。

**柯明斯-卡尔检察官**：我建议只允许辩方一名辩护律师打断问话。

**韦伯庭长**：布鲁克斯辩护律师为证人辩护。异议由沃伦辩护律师提出。

**布鲁克斯辩护律师**：检方所提交的文件证明了陆军大臣没有总揽一切的权限。与其他国家不同，日本的陆军大臣的管辖权是受到限制的。

**柯明斯-卡尔检察官**：刚好相反，证据显示了完全相反的结论。

**布鲁克斯辩护律师**：我想如果我们检查一下记录的话就会清楚，证据显示陆军省中只有参谋总长才有全体管辖权限。

**韦伯庭长**：我的法官同事中至少有一人认为应该允许这种试探式的交叉询问，至少英国的普通法是允许的。当然，关于这个问题，各位法官之间会有不同的意见。美国的法律制度是如何规定的我不太清楚。驳回异议。

问：南将军，请你回答这个问题，你认为1931年11月土肥原贤二当时在天津做什么？

答：我相信他是受关东军司令官之命被派遣至天津完成一项特殊任务。

问：你见过那道命令吗？

答：没有，但是当时我们推测他去天津是为了收集情报。

问：你在法庭上说听到过传言说土肥原贤二去天津是为了将溥仪带至满洲，你调查过这个传言吗？

**韦伯庭长**：我们希望只有一名美国辩护律师来提出异议。布鲁克斯大尉与这名证人关系最密切，他来为该证人辩护。

**沃伦辩护律师**：韦伯庭长的意思是拒绝我为我代表的土肥原贤二提出异议吗？这正是我现在正在做的工作。

**韦伯庭长**：法庭只是建议性地希望这么做，我并不是在处理你的权利问题。

**沃伦辩护律师**：抱歉，韦伯庭长，如果我不是觉得有必要的话，我不会提出异议。检察官所说的事与至今为止该证人所做的证词有差异，这影响到了我的证人，出于这个原因，我要提出异议。

**柯明斯-卡尔检察官**：我想起他确实说过那句话，可能辩方律师没有听到。

问：南将军，请你回答这个问题，当你听到那个传闻，即土肥原贤二去天津与溥仪事件有关联时，你是否曾下达命令去调查事情真相？

答：没有进行调查，但是因为有这种传闻，我们认识到不能容忍这种事情发生，因此发了一个指令给关东军司令官。

问：你说的指令指的是除了你之前说的9月发送的训示之外11月发送的另外一个命令吗？

答：是的。

问：这些另外发送的指令是书面的吗？

**语言监督官**：更正证人前一次的回答内容。"我们认识到不能容忍这种事情发生"更改为"我们担心出什么差错"。

问：这些11月份另外发送的指令是书面的吗？

答：我想应该是的，因为按照习惯，首先是发一封电报，之后会寄送一份正式文件。

问：关东军对你的这个命令采取了什么措施，你知道吗？

答：我认为他们当时确实采取了一些措施。

问：你有没有从任何渠道得知林久治郎总领事的报告中有本庄司令官在收到你的训示时说的什么话？

答：没有。

问：你是否知道本庄司令官说他曾命令板垣征四郎通知天津驻屯军，因为时机尚未成熟，因此将原皇帝溥仪带至满洲一事不得急躁。

答：我不记得是否曾收到过关东军司令官的这种报告了。

问：你向本庄司令官发出的训令是命令一定不允许实施此事，还是命令因时机尚未成熟要延期进行？

答：我命令一定不能做这种事。

问：你认为关东军司令官充分遵守了你的命令吗？

答：是的，我相信。

问：如果关东军司令官只是发出命令说因为时机尚未成熟而要暂缓此事，那么你认为这样的话他违背了你的训令吗？

答：是的，这样就算是违反了我的命令。

问：你之前为了强制执行中央的命令，是否曾对关东军的首脑部采取过什么真正的惩罚或惩戒手段？

答：没有。

问：在你宣誓证词第10页上方你是这么说的，关于锦州轰炸事件，你给本庄司令官立即发了一个严重的警告。但是你不是应该已经积累了丰富的经验，知道即使发了警告也不会有多大用处吗？

答：因为我发了警告，所以他们才没有去锦州。

问：关于这一点我们昨天已经进行过了，不会再重复，但是如果你真的想实际上阻止满洲事变的扩大以及当地的独立运动，唯一的方法只有召回实际的责任军官，然后任命服从你命令的军官，不是吗？

答：从法理上来说可能确实如此，但是我的统帅要领是信任他人，既然已经发出训令、命令，就要相信他们会忠实地执行。由此我才能阻止诸如锦州这样的问题。因为这事关统帅部问题，所以我提醒参谋总长注意，由他来下达命令控制此事。

问：1946年1月22日你对给你做询问记录的人员这么说：

"本庄将军要向陆军大臣负责。"

对吗？

答：你指的是从军政上来说？

问：没有特指某个范围，就一般而言。

答：从军政上来说，他要向陆军大臣负责，但用兵作战则要向参谋总长负责。

问：土肥原贤二隶属本庄司令官对吗？

答：是的。

问：板垣征四郎至少从理论上说，应该也是隶属本庄吧？

答：是的。

问：石原莞尔呢？

答：也一样。

问：如果你希望的话，你可以将他们全部召回吧？

答：对这个问题，我持绝对反对的观点。因为他们都尽忠职守，没有擅自采取行动。因此，他们都是在本庄将军的统制下进行活动，我只要统帅本庄司令官即可，且仅限于军政方面。

答：请你回答我的问题。如果你希望的话，你是否能够将本庄、土肥原贤二、板垣征四郎、石原莞尔中的任何一个人召回？

答：我可以这么做，但是我不认为有必要。

问：正如你在法庭证据第 2207 号第 2 页上方你对审问人员回答的那样，那正是因为你承认了本庄所采取的行动吗？

答：是的。

问：你于 12 月 10 日提出了辞呈，关于这一点昨天有提出异议，你虽然 10 日那天提交了辞呈，但是根据惯例你一直掌管事务直到同年 12 月 13 日你的后任被任命为止，是吗？

答：是的。

**柯明斯-卡尔检察官**：你在宣誓证词第 11 页下方中说：

"辞去陆军大臣之后，我就任了军事参议官这份闲职。除了每年听取两回军事当局的报告之外没有任何其他事情"。

对吗？

答：是的。

问：那是事实吗？

答：是事实。

问：除了听报告之外，你自己是否也演讲？

**答**：没有。

**问**：作为军事参议官，你是否对自己的后任提了很多意见？

**答**：没有。

**问**：去年3月18日你向给你做询问记录的人这么说还记得吗？你说作为军事参议官，偶尔会给继任陆军大臣提出忠告。

**答**：我不记得我说过那种话。

**韦伯庭长**：现在休庭，明天早上9:30开庭。

（16:00休庭）

# 五、被告南次郎证人继续作证（第 3 日）

1947 年 4 月 15 日，星期二
日本东京都旧陆军省大楼内远东国际军事法庭

（9:35 重新开庭）

**法庭执行官：** 现在开始继续进行远东国际军事审判的审理。

（南证人登上证人席）

**韦伯庭长：** 除被告东乡茂德之外，全体被告已出席，被告东乡茂德由辩护律师代理。根据巢鸭监狱医生的报告，被告东乡茂德今日因病无法出庭，该报告已受理并编入记录。柯明斯-卡尔检察官。

## 交叉询问（由柯明斯-卡尔检察官询问南次郎证人）

**问：** 南将军，在回到我昨天的问题之前，我想先问你，根据法庭证据第 2216 号中被告荒木贞夫的证词，如果没有陆军大臣、海军大臣、大藏大臣、外务大臣以及首相的同意，就不能向海外派兵。对此你是否同意？

**答：** 我同意。

**问：** 1932 年 1 月 3 日锦州被占领。你有没有向你的后任指出，此事违反了你任陆军大臣时期下达的命令？

**答：** 我当时刚好在满洲视察，因此没有和荒木贞夫提到占领锦州一事。虽然此事违背了我的政策，但是我相信因为敌情导致必须这么做。

问：你有没有和本庄说占领锦州完全违背了你下达的命令？

答：我因为之前已经离职，因此对于占领锦州一事也就没有权限管理。但是在我任中已经下达严令要求从锦州撤退。我将政府的意思传达给参谋总长，通过参谋总长发布不得进军锦州的撤退命令。

问：但是后来你在满洲时说过在你离职后的三个星期之内，发现你下达的命令被违反了。

答：是的。

问：是谁派遣你去视察的？

答：是荒木贞夫陆军大臣的命令。

问：你有没有问荒木贞夫为什么本庄违反了你的命令，抑或荒木贞夫是否下达了与你不同的命令？

答：没有问。

问：为什么不问？

答：这是我认为因为政府更迭导致方针变化，这不是我这个前政府内阁成员应该问的问题。

问：你是否知道新组建的政府有没有下令占领锦州？

答：我不知道政府下了什么命令，只是知道锦州被占领了。

问：你回国时有没有向荒木贞夫报告？

答：报告了。

问：有没有说占领锦州违反了你的命令？

答：我说这违反了我在任时的方针。

问：荒木贞夫对此怎么说？

答：他只是听。

问：我之前问过你身为军事参议官除了听报告之外你自己是否要演讲，你给出了否定的回答。现在，我要宣读法庭证据第2251号，即检察方文件第1632－W－3号中的1932年1月28日木户幸一日记摘要。（宣读）

木户侯爵日记 1932 年 1 月 28 日

1月28日（星期四）晴。

上午十点半出发。

下午两点开始听取南陆军大将在宫中御前发表关于满洲近况的演讲。

南将军述说了最近视察的概况感想。

他列举了我军勇敢果断的几个原因：一是国民的一致后援，一是对必胜的确信，一是对自身军事能力的信心。

关于满蒙问题，他得出的结论是：

（1）首先是我国的国防问题。与新国家或新政权的关系以接受国防委托的形式缔结，通过促进吉会铁道竣工将日本海变成湖水，这将给我国进入北满提供便利。由此我国的国防计划会焕然一新。

（2）日满联合经营。树立应对海外经济封锁之策，开辟日本永久立足世界之途。

（3）人口问题的解决。如果我们向满洲移民，提供与南美方面移民同样的保护，且如果考虑在当地建立屯田兵制的话，人口的问题不难解决。

南将军，木户侯爵日记中提到的这次演讲，实际上你是否曾发表？

**语言监督官**：请稍候。柯明斯-卡尔检察官，我们首先还要宣读日文的版本。

**柯明斯-卡尔检察官**：我也是这么认为的。

**韦伯庭长**：关于此案，法庭希望可以进行同声传译。

**语言监督官**：抱歉，韦伯庭长，我们一开始不知道检察官要宣读文件的全部内容。

**问**：刚才说的演讲你发表过吗？

**答**：发表演讲是对的，正是那样。

**问**：昨天你为何说自己没有发表任何演讲？

**南证人**：那次演讲是在茶话会上……

**布鲁克斯辩护律师**：抱歉，我认为如果看一下法庭记录，我们就会明白，检察官问的是证人作为军事参议官是否曾发表演讲。而我们看一下现在的法庭证据就会发现证人并非是在军事参议会上发表此次演讲的。

**韦伯庭长**：布鲁克斯大尉，你有权利进行再次询问，说到这里就可以了。

**问**：南将军，刚才是你自己的说明，还是你辩护律师的说明？

**答**：我自己的。

**问**：我们这样理解可以吗，昨天我问你是否发表过演讲时你否定了，那是因为你知道此次演讲并非是以军事参议官的身份发表，所以才给出了否定的回答吗？

**布鲁克斯辩护律师**：我对这种引起争议的问题表示异议。如果检察官想要得到一个普遍性的答案，就应该问一个普遍性的问题，而不是刚才这种会引起争议的问题。由于他的问题所以才引导了证人的答案。

**韦伯庭长**：我们认为你没有必要打断问话。

**译员**：证人刚才回答说"对的，是这样"。

**问**：南将军，你好像刚才还有什么要补充？

**答**：是的。我要补充几句。所谓的茶话会，就像座谈会一样，不是正式的场合，因此会上大家会交流各种话题。刚才检察官读到的木户幸一日记中的内容都是对的，但是需要做一点说明。我不是作为军事参议官，而只是作为个人在座谈会上做了讲话，甚至连演讲都称不上。我还想为那次讲话的主题做一点小小的解释。

**问**：关于讲话主题最好我问你时再谈。但是关于你的那次演讲……

**布鲁克斯辩护律师：** 请允许证人回答完检察官刚才提出的问题。

**韦伯庭长：** 证人与其说是说明，不如说是只是要求补充几句。我们几位法官对布鲁克斯辩护律师的态度不敢恭维。

**布鲁克斯辩护律师：** 我不是要给法庭或谁留下印象，我只是希望给证人一个公正的审判，当有不利于他的证据提交时可以充分听取他的解释，并且他也是这么希望的。

**韦伯庭长：** 但是你正在妨碍审理。正是你的态度妨碍了公正的审理。我们绝不允许法庭成为宣传的工具。

**布鲁克斯辩护律师：** 我作为一名辩护律师，有权利要求韦伯庭长对上述向美国辩护律师做的评论进行说明。我确信我没有试图对法庭做任何不适当的事情，也未试图以任何方式进行宣传什么。我很清楚法庭认为我在搞宣传活动，但是这是无稽之谈。我诚心地希望听听各位内心的想法。如果我有任何言论在各位法官看来是宣传活动，有必要的话我愿意为此进行解释，这样我就能洗干净这种嫌疑了。

**韦伯庭长：** 宣传指的就是宣传，我说的话毫无疑问，明明白白。我们并不畏惧美国辩护律师或是其他国家辩护律师。我们来这里是为了进行公正的审判，不会被美国或其他国家辩护律师所恫吓。

**布鲁克斯辩护律师：** 如果我采取了什么威胁法庭的态度，我表示非常的抱歉，我并未意识到这一点。如果是这样的话，我表示道歉。

**韦伯庭长：** 柯明斯-卡尔检察官。

**柯明斯-卡尔检察官（继续进行对南次郎证人的交叉询问）**

问：南将军，木户幸一在他的日记中回忆说那次演讲是御前演讲，但是你却很严肃地说那是一次茶话会上的非正式谈话，是吗？

答：是的。

**韦伯庭长：** 你作为军事参议官，是否被允许在天皇面前发表演讲呢？

答：我可以这么做。如果是以正式身份发表演讲的话，天皇旁边不会有人陪席旁听。因此那次我并非是以军事参议官的正式身份讲话。那次茶话会上大家只是私下相互交流意见。

问：你是否还记得1946年3月18日关于这场演讲被询问一事？

答：记得。

问：那么现在让我重复一下当时的问题与你的答案。

"1932年1月你发表了一次演讲，其中你主张进一步深入侵入满洲。"

答：我之前反复强调了没有做过任何演讲。

问：该问题中所使用的词是"一次演讲"，但是并没有提到你以何种身份并且向谁发表。当时的问题是："你主张促进吉会铁道的竣工、将日本海变成日本湖以及给日本进入北满提供便利，是吗？"

答：前提假设就是按照我视察满洲时的情况"满洲国"已经独立的情况下。

问：我现在问的是你是否还记得当时接受询问时被问过这个问题？

答：不记得了。

问：对于该问题，你的回答是"我不记得有那种演说或说过那些意见"。对吗？

答：对的。

问：现在关于木户幸一日记我要向你问几个问题。根据木户幸一的说法，你说日本与"满洲国"新国家的关系在于日本会负责"满洲国"的国防。1932年1月28日当时有新国家成立吗？

答：没有。那次座谈会是我从满洲视察回来后立即举行的，我在满洲视察时，满洲的情况发展已经远远超乎我在东京时的想象。因此，我并不知道满洲的情势会如何发展。但是必须要做的一个前提假设就是万一满洲按照这个趋势独立的话。

问：你是否知道直到2月18日"满洲国"才颁布了第一次独立

宣言？

答：知道。

问：你昨天和我说你的方针是禁止日本军队与新国家成立有所牵连。

答：是的，我是这么说。

问：你如何调和这个说法与木户幸一日记中记录的你对天皇所做的报告之间的矛盾？

答：视察满洲的结果是我见到了很多人，听到了他们的声音，知道了满洲各地比如吉林、哈尔滨、洮南等地的有影响力的人士都希望满洲独立。当我离开时我并不知道满洲会如何，那时也未曾想到过满洲会独立建国。当我见到本庄司令官时，正如我以前发给他的训令一样，我再次和他强调军部绝对不能参与到独立运动之中。所以这两件事之间并无矛盾之处。

问：你刚才提到的有影响力的人士，是谁介绍给你认识的？

答：有些是来拜访我的人，有些是我听说的人。

问：从谁那里听说的？

答：比如熙洽、孙其昌、谢介石、臧式毅这样的领导人，他们来拜会我或者是我去面会他们。

问：我现在问的是你从谁那里听说了这些其他人？

答：从很多人那里。

问：那些人当时都是什么身份？

答：不是记得很清楚了，我想确切地说应该是各种身份。

问：事实上那些人都是你从关东军的将校那里听说的，对吗？

答：不，不仅仅是从他们那里。关东军的将校之中只有从本庄司令官以及有权势的诸参谋校官，以及独立守备队队长等极其少数人那里听说了那些消息。此外我想我还与林久治郎总领事见过面。

问：林久治郎总领事是否和你说过满洲发生了真正意义上的独立

运动？

答：他说从很多渠道都听说了这件事。

问：林久治郎总领事是否和你说过他听说正是关东军在试图策划这场运动？

答：他没有和我说过。

问：这一点到此就可以了。你所谓的将日本海变成湖泊指的是什么意思？

答：这是我的一贯主张，正如上周五我稍微提到的那样，我是亲俄主义者，主张必须对苏维持和平关系。我认为日本海能够如同湖水般平静是最为重要的事，因此为达到该目的才与苏联维持亲善关系。日本海不仅事关朝鲜与日本之间的联系，也对于与满洲之间的沟通、贸易上的往来和与苏联的亲善关系非常重要，所以日本海不能有大风浪。我的对俄亲善主义无论是在军部之中还是在民间和政治家中，都有相当数量的反对人士。

问：相比这个回答，对于我的问题你是否还有一个更为简洁的答案？你是否指的是将来如果日本占领了满洲，就得以支配了日本海的两岸，这就是将日本海变为湖水的真实意思？

答：我不是这个意思。这种奇特的想法与我的想法完全不同。

问：吉会铁道驶向哪个方向？朝着苏联的国境方向还是反方向？

**韦伯庭长**：答案是驶向两方。

答：吉会铁道由满洲的吉林通往朝鲜的会宁。

问：是否延伸至苏联国界附近？

答：没有，与国境南面有很长一段距离。

问：你所谓的"为日本进入北满提供便利"指的是什么意思？

答：正如有了南满洲铁道使得南满的所有交通和物资运输都非常方便一样，通过刚才所说的吉会铁道，使得北满的所有物资运输、交通都异常便利。

**问**：什么样的物资？

**答**：当地生产的产品，当时最多的是谷物和黄豆。

**问**：你是否忘记了你接着继续说了一句"借此，我国的国防计划得以革新"这句话？

**答**：我指的是吉会铁道的铺设保障了满洲的稳定。

**语言监督官**：补充，因此有助于日本的国防。

**问**：说到国防，日本的防御对象是谁？

**答**：防御敌人。

**问**：哪个敌人？

**答**：任何企图攻击日本或满洲的敌人。

**问**：当时你们认为哪个国家可能会攻击日本以及满洲？

**答**：我们是在假设可能受到攻击的场合下设想的国防。无须多言，这个国家是苏联。因此，我才强调必须保持与苏联的亲善关系。

**问**：星期五时我问了你一个问题，我想知道你现在是否依然给出同样的回答。这个问题就是日本军队是否认为如果他们事前占领了满洲，则如果与苏联发生战争时，日本军队就能处于一个相对有力和牢固的地位？你之前给出了否定的回答，我想知道今天你是否依然表示否定。

**答**：我的想法的根本部分主要是满洲的稳定，所以对该问题，我还是持否定回答。

**问**：木户幸一侯爵的日记中接下来的一节中的一个标题提到了日满联合经营。你能否告诉我为什么一个当时还并未存在的国家，且关东军也不会与其成为完全独立的国家之间有任何关系，为何日本要与这样的国家计划联合经营并且接管该国的国防？

**答**：我想该问题之前已经回答过了，因为我视察满洲当时，情况会如何发展我们无法预测。我能够想到的只有满洲可能会独立。所有的事情都是建立在假设的基础之上。

问：是不是你们提前收到消息称2月18日会发生什么事情，从而建立在这个消息基础之上的？

答：不是。

问：接下来的第三节中木户幸一侯爵提到，你说如果考虑建立屯田兵制的话，人口问题也并非难以解决。这是什么意思？

答：我的一个假定就是刚才说的当"满洲国"独立的时候，"满洲国"则是地广人稀。因此，那里有充分的民众移居空间。而如果真的有人移民的话，为了在那里开垦土地，根据中国的习惯，各部落就必须维持自己的部队以防备土匪盗贼等。所以我认为可以考虑屯田兵制。

问：你的意思是不是指进行开拓的移民们应该成为日军的预备役兵？

答：我不是这个意思。

问：可是那些开拓移民确实是日军的预备役，不是吗？

答：不，他们完全不是。

问：星期五和今天你均数次提到你一向反对与苏联的战争。从1927年3月开始至1929年8月期间，你是否担任参谋次长一职？

答：是的。

问：参谋本部是否指挥着各大使馆的附属武官？

答：是的，参谋次长有权限干涉人事方面。

问：你的惯常做法是不是命令这些武官从事间谍与颠覆活动？

答：我从没有允许过这种荒唐的事。

**韦伯庭长**：现在休庭15分钟。

（10:45 休息）


（11:00 重新开庭）

**法庭执行官**：远东国际军事法庭现在继续进行审理。

（南证人登台）

**韦伯庭长**：柯明斯-卡尔检察官。

**柯明斯-卡尔检察官**（继续进行对南次郎证人的交叉询问）

问：南将军，你是否记得小松原道太郎这个人？

答：记得。

问：此人在1927年时是否担任日本驻苏联大使馆武官？

答：不知道。

**布鲁克斯辩护律师**：我想请法庭注意检察官的这个问题已经超过了起诉书涉及的时间范围以外了，是1927年的事情。我认为向证人询问这个问题并不合适。

**韦伯庭长**：偶尔我们会回溯到1895年之前。事实上有一次还涉及了1848年的事情。

**布鲁克斯辩护律师**：但是刚才的问题完全没有涉及历史的背景。被告也没有因为1928年之前的行为被起诉，所以我认为该问题不适合向他提问。

**韦伯庭长**：但他说过一贯反对与苏联发生战争。我们中间的一名法官和我说关联性的问题不会受到时间日期的影响。驳回异议。

问：请看一下检察方文件第2992号。

（向证人递交检方文件）

这是不是1927年10月6日你写的一封信的照片影像版的复印件？

答：我见过。

问：你在上面盖章了吗？

答：盖了。

**柯明斯-卡尔检察官**：我现在将该文件作为证据提交。

**韦伯庭长**：按照惯例，予以接受。

**布鲁克斯辩护律师**：这份文件是否能向辩方提供副本？我们还未收到。

**韦伯庭长**：我命令向辩方提供该文件副本。

**布鲁克斯辩护律师：** 我保留稍后提出异议的权利。

**法庭书记官：** 检方文件第 2992 号现接受为法庭证据第 2436 号。

**柯明斯-卡尔检察官：**（宣读）

*绝密*

*参谋本部参密第 2081 号*

*关于调查可以为战时谍报宣传及谋略等利用的特殊组织、团体及要人的指示；*

*1927 年 10 月 6 日；*

*参谋次长　南次郎；*

*驻苏联帝国大使馆附属武官　小松原道太郎；*

*请在各谍报负责区域内尽可能详细地调查那些可以被利用来收集策应作战情报、宣传、谋略的特殊组织、团体以及要人，获得以上资料后请立即按照以下要点进行报告。*

问：南将军，你刚才为什么说你没有命令过日本驻外国大使馆武官从事间谍行为或颠覆行动这种荒唐的事情？

答：大、公使馆附属武官隶属于参谋总长，参谋次长虽然处理事务，而大使馆附属武官的职责就是从事情报工作。所以这样的事情我记得有很多次。我一直到刚才听到那些话之前，什么都不记得了。看到了这张照片，盖了参谋次长的印，才想起有这样的事情。

问：这算是对我刚才休庭之前问你的为什么你说你没有命令过大使馆武官从事谍报或颠覆活动的回答吗？

答：是的。因为 1927 年时我作为参谋次长，只不过是事务性地传达参谋总长的命令而已。每次当参谋总长一职发生变动时，作战计划以及其他政策都会变化，这是理所当然的。当时的情况就是这样。

问：事实上其实你非常清楚利用他们来从事那些活动，但是你并不知道我手里有证据来证明，是这样吗？

**答：**也许是这样。可我认为大使馆附属武官的主要任务当然是谍报工作，各国也都承认的。作为当时的副官，传达处理这样的事情，作为我来说也是理所当然的。

**问：**你相信大使馆的武官们策划地下颠覆行动也是理所当然的任务之一吗？

**答：**可能他们会研究这种行动，但是我绝不会认同实际上从事这些活动。

**问：**你任参谋次长时，神田正种是不是担任你的属下？

**答：**我不记得了。

**问：**你是否还记得检方文件第 698 号？它详细记录了神田向笠原幸雄少佐发出的一系列训示。

**答：**不知道。

**问：**该文件是一份对苏破坏工作事项的概览。

**答：**我不知道有这份文件。且参谋次长没有理由一定要知道这种如此详细的各部员之间的来往书信。总之我没有下达过这种命令，并且对此也没有任何记忆。

**问：**当时参谋本部的一个方针是不是在苏联领土上的日本领事馆内安置伪装或穿便服的日军将校？

**布鲁克斯辩护律师：**我对这个问题提出异议。检方的问题离开起诉书的范围越走越远。检察官询问的是关于 1927 年发生的各种事件，但是这是与起诉书完全没有关系的一段时期。我们从 1927 年开始进一步回溯，就会回到一个历史时期，期间中国不存在任何统一政府。现在法官席上代表的其中一个国家当时完全没有代表。当时中国政府的代表是革命主义者。我认为问题已经离开起诉书走得太远，因此我要提出第一个异议。

我认为将起诉书涉及期间限定为 1928 年以后，是该起诉书的制作人经过认真讨论的。如果我们要往上追溯的话,就会涉及作为本审判基础的各条约的时期之外。当时因为中国处于无政府状态,因此如果审理要溯及当时的话,辩护方就不得不为辩护做非常多的说明。

我说此番话,并没有存在任何对法庭的不敬之心。只是为了节省时间,缩小会引起争议的议论范围,从而提出异议。

**韦伯庭长**：刚才的交叉询问尚属法庭裁定的范围之内。因此驳回异议。

问：南将军,你从1927年至1929年担任参谋次长期间,将伪装成领事馆馆员的日军将校安置在日本驻苏联领事馆内是否是当时参谋本部的一项方针？

答：不是。

问：把满洲的匪贼拉入日本一方,然后他们在日本的对苏战争中帮助日本作战,这是不是当时参谋本部政策的一部分？

答：不是。

问：接下来是你任关东军司令官的1934年12月至1936年3月的这段时期。当时你是否把满洲当地征的兵与日本军队一样置于你的指挥之下？

答：没有。

问：他们过去也未曾处于你的指挥之下？

答：从未。

问：你的意思是在被称为"满洲国"的这块地方没有日本军以外的军队？

答：是的。

问：那这些由非日本人组成的军队是由谁控制的呢？

**翻译员**：证人的意思是满洲没有日军以外的军队。

答：并不隶属于我。

问：之前"满洲国"中是否存在由日本人以外组成的军队？

答：这我也不知道。我并未担任天皇陛下直属的军队以外的指挥官。隶属不同系统属于其他国家的，或者是盗匪关联的军队，都完全不属于日本军司令官管辖。

问：我的问题是满洲之中，除了日本士兵以外，是否同时还存在由其他人组成的军队？请回答这个问题。

答：可能有，但是我不记得了。我毕竟只是日军的指挥官，除此之外我不会关注。

问：证人戈特作证说曾见过非日本人组成的军队经过满洲地区，并且进入没有军事设施的区域。你还说那里没有非日本人的军队吗？

答：我只想说在我的手下没有非日本人的军队。

问：但是我问过你是否有不属于你控制的非日本人军队。

答：我不知道。

问：虽然名义上不属于你指挥，但实际上是接受你的控制，根据你的命令行动呢？

答：我绝对不会做那种背地里的勾当。我从未指挥过日军以外的军队，我知道的就是这些了。

问：日军以外的军队都是盗匪的部队吗？

答：我已经重复了很多遍了，他们不隶属于我，所以我无从得知。

问：但是如果那些部队与你们国家的军队同处一地区的话，你依然希望我们相信你一无所知吗？

答：事实上我确实不知道，所以我只能回答不知道。

问：我的问题是你是否真的希望我们相信你一无所知？

韦伯庭长：证人并非必须回答这个问题。

问：你在满洲指挥军队的期间，满洲是否有正在铺设中的铁路？

答：有部分地区的铁路正在铺设中。我不是记得很清楚了，但是有若干正在铺设中。

问：当时那些铺设中的铁路，是否延伸至苏满国境的方向？

答：是的。

问：那些铁道是为战略上的目的才铺设的吗？

答：万一有事时可以做此用途，但主要还是为了开发北方的目的。

问：你在满洲期间，关东军有没有在满洲中建设航空基地？

答：我想建了很多。

问：是为防备哪个国家而建的？

答：我们考虑到万一受到苏联的攻击。

问：航空基地的数量从5个增加到了43个是吗？

答：数字我记不得了，我在的时候有5、6个已经造好或接近完工。我的任期为1年3个月，在此期间造好了2、3个。

问：在你说的这段时间内，军事区域造了7处是吗？

答：军事区域的意思不是很明白。

问：你的任中，满洲不是有7个地区被加以武装了吗？

**语言监督官**：刚才所说的军事区域可以理解为要塞地区。

答：具体的不记得了，只记得北满有若干为了防备的筑城工程，但是是7个还是3个还是5个，就不记得了。

问：不仅仅是刚才所说的那些要塞地区或者是防备地区，也不仅仅是指航空基地，我问的是全部，即1931年3月按照计划实施建设的全部。

答：1931年3月时我作为军事参议官在东京，与那些计划没有关系。所以我也就不清楚。

问：你还记得武部六藏这个人吗？

答：记得。

问：这位武部六藏，在你担任关东军司令官时是"满洲国"政府的总务部长或者是总务副部长吗？

答：我想是其中一个。

问：你是否还记得那期间你对武部六藏说过，日军占领满洲的最重要的目的是在满洲建立一个军事基地？

答：不记得。

问：那你是否记得说过那些军事基地的建设是针对苏联以及中国？

答：也不记得。这些话太荒唐，我想我要做一点说明。我的使命是帮助"满洲国"建设成为一个茁壮、强大与独立的国家。因此，我并没有你说的那种想法，我也完全没有道理与"满洲国"政府的官员说那些话。

问：那位武部六藏不是日本人吗？

答：是的，但他同时也是"满洲国"的官员。

问：法官阁下，刚才那些问题，均是基于法庭证据670号提出的。"满洲国"政府的主要职位均由日本人占据，这是事实吗？

答：这是严重的错误。

问：在你最初抵达满洲时，你没有发现"满洲国"政府正在准备垄断国内的石油吗？

答：我不知道。

问：你刚才不是说帮助"满洲国"健康发展是你任务的一部分吗？

答：但石油的事情我一无所知，也不记得。

问：你必须要控制"满洲国"政府的原因之一不就是因为他们在要着手垄断"满洲国"的石油吗？

答：我认为如果"满洲国"政府实施石油专卖的话，关东军对此无法做任何事情。你刚才说我要控制"满洲国"政府，这是一个非常大的错误。"满洲国"与日本的关系是对等的。帮助"满洲国"茁壮、健康地发展仅仅指的是我们希望、并帮助它成为那样一个国家，这与控制有很大的不同。

问：你同时也是日本驻"满洲国"的大使吗？

答：是的。

问：如果是这样的话，"满洲国"政府正在做什么事情你不知道吗？

答：大体的事情知道，但是关于石油这个问题不太记得清楚了。因为大使馆有很多人才，特别是外务省派来的受过特别训练的职业外交官，所以大体上我把事情交给他们来处理。

问：你作为日本驻满大使，保持着与日本外务省的直接联系吗？

答：是的。

**韦伯庭长**：现在休庭，1:30开庭。

（12:00休庭）

（13:30重新开庭）

**法庭执行官**：远东国际军事审判现在开始下午的审理。

（南证人登台）

**韦伯庭长**：柯明斯-卡尔检察官。

### 交叉询问（由柯明斯-卡尔检察官询问南次郎证人）

问：南将军，你是否知道美国政府数次向日本外务省抗议满洲的这项石油专卖制度？

答：我不知道。另外有一点要向检察方说明，今天上午我的陈述中有一处小错误，需要更正。武部六藏担任"满洲国"政府总务部长是在梅津美治郎将军担任关东军司令官时，这一点需要更正。就这一处。

问：你担任关东军司令官时他也在总务部里，不是吗？

答：是的，他当时在关东军里任职。

问：法庭证据第2207号的第3页，检方文件第1869号的最后三个问题。你在接受询问时，是不是做了如下回答？

答：问题是什么？

问：你与当时的"满洲国"政府是什么样的关系？

答：我主要在农业、交通、教育等方面给他们提建议。

问：下一个问题是"你认为你的建议都被采纳了吗"，你的回答是"是的"。

答：对的。

问：最后一个问题"所谓你的建议，实际上等同于命令是吗"，你的回答是"这么说也可以"。

答：对的。关于这一点有必要做一下说明。当时检察官的问题是如果"满洲国"政府不接受你的建议的话怎么办？总之，所谓建议其实就相当于你的命令对吧？对此我回答说："如果要采用这种方式的话，也是没有办法的。"因此，在我任职期间，我没有向"满洲国"政府下达过任何一道命令。

问：是不是因为他们很清楚如果不接受你的建议，你就会下达命令？

答：他们心里怎么想的我不知道，但是从我赴任时开始我就认为日本与"满洲国"是对等的关系，脑子里丝毫没有所谓的优越感。

问：你能否想起他们未接受你建议的例子？

答：想不起。

问：在你任中的1935年7月，那时日满经济协定开始实施了吗？

答：实施了。

问：你参与了其中的交涉了吗？

答：是的。

问：我现在提到的文件是法庭证据第850号，但是并不是我之前提到的文件之一。请问证人，该共同委员会是否由双方各派四名成员组成？

答：是的。

问：日方的代表是关东军的参谋长以及其他三名成员吗？

答：对的。

问："满洲国"的四位代表中，有一位是总务厅长对吗？

答：我想是的。

问：并且总务厅长通常由日本人担任对吗？

答：是的。

问：这样的话，日方通常实际上掌握了委员会的大多数对吧。

答：是的。那份协定我记得不大清楚了，如果你手头有相关资料的话，请给我读一下，这样能帮助我恢复记忆。

问：我刚才已经总结了这份文件，我再说一次。委员会由两国各4名代表构成，一共8名委员。

答：这个我记得，是这样的。

问：关于日方委员的部分规定如下，常任委员是关东军参谋长、日本国驻"满洲国"大使馆常任参事官。

**布鲁克斯辩护律师**：也许证人对此需要补充一些说明，所以请法庭允许向证人递交一份该文件的副本。我想法庭书记手中可能也没有。

问：如果证人想看副本的话，那么在得到副本之前我问一下其他的问题吧。

答：请问。

问：那么我们转移到其他的问题上，等到副本准备好以后我们再回到这个问题。

关于美国对石油问题的抗议，我提到了两份法庭证据，一份是第939号，另一份是第965号。证人我想问你的是，你刚才说你关于农业、交通、教育等问题向"满洲国"政府提出建议，但是这些问题之中，包不包括刚才我说的石油垄断问题？

答：我不知道。我说的"等等"那些问题包括了交通等一系列的问题，关于石油垄断问题我完全不记得了。

问：但是记忆问题暂且不提，事实上其中包括了商业的问题吗？

答：没有。

问：没有吗？

答：是的，没有。

问：你指的是有还是没有？

答：商业问题我当时并未考虑。因为当时维持"满洲国"的稳定与治安是第一位的，并且我也正在忙着处理这个问题，所以还没有时间考虑商业问题。

问：但是关于军事问题、外交问题，你不是拥有绝对的权力吗？

答：只有涉及日本的情况下才有。

问：我的意思是你作为日本的代表，是否对"满洲国"的军事以及外交问题拥有绝对的管辖权？

答：对的。

问：是不是因为关于商业问题的立场有些模糊，所以你才参加了1935年7月的通商协定的交涉？

答：或许因为是这样，但是我记不清了。请允许我说一下当时的情况。我当时非常担心在"满洲国"的治安还未恢复时就有各种日本财界的商业人士等过来满洲，所以我也在进行控制。我也因此被日本国内的诸商业方面的人士所恶言相向和憎恨，被他们耻笑为固执。因此，我关于商业上的考量就非常的浅薄，首先第一位的还是治安，进而发展一个坚实的国家。这是我当时的想法。

问：第850号现在已经抵达法庭了吗？是否可以向证人提供日文原文的文件？

（向南证人递交书证）

问：证人你手里拿到的是1935年7月3日的枢密院会议记录，这次会议上采纳了日满经济共同委员会设置的相关协议案，请略过开头一部分，在中间的位置。协议文本身的位置你找到了吗？

答：请再重复一遍。

问：在该记录中，你找到了协议的位置了吗？

答：协议找到了，但是刚才的人名还不知道，还没找到。

问：哪些人？

答：委员会委员的名字。

问：我没有问你委员的名字。那些名字没有列出，但是你可以在标题 III "谅解事项"下找到他们的头衔。看到了吗？

答：看到了。

问：请你自己读一下。如果有什么不同意的地方，请说出来。

答：我知道了。关于你刚才的那个问题，即"满洲国"的其中一名代表由总务厅长担任。他是"满洲国"的官员，但同时也是日本人。

问：是的。日方委员中的一人是关东军的参谋长吧？

答：对的。

问：请继续往下读，你可以看到被告中的一人，当时的广田弘毅外相被问到如果这个委员会不能如愿加以控制时日本是否会有危险，广田弘毅答道："满洲国"的四名委员中有三名是大臣，还有一名是总务厅长，且我相信永远肯定是由日本人担任。虽然该厅长是"满洲国"的官员，但是在"满洲国"担任着领导中枢的位置。

答：对的，正如你所说的那样。

问：我想你刚刚才说过你的目的是建立日本与满洲之间自由且平等的伙伴关系。

答：是的。

问：这里记载的，是你想象中的自由且平等的伙伴关系吗？

答：我认为是的。总务厅长虽然是日本人，但是他也是"满洲国"的官吏。因此，我并不管日本人、满洲人还是中国人这些种族差别，我只认为日满双方分别派出了自己的四名代表而无论种族。并且，总务厅长并不是享受到日本官员的待遇。他作为"满洲国"的官员遵从"满洲国"的法律，代表的是"满洲国"。

问：你不同意广田弘毅说的"总务厅长是日本人，虽然一方面他是'满洲国'的官吏，但是另一方面同时也是日本派出的重要领导中枢"？

答：我今天是第一次看到，这大概是广田弘毅的担忧导致的吧。

问：西尾寿造中将是你的参谋长吗？

答：是的。

问：1935年10月25日，你是否授权他把"满洲国"舆论控制机构的统制案即法庭证据第240号交给陆军次官？

答：我授权他这么做了。

问：如果"满洲国"真的是一个自由和独立的国家，为什么日本还需要统制该国的舆论机构？

答：考虑到帮助"满洲国"健全地发展，当时的满洲掺杂了日本人、满洲人和中国人经营的新闻杂志，非常混乱。这对"满洲国"健全地发展来说有益也有害，且据我的判断有害方面更多一些。因此，考虑到"满洲国"成立不久，大致上的舆论指导还是必要的。

问：所谓害处主要指的是可能有人会发表一些不利于日本的报道吗？

答：不是，指的是经营之间竞争的激烈化。

问：接下来我要问一下协和会的问题。你是协和会的会员吗？

答：不是。

问：你在其中任职吗？

答：没有。

问：是顾问吗？

答：最近有人作证说我是名誉顾问，但我认为这是误解。我是绝对反对协和会的一个人，我在担任关东军司令官的同时，至今为止发展顺利的协和会突然暂停了活动。请允许我陈述自己的想法，我认为这有着重大的关联性。我反对协和会的理由是如果早在建"满洲国"之际，在各种地方行政还未能稳定地开展之时就成立这种组织的话，党组织的有些职能会与政府的政策发生冲突，有些则显得像是政府中的间谍，总之会产生各种弊害。所以我相信很多地方人士会认为协和会成员是间谍。即这会造就一党制，一个国家、一个政党。所以，我不赞成协和会。

问：接着是法庭证据第 731A，即该协会成立十周年之际作为纪念而刊行的书。书中说该协会是由板垣征四郎于 1932 年 4 月建立的，这是真的吗？

答：我不知道。

问：在你赴任关东军司令官的时候，有一些人士曾和你说过意见，认为协和会只是一个临时的机构，这是真的吗？

答：我刚才已经说过了，我一开始就不赞成协和会，所以关于它的消息我都没有记在心里。事实上，协和会的人对此都非常烦恼。

问：这本书中写到为了消除对协和会的错误印象，你、西尾寿造中将以及当局的高层关于这个协和会的内在本质下达了特别指令。这是事实吗？

答：我不大清楚你的问题。发表声明书是什么意思？

问：我没有使用"声明书"一词。在你任关东军司令官期间，你有没有和其他人员一起关于协和会下达了什么特别的指令？

答：没有。我的记忆里没有下达过什么指令。

问：这些指令的目的是不是为了促进协和会日益进步发展与繁荣？

答：与事实正好完全相反。我刚才说了我反对协和会，所以在我的任期内协和会发展才遭到了挫折。

问：我想说的是 1941 年或 1942 年该协和会的理事出版的这本书里，关于你的记述与你刚才所说的话完全相反。我想问他们说的是否正确？

答：我刚才所说的是真的。刚才的话只要是关于我自己的事情都是真的，所以他们的话有误。

问：接下来我将向你提问关于在你任关东军司令官期间的对华关系。在你宣誓证词第 12 页的底部这么记载："1935 年 1 月广田弘毅外相在国会上声明了对华亲善方针，然后 2 月 3 日蒋介石和其他人士对此做了回应，双方进行了沟通"。之后"'满洲国'与中国之间圆满地实施了关税等方面的各种协定"。我想要告诉你那都不是事实,"满洲国"与中国之间从未签订过邮政或电信等方面的关税协定。

答:这是一个问题吗?

问:是的。我和你说这些话是要向你确认你是否要改变你的答案。

答:我不会改变我的意见,宣誓证词就是我的答案。

问:事实上那些协定是关东军与中国当局之间的协定,而非"满洲国"与中国之间的对吗?

答:我相信是"满洲国"与中国之间的协定。

问:如果你说的是错误的话,你是否可以接受我至今为止的说法?

答:正如我的宣誓证词写的那样,我相信那才是事实。

问:但事实是不是那些协定都是在关东军的压力之下才缔结的?

答:我不这么认为。

问:那些协定是不是都是在广田弘毅外相发表对华友好声明之前的1934年签署的?

答:刚才说的是哪一年?

问:我的意思是这些条约签署是在1934年,早于广田弘毅外相的声明。但是你却把那些条约缔结的原因归结于该声明。

答:1934年时我还未赴任,所以对此不大清楚。

问:但是正如你自己刚才说的,你的确知道他们不是在1935年签署的对吧?

答:对此我不是记得很清楚了,但是我是这么理解的。

问:你的宣誓证词第13页最下方的位置写着"我经常训示关东军说因此军人不能参与政治,不得损害'满洲国'的权利"。

答:是那样的。

问:你为什么需要那样做呢?是不是因为关东军经常不服从你的命令?

答:我认为经常训示通常是在发生了什么事件之后,但是具体是什么事件我记不得了。

问：那为什么需要经常训示呢？

答：有事情发生时我就会下达训示。

问：你的意思是下达训令时他们也会不服从吗？

答：大致上他们会服从我的训令。但是鉴于他们是一个庞大的群体且有的人也会违背，所以当我听到有什么事件发生时我都会重复我的训令。我是这个意思。

问：你在担任指挥官将军时，如果你的命令未得到遵守，你只是单纯地重复该命令，还是对那些违背命令的人有什么惩罚措施？

答：有时我会惩罚他们，有时我会重申训令。

问：你还说了你废除了军队的特务部。为什么要这么做？

答：因为"满洲国"已经成功地独立了，如果特务机关依然存在，并且还有军方的背景，我担心会招致"满洲国"政府或一般民众的误解，认为该机构会做出各种出格的事情。因此，我想恢复平常的状态，所以废除了特务部。最大的理由是我希望能让"满洲国"政府可以自由地按照自己的希望行政。

问：掌控特务部的是谁？土肥原贤二吗？

答：土肥原贤二隶属于关东军司令部。

问：在你废除特务部之前，他掌管特务部吗？

答：土肥原贤二在特务部中从事谍报工作。

问：土肥原贤二他还在特务部中管理鸦片买卖的活动吗？

答：没有。他没有处理鸦片相关的事务。

问：那么特务部与鸦片的买卖有什么关联吗？

答：我不清楚。

问：废除特务部的真正原因是不是因为特务部是为了自身的利益，而非"满洲国"的利益在从事鸦片买卖，并且你希望后者能够获得这些利益？

答：可能这也是原因之一，但是就像我刚才说的，真正的原因是我希望"满洲国"能够自由地进行自己的行政。

问：自"满洲国"政府开始处理鸦片买卖事务以来，是不是就成了"满洲国"政府收入的主要来源之一？

答：我想是的。

问：在你的宣誓证词第14页最上面记述说，在你的任中，日军没有一次出兵越过边境。

答：是的。

问：在你的宣誓证词，即法庭证据第2207号第3页正中间附近的地方，对于以下的问题，你是这样回答的。

问：你的军队事实上占领了满洲的全部领土，是吗？

答：是的。

问：你军队的一部分越过了长城，是吗？

答：是的。

问：这两个回答中哪个才是正确的？

答：他们都是正确的。

问：万里长城不是国境线吗？

答：是的。

问：因此，越过长城不就等于越过国境线了吗？

答：宣誓证词接下来的部分上也做了说明，那是因为当时有匪徒等越过长城进入热河希望策反人心，一部分军队大概是为了讨伐这些匪徒才越过长城的。但是我下定了坚决的决心不让关东军越过长城，并且立即警戒了部下，事实上也很好地执行了这一点。如果检察官还可以稍微再忍耐一下给我充分时间的话，我可以陈述那期间的详情。不知道是否可以？

问：请继续。

答：由"满洲国"跨越国境进入华北即所谓越境派兵。对此，我有两大根据（不能派兵越境）。

第一，是星期五还是昨天说到朝鲜军司令官独断越境派兵，是非常大的错误。所以林司令官受到了天皇陛下的训斥，我们对此也是深感恐惧。所以，越过任何边境只能由天皇陛下授权，绝对不能轻易纵容。这是我不能跨越国境的第一个理由。

第二，我在满洲事变中的痛苦经历。这个痛苦经历最主要教会了我如何沟通中央政府与当地军队之间意思的传达。所以，我在受命担任关东军司令官后，秉持着非常慎重的态度去确认政府的意思。所以我出席了冈田启介首相以下全部内阁成员出席的内阁会议，慎重地弄清政府的方针。政府的方针是支持"满洲国"的独立，并且帮助其健全地发展。我作为关东军的司令官以及日本大使，最大的方针便是"满洲国"的治安第一主义。维持治安有两个方法：即对北方的苏联绝对不能挑起事端；对于南方的中国也绝对不能挑起事端。所以，我严令关东军不能越境出兵。

**韦伯庭长**：这么详细的说明是不是有必要？问题只是他到底做了什么事情。

**南证人**：这个问题是问我吗？

**韦伯庭长**：我在问检察官。

**柯明斯-卡尔检察官**：法官阁下，我只是不想被认为我在阻止他说他想说的事情。

**韦伯庭长**：我们法庭自己知道我们需要什么信息。法庭需要的是事实。

**柯明斯-卡尔检察官**（继续进行对南次郎证人的交叉询问）

问：正如韦伯庭长所说的，检察方想要了解的只是为什么你麾下的军队要越过国境？

**答：** 只有一小部分的军队越过长城，是为了讨伐盗匪。

**韦伯庭长：** 现在休息15分钟。

（14：45 休息）

（15：00 重新开庭）

**法庭执行官：** 远东国际军事审判继续进行审理。

（南证人登台）

**韦伯庭长：** 柯明斯-卡尔检察官。

**柯明斯-卡尔检察官**（继续进行对南次郎证人的交叉询问）

**问：** 南将军，在你宣誓证词第14页中间的部分记录了以下的话："同月中，即1935年6月时，为了保障中满边境上的和平，签署了所谓的梅津-何应钦协定以及土肥原-秦德纯协定"，并进一步描述说"这两份协定均是在非常友好的氛围下签署的"。但是实际上，梅津-何应钦协定是在下达了规定期限的最后通牒的情况下才签署的，不是吗？

**答：** 关于中国驻屯军的事情不属于我的管辖范围，所以我不清楚具体交涉情况。但是就关东军司令官参与的范围来看，并不是那么回事。

**问：** 那份最后通牒中是不是威胁说，如果日本的要求没有得到全面地承认的话，你将会率领关东军侵略中国？

**答：** 我刚才说了，协议的交涉属于我的管辖范围之外，所以我不清楚。但是关于刚才最后一个问题，我可以肯定地说，关东军绝对不会尽全力南进侵略中国。

**问：** 这意味着关东军的一部分会试图侵犯中国？

**答：** 不是。

**问：** 有没有其他在华的日本军队安置到你麾下以便完成这次的威胁侵略战争？

**答：** 这完全是错误的。

**问：** 如果我说的话都是事实，那么你就很难说这些协议是在极其友好的气氛下签署的对吧？

答：我得到的报告说是在友好的气氛下签署的。

问：你从谁那里得到该报告的？

答：土肥原贤二和我说在北京的交谈气氛非常友好。

问：土肥原贤二和你说的吗？

答：土肥原贤二和我说了他去了北京，并且与秦德纯进行了谈话。华北的驻屯军直属于天皇，我也直属于天皇，所以管辖范围完全不同。因此，如果没有天皇陛下的特别命令，这两支军队不能有这种密约。

问：那份协定是不是在发出了最后通牒、规定了最后期限的要求下才签署的？

答：刚才开始就一直在说，关于其中详细的内容我没有收到过任何的报告，因为这属于我的管辖范围之外。

问：你看过该协定的原文吗？

答：没有。

问：那你是否知道这个协定事实上有没有制作成文本？

答：不知道。

问：鉴于你的回答，我现在要提交检察方文件第 2206 号。这份文件由日本外务省编撰，收集了新闻报纸关于该协定的相关报道和调查，且外务省将其寄送至了日本驻华大使馆情报科。

外务省于 5 月 31 日说如果华北的中国当局不能接受日本的要求，日本可能会占领非军事地带，这是事实吗？

答：我不知道。

问：你不是驻"满洲国"大使吗？

答：是的。

问：并且非军事地带处于国界的另外一端是吗？

答：是的。

问：你是想说你没有收到过这类性质的报告吗？

答：我在大使馆中有一位精通英文的得力秘书。这位秘书与现在的首相有姻亲关系，他经常翻译英文的往来书信给我看。我经常可以看到北京、天津、上海、新京、奉天和大连等地的外国通讯员的报告。因为全都是臆测的，因此我无法相信这些报告的内容。我刚才也说了，我下了坚定决心任何日本军队都不能越过国境，所以我相信这些报道全都是毫无根据的谣言和对一些事实的推测而已。据我的观察，这些通讯员基本上都是根据一点也不重要的小事就臆测如果按照这样发展下去就会发生第二次满洲事变，我当时感觉之后的事情会证明他们是错的。

问：关东军方面有没有向中国提出一系列的要求？比如把于学忠将军调离河北等。有没有这种事？

答：关东军没有做任何要求。

问：你是否知道华北派遣军提出了这样的要求？

答：我听到了传闻，但是具体做了什么我不清楚。

问：华北驻屯军是不是在与你同样是被告的梅津美治郎的麾下？

答：有时在梅津美治郎的麾下，有时在他继任者多田骏将军的麾下。

问：1935年6月1日是在梅津美治郎将军的麾下吗？

答：6月时我想是在梅津美治郎的麾下。

问：1935年6月1日或前后，当时林陆军大臣在奉天……在新京吗？

答：是的。

问：同日梅津美治郎将军也去了新京吗？

答：梅津美治郎将军是5月时过去的，是5月29日他收到陆军大臣的邀请过去的。

问：然后你们三个人举行会议了吗？

答：没有。

问：你们三个人同时都在新京吗？

答：是的。

问：你们在那里集合是不是为了协商究竟应当向中国提出什么要

求,并且如果这些要求没有被接受时你们应当采取什么样的行动?

答:这完全是一个方向错误的问题。梅津美治郎是受到陆军大臣的邀请于5月29日来新京向大臣报告华北的状况,之后大臣又和他说了一些什么话,但是我当时不在场。谈话结束后他只是来和我表示问候。他对我说他收到大臣的电报才过来,做了职务上的报告,与大臣谈了若干话,马上要回北京。然后我说是不是太快了,邀请他一起吃晚饭而已。但是他当天马上回去了,他说他马上要回家了。

问:6月的第一个星期,是否日军所有的离职休假都停止了?

答:这也不是我的管辖范围之内。

问:这件事实际上有没有发生呢?

答:这不属于我管辖。

问:请回答我的问题。

答:我在回答你的问题。

问:这件事有没有发生?你知不知道?

答:我不知道。

问:6月6日前后日本的旅团进驻北京东北方的非军事区了吗?

答:我不知道,因为这是外国的事。

问:外国是什么意思?

答:从"满洲国"来看就是外国。

问:但它不就是在你所在国家国境线的另一端吗?

答:是的。

问:6月6日左右,林将军没有通告你称:如果中国方面不能接受日方的最后通牒的话,那么所有的兵力,包括华北驻屯军以及你麾下的军队将全部归你指挥?

答:没有。

问:6月8日前后是不是就已经决定了最后期限是6月11日?

答:你完全误解了林将军来满洲的目的。他来满洲是为了视察"满洲国"的实际情况，关于你说的问题，我们从未相互交谈过。刚才我也说了，检察官您也提到了，当时有各种各样的通信报告。关于你刚才问的问题，也有各种传闻。但是无论是哪一种均是毫无事实根据的猜测，不值一提。

问：你认识矶谷廉介少将吗？

答：认识。

问：他当时是任日本驻华大使馆武官吗？

答：我不知道，但是我认为他当时在上海。

问：他于6月7日有没有说过下面的话？即我们日本方面希望能够解决日中间所有的问题，包括傀儡政权的问题。最后所说的傀儡政权，我的意思是指中国承认满洲新帝国。

答：我没有听说。我想报纸上有这种报道，但是是臆测。

问：同一天梅津美治郎与中方举行会谈之后，有没有向外界公开声明说日本将来的行动将由中方的应对日本要求时的诚意来决定？

答：对此我没有收到任何关于他谈话的报告。

问：酒井隆大佐当时是不是日本华北驻屯军在天津的参谋长？

答：我想酒井隆大佐是参谋长。

问：他在6月9日星期天的时候有没有说过最后通牒将在第二天下达，并且下星期二前必须得到答复？

答：没有，我没有听他说过。

问：然后6月10日星期一时中方有没有让步、接受所有的要求？

答：这些详细的内容我一概不知。我只得到报告说梅津-何应钦协定协议签署了。

问：你认为这种设置最后期限且恐吓进行侵略的最后通牒只是无聊琐屑的事情吗？

答：是的，我认为太荒唐了。

问：你是这么认为的吗？

答：是的。

问：这份协定的结果是中国军队从华北撤离吗？

答：我听说一部分撤离了，但是他们怎样以及以什么方式撤离属于我的权限之外，我不得而知。

问：你在满洲的时候看日本的报纸吗？

答：有时看有时不看，大体上我会扫一眼。

问：日本的报纸当时对此报道说，这是中国方面在华北对日本要求的全面投降。这你知道吗？

答：我不知道。因为这些报道和通讯与我们的想法完全不一样，所以我没有放在心里。

问：向中方提出的要求非常苛刻，不是吗？

答：谁提的要求？

问：日本方面。

答：日本方面的谁？

问：日本外务省以及在华北的日军。

答：详细情况我不知道。

问：你是否能接受国外某个国家向你提出要求、希望你可以更换你所在国家的一个省的首脑或一个主要城市的市长、废除自己政府中的一个机构以及命令自己的军队撤退到国土以外呢？你是否能够想象，如果不是处于强大压力下任何一个国家会接受这些要求？

答：你问了我很多我没有做过以及没有关系的问题，所以我没有办法回答。

问：但是你不是说过这些全都是在友好气氛下进行的吗？

答：我说报告里是这么说的。

问：你相信那些报告吗？

答：是的。

问：在你宣誓证词第15页的最上边记录了你提到了内蒙古的德

王。你是否知道在 1935 年 6 月 2 日或在此之前不久，日本的一架飞机降落在了滂江市？

答：具体日期我不知道，但是我记得有一两个关东军的幕僚乘飞机去那里联络。

问：是你派遣他们去的吗？

答：是的。

问：他们到了那之后是否向你报告说你应该得到批准在那里建设航空基地和飞机场？

答：我没有下达这个命令。

问：在那里设置特务部的支部呢？

答：我在派他们过去时和他们说过，可以在那里设置联络机构。

问：你有没有向德王以及那两位幕僚下令说将内蒙古的首府迁移 180 公里？

答：没有。

问：那两位幕僚究竟是谁？

答：我记得那时好像是石本寅三中佐，或者是田中隆吉，不是记得很清楚了。我派遣他们的目的是观察当地的情况。

问：但是你刚才不是说你还和他们说建议在那里建设飞机场吗？

答：我没有说过那种事。

问：你的宣誓证词第 15 页的末尾处有你于 1935 年 11 月说的话："我听说中国政府方面的意向是今年年末时成立冀察政权"。是谁和你说这件事的？

答：我想是土肥原贤二的报告。

问：你有没有派遣土肥原贤二去华北建立冀察政权？

答：我没有给他布置这么难的任务。

问：那么你给他下达的任务是什么？

答：土肥原贤二是中国通，能说中文，人也很稳健，有很多中国朋友。所以我让他与宋哲元会面，双方交谈看看能不能找到什么方法避免中日两国发生冲突。当时的报道有很多臆测，认为我有什么计划和企图，但是我坚称这些报道都是不实的谣言。

问：你是否知道，土肥原贤二为了展示他对中国的友情，于1935年11月18日发表声明说如果中方不允许华北自治的话，那么日本的6个师团就会开赴河北，其他6个师团则前往山东省？

答：我从检察官这里是第一次听说这事，我不仅绝对没有听到过这种事，而且也是完全违反了我的使命，也完全与土肥原贤二的使命相违。

问：土肥原贤二将接受这些条件的最后期限定在11月21日中午，你知道吗？

答：不知道。

问：11月20日左右你有没有派部队前往长城的山海关将他召回？

答：这完全没有事实根据。

问：面对这个恐吓，是否中国方面让步了，成立了华北的自治政权？应该说是冀察以及冀东政权。

答：没有这种事。

问：但是它确实建立了，不是吗？

答：因为这不属于我们的管辖范围。冀东政权由中国方面设立，与我们完全没有关系。

问：你刚才说了西尾寿造中将是你的参谋长？

答：是的。

问：接下来我们看一下法庭证据第195号。1935年12月9日，自治政权成立之后不久，西尾寿造就在你的命令下发表了关于华北宣传的文件是吗？

答：我想是的。

问：之后他把这份文件递交给了东京的陆军次官古庄干郎了吗？

答：是的，我听说是这样的。

问：接下来我想给证人宣读检方文件第1242号的一部分。(宣读)

关东军对华北工作宣传计划(部分)
一、方针
在关东军进入关内之际，为了向国内外彻底贯彻其正当性，应该激起华北民众的反国民党、反共产党的意识，对于中国其他的民众与军队，应当想办法制造一种反战的氛围。

……

3. 帝国与华北自治政权合作防止赤化是日满中合作确保东洋永久和平的曙光，也是帝国最期待的。因此，我们应当声明要以举国一致坚定不移的态度来声援华北自治政权的建立及其发展。

……

5. 应当明确今后派兵行使武力的目的是惩罚敌对的军阀势力，而非中国普通民众。

……

7. 在离间中国军队使其各军之间相互反目猜忌的同时，要增进他们对日本军队力量的崇敬，以期使其丧失战斗意志。

……

三、实施要领
1. 本计划由军参谋部策划实施，同时各对华、对内蒙古特务机关以及远征兵团也负责实施。
2. 军队进入关内以前以侧面进行中国驻屯军和中央政府的宣传为主，入关之后应配合我们的军事行动，提供便利。

……

以上是我要宣读的全部内容。

问：南将军，我让你回忆了一下在得到了你的许可之后你的参谋长发表的文件，你是不是仍然坚持认为在你担任关东军司令官期间没有对中国政府抱有敌意或采取敌对行动？

答：是的，我还是这么认为。

**韦伯庭长**：现在休庭，明天早上9:30开庭。

（16:00休庭）

# 六、被告南次郎证人继续作证(第4日)

1947年4月16日,星期三
日本东京都旧陆军省大楼内远东国际军事法庭

(9:30重新开庭)

**法庭执行官:** 现在开始继续进行远东国际军事审判的审理。

**韦伯庭长:** 除被告东乡茂德之外,全体被告已出席。根据巢鸭监狱医生的报告,被告东乡茂德今日因病无法出庭,该报告已受理并编入记录。被告东乡茂德由辩护律师代理。柯明斯-卡尔检察官。

(南证人登上证人台)

### 交叉询问(由柯明斯-卡尔检察官询问南次郎证人)

问:南将军,有报告向我反映说上次审理时我向你宣读的文件并通过耳机给你播放时你没有听见。是这样吗?

答:我当时听不清楚。

问:那么可能你希望看一下该文件的原文吧。请向证人递交法庭证据第195号原文。

(递交给证人文件)

请你自己读一下这份书证。如果有什么想说的话,请说出来。

答:我看了一下,我想这份文件写的是万一的情况下的宣传要领。这是参谋长和陆军次官之间内部的商议,所以我对于这件事不记得了。

**韦伯庭长:** 我理解的意思是你记得,但是不清楚。

问：但是昨天证人你和我说参谋长是得到了你的许可之后才寄送给陆军次官的。

答：如果我是那样说的话，那就是我说错了。

问：你的意思是参谋长违背了你的命令，私自给陆军次官寄送了这份文件，是吗？

答：不是。我想这是参谋长和陆军次官之间为了相互意思疏通、了解对方想法的往来。通常，如果这是以军司令官名义发出的话，那么一定是寄给陆军大臣而不是陆军次官。

问：你是指西尾寿造大将写的该文件的内容在没有得到你的批准的情况下，将其寄送至了陆军次官处。是这样吗？

答：是的。这种类型的文件经常是陆军大臣不知晓或未批准的情况下寄送出去的。

**韦伯庭长**：但是证人刚才说关于这份文件还有些记忆。

问：如果这份文件是在未得到你许可或知晓的情况下寄送的，你是如何记得有这份文件？

答：我不大明白这个问题的意思。

问：你刚才说你对于这份文件有印象，虽然不是很清楚了。你是这么说的吗？

**译员**：这里是语言部。很明显"recall"一词的误解或误译导致了现在的混乱。该词可以理解为"回忆"，也可以理解为"将文件再次召回"。我们恳请检察官换个方式提问，这样误解便可以消除。

问：证人你刚才说读过这份文件，但是没有仔细阅读。对吗？

答：昨天宣读时我并没有很好地理解这份文件，所以我就要求如果有原文的话请给我看一下。

**韦伯庭长**："recall"一词今天早上南证人提到一些事情时由译员首次使用。

问：译员是否可以告诉我们当这个词首次出现时南证人所说的日

语是否表示他记得或其他的意思？

**译员：** 它表示与回忆相关联。

**问：** 如果你并没有批准这份文件且并不知道其存在时，你又是如何记得这份文件的？

**答：** 因为昨天宣读了，其中的一部分我听了之后就想起了部分内容，但是并不是非常熟悉，所以想请求给我看一下原文。看了之后便知道这是刚才我说的参谋长和陆军次官之间的研究事项，经常会发生这种事情，我想说的就是这些。

**问：** 你并没有回答我的问题。如果那份文件寄送时你并没有看到过，那么你今天是如何想起这份文件的呢？

**答：** 因为昨天宣读了，我才知道原来有这样的事情。

**韦伯庭长：** 这个答案无法接受。这与今天早上译员翻译的内容完全背道而驰。

**答：** 总之我是今天才第一次看到这份文件，才知道它是讨论突发情况时的事项。至少我没有在这上面签字。

**韦伯庭长：** 我认为你可以结束这个话题了，柯明斯-卡尔检察官，法庭会得出自己的结论。

**柯明斯-卡尔检察官（继续进行对南次郎证人的交叉询问）**

**问：** 在你宣誓证词第16页第10节的最后一段中记述了你去朝鲜时所做的事情。

"我作为朝鲜总督除了致力于提高朝鲜居民的地位之外，没有特别值得记述的事情"。

根据这句话，你的意思是朝鲜以外地方发生的事件与你一切都没有关系，是吗？

**答：** 正是这样。

**问：** 在你的询问调查书中记录了这样的话：

"问：你在朝鲜的任中有没有和陆军大臣以外的内阁成员进行

过交涉?"

你的答案是:

"答:关于朝鲜之外的事情没有与内阁成员进行过任何交涉。"

答:没错。

问:你的回答正确无误吗?

答:这个回答是正确的。

问:接下来随着询问的进行,你也说了这样的话:

"最近15年间我最为反对的事情就是与中国发生战争。如果中国与日本不能维持和平,那么就无法期待亚洲的和平。"

这话正确吗?

答:正确。

问:你关东军司令官的继任者是谁?

答:植田谦吉将军。

问:嗯,植田谦吉。1937年7月末左右,植田和你是否曾给当时的首相近卫文麿发了一封请愿书,请求在华北开展自治运动建立新的行政机构?

答:1937年吗?

问:是的。

答:没有写过。

问:如果原首相近卫文麿说收到了你们的请愿书,对此你会怎么说?

答:对此我没有印象了,如果真的有这份文件的话,请给我看一下也许能想起来,但是现在完全不记得了。因为1937年时我还在任朝鲜总督,内阁之中除了拓务大臣之外我没有过交涉。

**韦伯庭长**:如果有这份文件的话,请提交给证人看。

**柯明斯-卡尔检察官**:我手里并没有这份文件。虽然没有,但是我可以给你看一下其他的文件,即检方文件第1835A号。请把文件原件交给证人。

（递交给证人文件）

**韦伯庭长**：法庭证据编号是多少？

问：证人，这是你的书信吗？韦伯庭长阁下，这份文件还不是法庭证据，但是我打算稍后提交。南证人，你没有必要全部读完，请你告诉我这是你的书信吗？

**韦伯庭长**：请看一下签名或印章。这是你的东西吗？

**南证人**：记不清了。

**韦伯庭长**：你的意思是？这是不是你的签名？

**柯明斯-卡尔检察官**：他没有戴上耳机。

**韦伯庭长**：他又用了"记不清"这个词。他没有很好地理解这个词的含义，译员也未充分理解。

问：证人，这是你的签名吗？

答：我没有看到原件的话就不知道。

（向证人递交文件原件）

问：请看这份。这是不是你寄信时用的信封？

答：是的，但是并非出自我手。是别人写的，可能是我的秘书写的吧。

问：好的，我知道了。现在给你看的这份文件由日本外务省出具证明其是一份6页的日文件信，日期是1938年9月23日，由你寄给宇垣一成外务大臣。南将军，是不是这样？

答：据我现在的回忆，可能有这件事，但是记不清楚了。

问：你现在所看到的那份文件是不是你的信的原件？

答：我认为不是。

问：为什么你认为不是呢？

答：因为我想不起来了。

问：我并没有让你去回忆什么事情，只是问你在看的那份盖有你印章的书信是否是你的文件。

答：是的。

**问**：现在将该文件作为证据提交。

**韦伯庭长**：为了得到这个确认花了很长的时间。按惯例，予以接受。

**法庭书记官**：检方文件第1835A号现接受为法庭证据第2437号。

**布鲁克斯辩护律师**：我请求向辩方递交该文件的副本。

**韦伯庭长**：请按辩方要求执行。

**问**：证人手上是否可以保留原件或日文的一份副本呢？这样在我宣读时他就可以跟上了。

**韦伯庭长**：请给证人原件。现在他手上的是副本。

（向证人递交文件原件）

**柯明斯-卡尔检察官**：（宣读）

1938年9月23日

朝鲜总督　南次郎　致　外务大臣　宇垣一成阁下

敬启。日华事变（指卢沟桥事变，译者注）爆发至今已逾一年，值此重大时局之际，因得您外务大臣阁下筹划之良策，我国国威得以向海内外宣扬，此乃吾邦可喜可贺之事。

事变爆发以来，皇军所向披靡，我想蒋政权最后的首都汉口不久也将陷落。

毫无疑问，此回圣战中汉口陷落对内外的影响颇为重大，此关键时刻我国可采取之施策固为很多，但我认为最紧要的乃为陷落的同时向国内外宣布承认华北的亲日政权。

我国承认亲日新政权，对内可以使我国国民弄清我们对华方针的动向；对外可以给予中国民众强烈暗示脱离蒋政权的束缚投靠新政权，同时蒋政权背后的第三国势力也会充分明白只有接近亲日新政权才能维护本国的权益。最后，带来波及内外的绝佳效果。

在汉口陷落后,阁下已经下达各种英明裁断,但关于这一点还想请阁下对愚见做出决断。

敬上。

**答**：这是事实。

**问**：这份文件的哪个部分是你所说的事实？

**答**：全部都是。

**问**：全部是吗？这就是说关于朝鲜的相关事项你与拓务大臣以外的阁僚也曾互相通信交换意见了,对吧？

**答**：是的。

**问**：但是正如你对询问人所说的那样,你一直以来都强烈反对中国与日本之间的战争。但是你现在这里又支持对华战争了,是这样吗？

**答**：我接受询问当时完全不记得那时的情况了,今天看了这份文件才意识到我确实可能写过这份书信,才能确认是寄送给外务大臣的。但是我并不是经常与其他阁僚有往来的。

**问**：但是你对询问你的人说最近15年来你最为反对的事情便是中国与日本之间的战争,你的这番话如何与这封信的内容调和呢？

**答**：我一直认为与邻国中国发生战争会带来非常多的不利,所以接受询问时我就那么回答了。

**韦伯庭长**：你为什么将其称之为"圣战"？

**答**：我之所以这么说是因为当时一般都这样称呼。

**问**：这场战争哪里"神圣"了？

**答**：我没有考虑得这么详细,只是当时一般都称之为"圣战",所以我没想这么多就使用了。我认为那并不是侵略战争,而是因为实际情况迫不得已而为的战争。

**问**：这封信写在南京暴行事件之后的9个月或10个月之后,所以当时你应该已经听说了该事件的全部了吧？

答：没有。

问：但暴行事件在全世界的媒体之中给日本造成了最不利的印象，不是吗？

答：是的，确实有报纸报道了，但是我并没有接到任何关于该暴行事件的详细报告。

问：你认为暴行是神圣的行为吗？

**韦伯庭长**：法庭方面已经受理了为数众多的证据文件，其中使用了"圣"、"神圣"、"Holy"等字的，这份文件还是第一份。虽然我认为这可能是误写，但是如果是误写的话我希望你能更正。

问：我认为你的信中最为强调的一点是向国内外宣布承认华北的亲日新政权。刚才我已经连着三回和你确认这一点，但是你均全部否认了。

答：因为时代不一样，没有可比性。这句话是说在支那事变爆发之后，作为关东军的司令官，我必须考虑防止那样的事情发生，也从未想到过会爆发那场事变。所以两者并不矛盾。

问：既然你已经读过了这封信，我之前和你提过的 1937 年 7 月你寄出的所谓请愿书，你是否觉得你关于该请愿书的记忆是否有误？

答：1937 年吗？

问：1937 年 7 月。你不是和植田一起给近卫文麿首相寄了请愿书吗？

答：我与植田完全没有联系。他当时在关东军，而我在朝鲜。

问：好的，这个话题就到这。接下来我想问你 1941 年 5 月 14 日你还在担任朝鲜总督时，是否从希特勒那里受勋了黑鹰大十字勋章？

答：是的。

问：作为日本人受勋该勋章的你是第三人，是吗？

答：我不知道我是第三个还是第四个人。

问：其他两个人是近卫文麿和松冈洋右，对吗？

答：我听说过，但是我是否是第三人就不知道了。

问：希特勒颁发给你这个勋章的原因是什么？

答：理由完全不记得了。那个勋章是德国驻大连的总领事拿过来给我的。

**韦伯庭长**：你如果有勋章附属的奖状的话，读一下就明白了。

**柯明斯-卡尔检察官**：但是我手里并没有该文件。

问：你认为你究竟做了什么事情才得到了希特勒的勋章？

答：我也觉得不可思议。

问：好的，我们再进入下一个话题。我根据的是法庭证据第1973号，你还在任朝鲜总督时即1942年3月时，当时板垣征四郎是朝鲜军的司令官吗？

答：是的。

问：板垣征四郎的参谋长是名为井原润次郎的人吗？

答：是的。

问：你信任这个井原润次郎吗？

答：我和井原润次郎没有直接的联系，所以称不上信任，但是我很了解这个人。

问：据你所知，他是否是一个耿直的人？

答：是的。

问：那我现在宣读该井原润次郎于1942年3月1日发给当时的陆军次官木村兵太郎的电报，请你听一下。该电报是法庭证据第1973号，检方文件第980A号。（宣读）

军-亚　秘

陆军省大臣官房1942年3月4日　接收

1942年3月1日秘密电报2-28朝参电第518号

朝鲜军参谋长　致　陆军次官

为了一扫朝鲜居民的英美崇拜观，确立必胜的信念，总督府与军队一起热切期望您能考虑让朝鲜扣押英美战俘各1 000名。

**问**：南将军，这位井原润次郎说您热切期望达成此事，你认为他是否还是和平常一样耿直、老实呢？

**答**：是的。可能井原润次郎与当时的政务总监之间有过谈话，但所谓"热切期望"一词有点过于强烈了。当时有意见认为即使将战俘送至朝鲜也不会有反对声音。

**问**：这份文件第3页第1节记载了送俘虏去朝鲜的目的：

在朝鲜境内收容英美人俘虏可以使朝鲜人在现实中认识到帝国势力的同时，也可以提供思想宣传上的资本，以拂拭掉依然在大部分朝鲜人内心深处所抱有的欧美崇拜观念。

接着是第4页的第五实施要领的第一项中写有"战俘（除了准士官级别以上）将被安置在朝鲜主要城市，特别是人心不良之地从事各种工作以达到刚才我说的那些目的"。你应该很清楚将这些俘虏送至朝鲜的目的吧？

**答**：我并不知道这么详细的目的，我只是知道没有人反对将俘虏押送至朝鲜而已，但其中具体的事情并不在我的掌管范围之内。

**问**：参谋长有没有向你报告过这件事？说木村兵太郎虽然同意了这个提议，但是收容俘虏的建筑物有点太好了。

**答**：没有。那是不是主要因为军队的参谋长和陆军次官之间的交涉呢？

**问**：我问你的问题是，参谋长他没有通知你与陆军次官交涉的结果吗？

答：参谋长指的是谁？政务总监吗？

问：井原润次郎。

答：没有。井原润次郎不在我的直接命令系统之中。

问：没有人说井原润次郎隶属于你，我只是问你井原润次郎有没有向你报告过这件事情？

答：没有。

问：除了井原润次郎之外，也没有别人吗？

答：有，我听说了。

问：从谁那里听说的？

答：据说没有足够的房子来收容战俘，因此有人问总督府是否能做一点工作提供房子。而处理总督府事务的一名工作人员建议可以使用学校，那份报告引起了我的注意。

问：那份报告里面是否提到陆军大臣和陆军次官认为收留战俘的建筑过于好了？

答：我没有听说。

问：为了满足他们的要求，你是否找到了差一点的建筑？

答：那不是总督府的工作。

问：那些俘虏虽然在你离任朝鲜之前并未到达，但是你是否知道他们抵达时发生了什么事情？

答：我没有听说任何事情。

问：这个问题问到这里。当你1942年5月回到日本时，是否担任了枢密顾问？

答：是的。

**柯明斯-卡尔检察官**：法官阁下，我现在要参照的是法庭证据第687号。

问：从1942年10月9日至21日期间，你是否出席了有关设置大东亚省的一系列枢密顾问会议？

答：是的，我出席了。

问：当时铃木贯太郎海军大将是审查委员长吗？

答：是的。

问：1942年10月20日，在这份文件的第19页，当时铃木贯太郎说"本案的主要内容并非基于王道，而是实行霸道"，你是否记得他说过这些话？

答：我有印象他说过类似的话。

问：你同意铃木贯太郎委员长的观点吗？

答：是的。

问：即便如此，当时的东条英机首相要求采纳该案时，你和其他的顾问不都表示同意了吗？

答：我当时并没有陈述我的意见，但作为我个人来说我是反对建立大东亚省的。

问：虽然你个人持反对的意见，但还是同意了东条英机的意见？

答：因为当时已经有很多外交官出身的人提出了反对意见，支持和反对的意见都已经充分地提交，所以我想没有必要再赘述。我反对的最大的理由是……

问：请停下，我并没有问你原因。我并不关心你反对的理由。

**韦伯庭长**：我们必须听完证人的话。

答：我反对建立大东亚省的最大的理由是因为已经有外务省了，再建立大东亚省就有点多余了。

**韦伯庭长**：现在休庭15分钟。

（10:45休庭）


（11:00重新开庭）

**法庭执行官**：远东国际军事法庭现在继续进行审理。

（南证人登上证人席）

**柯明斯-卡尔检察官（继续进行对南次郎证人的交叉询问）**

**问**：南将军，你自己是否意识到枢密顾问的职责是给出自己忠实的意见，而无论政府的意思如何？

**答**：这我知道。

**问**：在那次会议上，小幡酉吉和石井菊次郎枢密顾问是否也提醒注意这个事实了呢？

**答**：是的。

**问**：即便如此，因为政府希望通过这份草案，虽然你个人持反对意见，但还是和其他顾问一起同意了该草案？

**答**：大体上枢密院不直接参与政府的政策。我们会向政府提案提出意见或建议，但是并不站在绝对反对的立场上。我们只是提醒政府注意以避免其提案中有任何可能的失误。因此大体上说枢密院要经过多数同意，最好是全员一致，如果草案没有什么弊害的话一般都会通过。所以刚才说到的小幡酉吉等人虽然提出了意见，但是到了最后的总会议时也都表示同意，通过了草案。

**问**：在你担任枢密顾问期间，对于政府的提案是否你都原封不动地表示同意通过了？

**答**：关于这个问题，后来东条英机内阁解散小矶国昭内阁重组建时，由当时的外务大臣重光葵兼任大东亚省大臣，我立即就向重光葵发去了祝词，重光葵今天也在被告席上，重光葵他对此也表示了感谢。我给他发去祝词的主要原因是由于当时兼任了外务与大东亚两省大臣的职位，而最终使得外交回归了主体，回归了本来正确的形式。这就是我在枢密院中强调的建立大东亚省实乃多余的反对意见的证据。因此，当时重光葵也立即对我的祝词表示了感谢。

**问**：你是否出席了1943年8月18日的枢密顾问会议？这个问题根据的是法庭证据第1275号。

**答**：日期不记得了，但是我出席了任枢密顾问期间的所有会议。

问：那次会议上枢密院全院一致通过了日本与泰国之间的条约。根据这份条约，英属马来亚的一部分移交给了泰国，是吗？

答：是的。

问：顾问之中，除了你以外是否还有一个人姓南？

答：是的。

问：是你还是他在会议上提问这份条约是否符合国际法的规定？

答：是他，南弘。

问：对于这个质疑，当时的东条英机首相做了回答，你是否听到？在这份文件第3页的最后一段。我想只读最后一句话，但还是最好读完整段。（宣读）

南委员对本案实施在国际法上的意义提出了疑问，森山锐一法制局长官回答说根据国际法上的通常看法，占领国不能获取占领地区的领土权，因此移交该地区领土的条约不能缔结。但是另一方面，因为占领国在占领地区实施行政，换句话说是实施军政，且没有限制规定永久保持这一状态，所以废除军政由第三国将该领地编入自己的国土之际并不会有任何障碍。他认为日泰之间应该根据这一精神来缔结条约。东条英机内阁总理大臣答辩说占领军确信这已经是日本的领土，本草案也应该在这坚定信念下得到实施。

接着是第4页第1段。

林赖三郎委员质问政府的该草案实施会不会违反国际法，东条英机内阁总理大臣回答说毫无疑问，只要敌国遵守我们就应当遵守。但是国际法的解释应当从战争实施的观点来发展自己的见解，所以他认为现在所采取的行动是符合国际法的要求的。对于深井英五委员针对本案参照的交换文件所提出的疑问，青木一男大东亚省大臣做了答辩。

南将军，你之前说过你是一个尊重国际法的人。需要我再重复一遍我的问题吗？

答：好的，请简洁一些。

问：南将军，你是否说过你是一个尊重国际法的人？

答：是的，我说过。

问：当时你听到东条英机首相和森山锐一的话之后有没有感到吃惊？

答：没有觉得吃惊。我现在说的话可能有些奇怪，但是我的听力不大好，枢密院开会时若是没有其他的人在我旁边向我转述的话，我就听不到。所以我就保持沉默，通常我都不知道在讨论什么问题，直到发下来会议记录的文本。

问：你看过这份记录了吗？

答：看了。

问：看过之后感到震惊吗？

答：没有。

问：可以认为这是因为你对国际法的理解与他们的类似吗？

答：可以。

问：接下来我想向你询问的是关于大日本政治会。当 I.R.A.A，即翼赞会成立时，是不是所有的政党都被解散了？

答：是的。

问：当时是近卫文麿内阁吗？

答：我想是的。

问：1942年3月时翼赞政治会成立了，是吗？

答：不，不对。

问：那你认为正确的应该是？

答：不是翼赞政治会，而是大日本政治会成立于1945年3月30日。

问：但是现在我问你的是翼赞政治会。刚才我说的是1942年3月，但是正确的应该说是1942年5月。

答：这件事我完全不了解，因为当时我还在朝鲜。

问：大日本政治会在1945年3月成立时，是否是因为翼赞政治会与大政翼赞会之间有些纠纷，所以就解散了这两个组织而代之以大日本政治会？

答：我不知道其中的意义，只是知道翼赞政治会解散后替代它的就是大日本政治会。

问：同时也是替代了大政翼赞会？

答：这是另外的问题。翼赞政治会处理政治方面的问题，而大政翼赞会则是完全不同的组织。

问：大日本政治会成立的同时大政翼赞会也随着翼赞政治会一起解体了吗？

答：没有，大政翼赞会要稍微晚些时候。但最后也解散了。

问：大日本政治会组建的时候，是不是成了日本全国唯一被允许存在的这种类型的协会？

答：是的。

问：你担任这个大日本政治会的总裁是否是因为政府的建议或暗示？

答：并非如此。

问：那是谁任命你为总裁的呢？

答：政界的人士，民政党或政友会中多年从事政治的很多有影响力的代表推举我的。

问：但是我记得我之前说过民政党和政友会在多年以前就已经解散，你也表示同意了。不是这样吗？

答：是的。推举我的是多年参与政治有影响力的代表人物，不仅仅是这两个政党，除此之外还有其他政党或团体的人。

问：你的任命得到政府的承认了吗？

答：政府与我没有关系。

问：大日本政治会成立之后，是否继承了之前大政翼赞会和翼赞政治会的工作？

答：工作完全不一样。

问：那我读一下你的询问调查书即法庭证据2207号，从第2页第2个问题开始，一直到该页的最后。

问：南将军，你说你是大日本政治会的会员且是总裁吗？

答：是的。

问：请告诉我你担任了这个会的会员多久时间？请告诉我日期。

答：1944年3月30日至1945年8月15日为止。

问：你说这个会的主要目的之一是扩张大东亚共荣圈对吗？

答：本质上来说可能是其目的之一。

问：要将大东亚共荣圈扩张到什么程度？从地理区域来说。

答：扩大到与政府所希望的相一致。

问：那是什么程度？

答：亚洲。

问：扩张到整个亚洲吗？

答：是的。

问：包括印度、缅甸和荷属东印度以及菲律宾吗？

答：是的。

问：你并不关心印度、缅甸、荷属东印度、中华民国或菲律宾国内的正当主权吗？

答：是的。因为我相信亚洲希望脱离西方的支配恢复自由。

问：将军，你是相信"为亚洲人的亚洲"吗？

答：是的。

答：文中其中有两处很大的错误。

问：哪两处？

答：其中一个我想可能是翻译的错误，询问调查书中我回答的是1945年3月30日，而日文文件中写的是1944年3月30日。另一个错误是上面的问题问我大东亚共荣圈是否包含亚洲的印度在其中，而我当时特别强调印度不包括其中。有这两处错误。

问：你为什么会特别强调不包括印度这一点呢？

答：当检察官问我"印度是否包括其中"时，我强调了两遍不包括印度。但是询问调查书上还是保留了这一错误。因此那很明显的是一个错误。

我认为我担任大日本政治会总裁的那段时期非常重要，所以我现在需要指出这个错误。听完宣读这份报告之后，果然就如我预料的那样。我说时期很重要是因为我担任该政治会总裁的时间只有半年不到五个月左右，战争结束前一点时间。

问：南将军，你说你相信亚洲人民希望脱离西方的统治恢复自由，但是你是否相信他们希望代之以日本的统治？

答：完全不是这样。因为这些国家过去的历史中都处于一直受到西方统治的状态，我说得很清楚他们应该被解放出来，这也是我所相信的。

问：你是否认为他们希望取而代之的是类似"满洲国"那样的体制？

答：我不那么认为。

问：为什么？

答：因为我认为亚洲各国都应该自由。也从来没有考虑过将这件事联系到"满洲国"上。

问：但是我记得你和我说过你认为"满洲国"是独立、自由的，从而与日本是对等的关系。不是这样吗？

答：是的。我认为"满洲国"是东洋的一块和平的地区。

柯明斯-卡尔检察官：我的交叉询问到此结束。

韦伯庭长：我需要替一位法官同事向证人询问几个问题。我可能还有其他的问题。是否允许或是否应该对这位法官提出的问题提出异议一事，应当由本法庭来决定。虽然我还没有说出这些问题，但是我相信其中并未包含一些需要提出异议的内容。这些问题应该在本方再次询问前提出。

韦伯庭长：证人，书证第691号和703号中都提到了乙作战计划，共有13项，是为了对苏作战而制订的。丙-C作战计划则是对应中国的。你还在担任关东军司令官的时候，是谁制订了乙计划，又是谁为关东军采纳了该计划？

布鲁克斯辩护律师：法官阁下，该问题非常重要，是否能向证人呈示文件？

韦伯庭长：请递呈给证人。

（文件递交给证人）

南证人：我可以开始回答了吗？参谋本部在和平时期每年都会制订作战计划，另外在战时根据当时的情况也会制订。该作战计划参谋本部会下达给全国各师团长和军司令官。各师团会根据参谋本部下达的作战计划的主旨，制订自己的计划以便与其相符。现在我在看的这些照片上的作战计划我想都是对参谋本部作战计划的研究。

韦伯庭长：谁制订了乙作战计划？又是谁采用了该计划？

南证人：关东军中的作战主任参谋，负责根据参谋本部的精神制订关东军内部的作战计划，但是现在我不知道是谁制订了该计划。但是调查一下我想可以得知是作战主任参谋制订的。

**韦伯庭长**：谁采纳了该作战计划？

**南证人**：是否可以让我看一下乙作战计划原文？

（向证人递交文件）

**南证人**：在我的任中，作战课先后有过两位课长。现在只是看图片无法知道是谁。但是不管怎样为了契合参谋本部的精神，关东军的作战计划均是由各作战参谋制订。

**韦伯庭长**：我在问是谁采纳了该计划，我还没有听到答案。我是问谁采纳了那个计划。

**南证人**：就关东军来说，当然是关东军司令官完成这个任务。

**韦伯庭长**：证人你是否熟悉 1905 年签署的日俄朴茨茅斯条约？

**南证人**：并不熟悉。

**韦伯庭长**：那你熟悉 1925 年签署的北京条约的内容？

**南证人**：不知道。

**韦伯庭长**：根据朴茨茅斯条约，日本承认满洲是中国不可分割的一部分。这个事实证人你是否知道？

**南证人**：我想确有其事。

**韦伯庭长**：朴茨茅斯条约第三条规定，日俄同意两国除了辽东半岛的租借区域之外同时从满洲全面撤兵。你是否知道？

**南证人**：我知道。

**韦伯庭长**：并且现在满洲境内由俄国或日本所占领的区域要全部返还给中国。这一点你是否知道？

**南证人**：日本并没有占领满洲。日本只是根据日满议定书而在满洲驻兵。

**韦伯庭长**：证人现在或过去是否认为满洲是中国领土不可分割的一部分，任何对满洲经济或领土的侵犯都是对中国主权的损害？

**南证人**："满洲国"是按照满洲民众的意愿和希望才建立的，我现在认为它已经从中国独立出来了。

**韦伯庭长**：现在休庭，13:30开庭。

（12:00休庭）

（13:30重新开庭）

**法庭执行官**：远东国际军事法庭今日下午的公审开庭。

（南证人登上证人席）

**韦伯庭长**：冈本辩护律师。

**冈本敏男辩护律师**：我想提醒法庭注意一处错误。我可以说日语吗？这样证人就可以听懂了。

关于上午最后呈示的证据文件第691号、703号的原件，证人看了它的照片版本，但是它其实是证据编号为第698号的原件，完全是不同的两份文件。所以我请求再次向证人呈示第691号和第703号的原件。特别是第703号中，请下令让证人注意日文版本中第6页倒数第二个问答。然后是第691号，请求证人注意寄件人的姓名，已经对该寄件人下达训示的人员的姓名。

**韦伯庭长**：请向证人递交法庭证据第691号以及第703号。

（向证人递交文件）

**韦伯庭长**：日文版本中第6页倒数第二个问答。

**冈本敏男辩护律师**：我说的日文版第6页指的是副本的第6页，不是原件。所以是否可以给证人呈示副本？

（向证人递交副本）

**南证人**：我听不大懂，请翻译再重复一遍最后的话。

**译员**：刚才辩护律师更正了自己的话，日文版本指的是副本，而不是原件。

**南证人**：好的，我知道了。

**韦伯庭长**：对于你迄今为止的回答，还有什么要补充的吗？

**南证人**：关于之前的作战计划实际上我不太理解，但是看了这份文件，我才清楚这是在我任期中的计划。这份作战计划由参谋本部的作战部长制订，并且得到了天皇陛下的御准。就是这些。

**韦伯庭长**：请再看一遍法庭证据第 698 号。

**布鲁克斯辩护律师**：法官阁下说的是 698 号吗？证人手里拿的是 691 号。

**韦伯庭长**：你第一次看到该文件是在 1928 年吗？你还在担任陆军参谋次长的时候。

**南证人**：不记得了。

**韦伯庭长**：从国际法的角度看，没有得到邻国中华民国的同意，甚至是违背它的意思借用军队的力量占领满洲，而无论这样做的理由为何，无论是否是支援独立运动或针对第三国建立防御性的军事基地，你认为这是合法的吗？

**南证人**：我认为借用外国的力量完成此事是不合法的。但是满洲民众希望独立，这是内政问题，与我们无关。这是我们不能干涉的。

**韦伯庭长**：这种行为不会破坏别国的领土主权完整吗？

**南证人**：如果是借用外国，对满洲来说就是借用日本之力使满洲从中国分裂出去确实是违反国际法的。

**韦伯庭长**：你现在认为日本军队违背中国政府的意思出兵进驻满洲时，这是否违反了朴茨茅斯条约？

**南证人**：我不这么认为。

**韦伯庭长**：你是否出席了 1942 年 10 月 12 日的枢密院会议？那次会议上，对真野文二顾问提出的问题，当时的东条英机首相回答说，日本所占领的领土全部都会纳入大东亚共荣圈，并且大东亚共荣圈会随着日本的胜利而逐渐扩大。

**南证人**：可以重复一遍日期吗？

**韦伯庭长**：1942 年 10 月 12 日。

**南证人**：我知道了。正如我之前说的,我听不大清楚,但是看过文件之后,我觉得虽然语言有一点过激了,但是我并没有非常吃惊。

**韦伯庭长**：你赞同大东亚共荣圈的理念,并且支持日本统治应当包括大东亚共荣圈中各国的国民吗?

**南证人**：我并不认同。

**韦伯庭长**：你如何评价日本应该支配全世界、天皇应该成为全世界的皇帝这种日本的教义和政策?

**布鲁克斯辩护律师**：在审理进一步深入之前,我认为有必要厘清刚才向证人提出的问题以及证人的回答,我认为检察官指的应该是南弘,与证人混淆了。检察官问了证人那个问题,但是我认为证人并没有理解,我想他说的是他很吃惊。法庭是否可以确认澄清此事?

**韦伯庭长**：证人已经说了,他读了且并没有非常吃惊。

**布鲁克斯辩护律师**：我以为韦伯庭长问的是证人是否说过那样的话,而这已经由检察官所弄清了的。

**韦伯庭长**：不,我没有那么问。

**布鲁克斯辩护律师**：非常抱歉,我误解了。

**韦伯庭长**：请证人回答刚才的问题。日语速记员请重复一遍问题。

**南证人**：我认为这完全是一个错误。认为日本要统治世界的想法完全是一个误解。

**韦伯庭长**：如果下次你给出了与以往不同的答案的话,我会再提出问题。我的问题到此结束。

**布鲁克斯辩护律师**：法官阁下,您还有什么问题吗?

**韦伯庭长**：没有了。

**布鲁克斯辩护律师**：根据我对手续规定的了解,如果其他的辩护律师希望对这位证人进行交叉询问的话,现在就必须得进行。如果证人虽然未对该辩护律师所代理的被告不利,但就本方再次询问之中未提及的某些事件的证词牵扯到该证人时,可以在一般本方再次询问之后进行补充质证。我这样理解正确吗，法官阁下？我参考的是法庭手续规定第五条。

**韦伯庭长：**我读一下第五条："交叉询问全部结束后，除非经法庭特别批准，否则本方再次询问将由直接询问时的同一律师进行。"

**布鲁克斯辩护律师：**如果韦伯庭长要读完剩下的内容，我会把我手上的副本交给语言部。

**韦伯庭长：**（继续宣读）"代表每个个别被告的辩护律师只有对那些没有在直接询问中提及、但与他所负责的被告相关的特别事项时才能进行本方再次询问。"

**布鲁克斯辩护律师：**不久前我们辩护律师向法庭提交了申请，由美国辩护律师用英文宣读证人的宣誓证词，在再次交叉询问时则请求由日本辩护律师进行。作为被告南的美方辩护律师，虽然是我宣读了他的宣誓证词，但是日方辩护律师冈本请求进行再次交叉询问，我则不再参与，如果法庭允许的话。

**韦伯庭长：**根据多数决议，批准冈本辩护律师进行本方再次询问。

**布鲁克斯辩护律师：**谢谢韦伯庭长。

### 本方再次询问（由冈本敏男辩护律师询问南次郎证人）

**问：**现在开始再次交叉询问。南将军，你听得到我的声音吗？

**答：**听得到。

**问：**今天早上回答检察官的问题时，你多次提到"记不清了"这句话。你说这句话的时候是否用的是关西方言，意思是"完全不记得了"，还是指的是"记不清了——虽然有印象，但是不是很清楚？"

**韦伯庭长：**他所说的已经非常清楚了，没有暧昧不明的地方。他没有被许可去解释明了的事情。

**冈本敏男辩护律师：**日语中有很多方言，我现在正是想要澄清这一点。但是我应该把问题移交给语言部处理。

**问**：其次是关于朴茨茅斯条约，韦伯庭长之前也问过。日本在满洲驻军是否符合朴茨茅斯条约抑或其他的条约，关于这点你是否知道？

**答**：我想这是与朴茨茅斯条约一致的。

**问**：借此机会我想请求法庭注意法庭证据第 2298 号，辩方文件第 59 号的第一段。我稍微读一下。

((用英文)宣读)

追加条款
1905 年 9 月 5 日于朴茨茅斯签署

接下来是第 3 段第 1 条：

两缔约国为了保护各自在满洲的铁路，保留配备守卫兵的权利，且守卫兵的数量每公里不得超过 15 名，并且日本国以及俄国军队司令官也在上述最大数量之内。根据实际情况的必要，在双方同意之下尽可能地减少应当配备的守卫兵。

南将军刚才你说的与朴茨茅斯条约一致指的是这一条文吗？还是其他的条文？

**答**：我指的就是这项条文。

**问**：对于检察官的提问，南将军你说你可以阻止关东军司令官的行动，但是实际上却未能做到是吗？作为陆军大臣，究竟可以在何种程度上限制关东军司令官的行动？

**韦伯庭长**：该问题已经回答结束了。

**冈本敏男辩护律师**：我认为关于这一点答案非常不明确，且前后矛盾，我希望可以调查清楚。

答：在他违反了政府的方针时，可以通过拒绝经费的开支来控制他的行动。

问：你答案的第二点我不是很明白。

答：可以通过否决关东军活动所需的经费来控制他的活动。

问：所谓的否决指的是由谁否决？

答：陆军大臣拒绝经费开支。

问：陆军大臣是本庄司令官的上司吗？

答：不是上司。但是拥有关于人事、军纪、风纪和开支问题上的处置权力。

问：关于本庄司令官于1931年9月18日夜里进行的行动即满洲事变，如果你陆军大臣想要处分他的话，是否能做到？

答：9月18日发生的事件完全是突发事件，关东军司令官的行动是行使自卫权，尽自己的职责而已。所以并没有惩处他。

问：你有处分他的权力吗？

答：没有。

**韦伯庭长**：为什么天皇要处罚他呢？柯明斯-卡尔检察官。

**柯明斯-卡尔检察官**：关于这一点，证人之前已经明确和我说过了。他可以召回本庄司令官，但是并没有这么做，因为他承认了本庄司令官的做法。鉴于我说的这些话，对于企图变更证人证词的做法，我必须提出异议。

**韦伯庭长**：本方再次询问的目的不是为解决矛盾，而是查明尚有不明了的地方。

问：好的。我知道了。证人对于检察官的提问，回答说承认了本庄司令官的行动，这指的是作为陆军大臣承认，还是指通过内阁会议政府承认了他的行动？

**韦伯庭长**：关于这一点没有任何疑问。

问：为什么批准了本庄司令官的行动？

**答**：我们认为关东军是尽可能地遵守政府的不扩大方针，并且他们的行动也是根据职权行使自卫权，因此我们批准了关东军的行动。但是这是政府与统帅部都认可了的。

**问**：朝鲜军司令官独断擅自越境之后，有没有主动向中央报告情况？

**答**：他主动地进行了处理，他向天皇请示是应该进还是应该退。

**问**：对此做了哪一些处置？

**答**：朝鲜军司令官是天皇陛下钦命的，陆军大臣没有处罚的权利。因此只能由天皇陛下亲自斥责他。

**韦伯庭长**：有一位法官想就此继续提出一个问题。如果即使天皇认可了从朝鲜向满洲出兵，那么作为政府是否可以拒绝该经费的开支？

**答**：如果天皇认可了，政府是无法拒绝该项经费支出的。

**问**：朝鲜出兵的经费是基于统帅部的要求还是作为陆军大臣的你的要求？

**答**：该经费是参谋总长提出的，但是陆军大臣首先要和参谋总长确认需要多少经费，然后经过政府的讨论审议后才支出。陆军大臣在内阁会议上报告了此事，得到首相的批准后由首相从第二预备金中支出，我记得总额为960万日元。

**问**：其次，在内阁会议上主张邀请国际联盟去满洲的是谁？

**答**：是币原喜重郎外务大臣，币原喜重郎首先和我商量了这样做怎么样。我对此非常同意，我们非常欢迎。因为有误解认为我们是偷偷摸摸地在满洲做各种事情，而让联盟的成员在当地看一下实际情况是适当的。所以内阁会议立即批准了这件事。

**问**：有人反对吗？

**答**：没有。

**问**：是你陆军大臣还是参谋总长下令向间岛派兵？

**答**：是参谋总长奉敕命下的命令，但实际上我也要求参谋总长这么做了，因为我想朝鲜人口占间岛全部人口的60%以上，占绝大多数，所以感到有必要维持当地的治安，因此便提醒参谋总长注意到这一点。

**问**：派遣军队的数量还记得吗？

**答**：平时编制的一个中队，我想大概是120名左右、130名以内。

**问**：你之前回答说听到了关于板垣征四郎和石原莞尔的各种传闻。你是否曾调查过这些传闻是否属实呢？

**答**：我调查了。

**问**：什么样的调查？

**答**：是在非常慎重的态度下做的调查，事前也和参谋总长进行了充分的商量。首先是参谋总长将二宫治重参谋次长任命为一个调查会议的主席，该会议聚集了各种专家，由他们来进行调查；另一个是我也直接命令组成了一个调查会议，由白川义则将军担任主席；再有就是也是我直接下令的，有桥本虎之助少将以及来自参谋本部、陆军省、教育总监部等有力的随行人员。

**问**：调查结果如何？

**答**：二宫治重参谋次长一行，以参谋本部为主视察了关东军的战斗行为以及作战行动的实际情况，但我并没有直接收到他们的报告。桥本一行以及白川义则将军两人提交给我的调查报告结果显示，内地盛传的所谓当地军队无视中央的意见擅自行动，关东军年轻军官将本庄司令官给傀儡化，认为板垣征四郎、石原莞尔等人任意行动的事实并不存在。

**问**：关于满洲新政权树立运动，作为陆军大臣你有没有发出什么训令？

**答**：我记得我和币原喜重郎商讨后，他向满洲的外交机构、我向陆军的机关，两人分别下达了指示，命令日本官员、民众以及军人不得参与或干涉任何满洲内部的运动。

**柯明斯-卡尔检察官：**不久前证人回答时提到桥本这个人。这个桥本究竟是谁？希望辩护律师向证人求证。

辩护律师说证人已经明确说了这个桥本是谁，并且并非被告中的那位桥本。但是向"满洲国"下达训令这一问题，无论是在主询问还是在交叉询问时均已讨论过，我认为再次提出该问题就是重复了。

**问：**然而南将军对于检察官的问题，于9月26日回答说并没有下达任何训令，这不是矛盾吗？

**答：**因为我听到的检察官的问题是问我是否与复辟运动有关联，因此我回答说没有。因为这是相当重要的问题，我与币原喜重郎慎重商谈过后分别给各自的部下下达了指令，严令禁止实施军政，日本人不得参与其中。

**韦伯庭长：**现在休庭15分钟。

（14：45休庭）


（15：00重新开庭）

**法庭执行官：**远东国际军事法庭现在继续进行审理。

（南证人登上证人席）

**韦伯庭长：**休息之前你稍微提到了满洲事变与币原喜重郎和你的关系。你也听过了田中隆吉证人在本法庭上的证词，以下他说的话你是否还记得？即"我想是1935年的秋天，南将军对我说满洲事变爆发时，南将军关于满洲事变发表了积极的意见和见解，反映了全军的意向。但这个积极的意见导致了他和币原喜重郎外相之间的恩怨，因为币原喜重郎关于满洲事变持消极的态度。这样，甚至连这两人之间的感情都疏远了"。这段话记录在法庭记录的第2019页中。

另外，法庭记录第2020号之中，田中隆吉证人继续说了下面这番话:"南将军说关于解决满洲的纠纷,币原喜重郎的态度非常消极。但是代表着军队见解的南将军则与此相反,从国防的观点出发主张彻底解决满洲事变的纠纷。因此,满洲事变的前前后后整个过程之中这两个人经常产生对立,不断有冲突和摩擦。"

对田中隆吉少将的这些证言,证人你有什么要说吗?

**南证人**:回答您的问题之前,我有一些重要的话之前遗漏了,可以补充吗?

**韦伯庭长**:请先回答我的问题。

**南证人**:我否认田中隆吉的证词。这完全是他自己的想象和个人的意见,事实上我绝没有与币原喜重郎相对抗。当时有很多报纸媒体宣传或满洲当地人们的传言,认为陆军很积极而币原喜重郎很消极。而事实上币原喜重郎与我在今日依然私交上没有隔阂。田中隆吉的证词是没有根据的,多数是他自己的猜测说出的话。所以我完全否认他的证词。

**韦伯庭长**:现在请你回答休息之前向你提出的问题。

**南证人**:我要说的是之前我提到的关于出兵费用一事,我问了总参谋长派兵需要多少经费。可能因为我的解释不充分而导致有些人会认为是总参谋长直接上陈天皇陛下而得到御准,因此我特地要补充这一句:如果政府与统帅部意见不一致的话,天皇是绝对不可能批准的。我要说的就是这一些。

### 本方再次询问(由冈本敏男辩护律师询问南次郎证人)

问:有证词显示南将军你给关东军下达了命令不得实施军政。关东军违背了这条命令吗?

答:没有。

问:土肥原贤二担任奉天市长违反了币原喜重郎的命令吗?

答:根据刚才说的各种调查报告的结果显示,土肥原贤二被任命为奉天市长只是为了维持因为事变而造成秩序混乱的奉天市的治安而已。

问：下一个问题是1931年11月中旬左右，你是否收到了溥仪的来信？

答：收到了。

问：关于这封信，你曾在法庭上用了"有趣"这个说法，这有趣指的是什么意思？

答：那封信我丝毫没有关注就放置在了我书桌的抽屉中。许多年以后整理书桌时再次发现了这封信，才第一次注意到写这封信的溥仪表达了自己对东三省张作霖政权暴政的愤慨，希望予以矫正的思想。我觉得非常有趣于是就说了这些话，其他并没有太多的意思。我并不将其解释为或许要从中国分离出去的独立运动，我只是想知道这封信到底是不是真迹。当我知道它是真迹时我觉得非常有趣便留下作为纪念，因为当时我知道"满洲国"已经独立了，且他也成了皇帝。我所谓的有趣也包括这层意思。

问：你被派遣到"满洲国"担任大使，经常有机会谒见溥仪皇帝吗？

答：是的，大概一个月按照惯例固定会见三回。

问：会见时提到了这封信的问题吗？

答：没有。

问：你是否曾向"满洲国"皇帝直接提供各种建议？

答：这完全是谣传。会见通常是在皇帝的私人房间里，只有皇帝和我以及一名受到皇帝和我非常信赖的翻译，在这个房间里随便闲聊。皇帝的生活非常寂寞，和我谈的都是与政治和国家军队的情况完全没有关系的往事、文学等话题，在对话中得到放松。

**柯明斯-卡尔检察官**：我认为这些问题不应该在交叉询问中提出，这只是会将宣誓证词扩大化而已。

问：但是对于检察官的问题，你回答说向"满洲国"提出建议结果等同于命令，是这样吗？

**韦伯庭长**：是审问人员。

**南证人**：并不是这样。

**韦伯庭长**：如果我没有记错的话，他直接否认了。柯明斯-卡尔检察官向他询问时他承认了。如果我记错了的话你可以反驳我，但是我记得是这样的。

**南证人**：我可以说几句吗？

**韦伯庭长**：请说。

**南证人**：我想昨天也回答检察官了。那个问题是：如果"满洲国"对于其的内部指导意见没有听从的话，结果你就会下达命令，是吗？对此，我在接受检察官事前询问时的回答是我们与"满洲国"是以平等的资格与基础在对话，检察官当时也理解了我的话。接着他问我如果对方不听取的话怎么办，我说如果不听取的话可能会下达命令，但是在我任中并没有下达过一次。事实上我没有下过一次命令。

问：在假设的前提下，你是否有下命令的权限？

答：没有。

**柯明斯-卡尔检察官**：我对这个问题表示反对。因为关于他的权限问题已经提交了证据文件，另外在他的询问调查书中他给出的答案也已经作为证据提交。刚才所提出的问题只是企图反驳业已得到确认和成为证据的事实。

问：你说事实上你非常反对"满洲国"协和会？

答：是的，我是这么说。

问：对此你是否曾向"满洲国"下达过什么命令或是提出什么建议吗？

答：没有，我只是没有积极地处理与那个组织的相关事务而已。

问：由于你的反对意见，协和会发生了什么事情吗？

答：它还是照旧存在，但是因为军司令官的这种意见而未能得到发展。

问：你是否曾说过你有统括"满洲国"军事和外交的绝对权力？

答：关于这个问题，我昨天已经明确地回答了，我作为日本大使和军司令官，只有关于日本的事情上才有绝对的权力。"满洲国"当然拥有自己的以外务大臣为首的外交机构和其他机构，但是我与这些机构没有关系。

问：特务部和特务机关是同一个组织吗？还是两个不同的组织？

答：完全不同的组织。

问：它们哪里不同？

答：特务机关简单来说就是谍报机关。而特务部指的是关东军中的机构，两者完全不相同。

问：特务部的任务是什么？

答：特务部的工作主要是处理产业与商业的相关事务。

问：被你废除的是哪一个？

答：关东军中的特务部。我担心这个组织如果继续存在的话，很容易被人误会为日本在干预"满洲国"的行政，因此我一赴"满洲国"就任时便将其废除了。

问：特务部是否牵涉到鸦片事务？

答：没有。

问：特务机关呢？

答：当然也没有。

问：南将军在你回答检察官的问题时，是否曾说过跨越"满洲国"的国境——长城，相当于跨越日本国的国境？

答：如果听起来我的话是那个意思，那么这就是一个很大的误解。

跨越国境,比如说跨过鸭绿江进入满洲,这与从日本进入其他国家比如中国,这是有很大差别的。从满洲看来,长城是"满洲国"的国境;但是因为中华民国并未承认"满洲国",所以中华民国并没有将长城视为国境。因此不必多言,两者之间有很大差别。当时为了维持"满洲国"的治安,我严格禁止越过长城,我想现在在巢鸭监狱里或在被告席上的当时的参谋长西尾寿造将军、参谋副长板垣征四郎将军很清楚这一点。我听说有一部分军队可能越过了长城,但是关东军并没有下达这个命令,也没有批准该行动。关于这一点,刚好有这个好机会,所以我想稍加说明。在检察方的事前询问中以及昨天检察官的询问中都问到了日军是否越过了长城,我一直持坚定的信念禁止关东军越过长城,自己也绝不允许那么做。如果关东军的一部分人比如因为要追捕扰乱"满洲国"国内的盗匪而需要跨越国境,只有一小部分军队,无论是一个人还是10个人也许会被视为关东军的出动,但是我始终否认这是关东军的越境。

**问**:在检察官的询问中,你是否曾说过你在关东军司令官的任中或者是这之前日军占领了满洲全境?

**答**:"占领"一词并不妥当。日本在"满洲国"驻军乃是基于日满议定书,所以占领一词并不适当。日本也没有那个打算。

**问**:你是否知道战争与事变之间的差别?

**答**:我知道。

**问**:它们有什么差别?

**韦伯庭长**:他已经说明过了。根据他的见解,事变可以在当地解决。

**问**:你是否和检察官说所谓事变就是等同于没有宣战的战争?

**韦伯庭长**:他也回答了,你不知道他的答案吗?为什么还要再问一次?

**问**:那是你真正的答案吗?

**韦伯庭长：**这个问题到此为止，不要回答了。辩护律师你不能引导证人推翻自己的证词，不允许这种再次询问的方式。

**冈本敏男辩护律师：**我认为其中有些翻译上的错误，之后我会与语言部商讨。

**问：**证人在你担任关东军司令官期间，有没有对中国军事行动的计划？

**答：**这个问题听不懂。

**问：**关东军是否有对中国的作战计划？

**答：**没有。

**问：**对苏联呢？

**答：**根据参谋本部的指示制定有国防计划。

**冈本敏男辩护律师：**请向被告呈示法庭证据第 2437 号。如果现在没有的话，请先呈示第 1973 号。

（向证人递交文件）

**问：**这是你刚才提到的担任朝鲜总督时期给宇垣一成外相的书信，上面有没有你的签名或是印章？

**答：**这上面既没有我的印章也没有我的签名，也不是我的笔迹。上午看到这份文件的时候，我才想起因为我和宇垣一成将军关系密切，也就是朋友的关系。这份私人书信大概是我的秘书去东京时我让他代写并交给宇垣一成将军的。

**韦伯庭长：**证人并没有否定这份文件的写作者。柯明斯-卡尔检察官。

**柯明斯-卡尔检察官：**我反对，今天早上证人经过长时间犹豫之后终于承认了这是他的信。

**韦伯庭长：**证人刚才说的也是这个意思，只不过他说他没有署名。

**柯明斯-卡尔检察官：**我得知，原件上面的批注显示，当时的首相和外相都看过这封信。

**冈本敏男辩护律师**：我想问的是今天早上为什么南将军长时间犹豫了之后承认了这封信呢。

**韦伯庭长**：证人回答之前花了相当多的时间，鉴于此，想必他对自己的答案是很确定的。你所强调的长时间犹豫正是印证这一点的证据。

**冈本敏男辩护律师**：接下来可否向证人呈示法庭证据第 1973 号？
（向证人递交文件）

问：这是关于朝鲜境内俘虏问题的文件，证人南将军你在朝鲜总督任中是否曾处理过这样的文件？

答：这是军队相关的文件，不属于我处理的范围。

**柯明斯-卡尔检察官**：这也是企图让证人更改今天早上证人自己的证词。

**韦伯庭长**：很明显是这样。有一位法官和我说这种方式的本方再次询问有破坏证人证词可靠性的危险。

问：提到这份文件时，检察官说朝鲜军参谋长是井原润次郎少将，南将军你记得这件事吗？

答：我还在朝鲜时井原润次郎并不是参谋长，当时的参谋长是高桥坦这个人。

**柯明斯-卡尔检察官**：法官阁下，这与证人今天早上所做的证词完全相反。

**南证人**：我认识井原润次郎，但是弄错了他的身份。我想了一下，当时的朝鲜军参谋长是高桥坦。

**冈本敏男辩护律师**：无论证人证词的可靠性如何，我们必须将事实作为事实来对待，而我们的任务是让证人向法庭说出所有的事实。

问：证人你作为朝鲜总督，是否处理过俘虏问题的有关事务？

答：正如今天早上我和检察官说的那样，我从政务总监的报告那里得知军队问总督府是否可以为收容俘虏的场所提供什么便利，仅此而已。

**柯明斯-卡尔检察官**：证人现在所说的当时的参谋长与今天早上所说的不是同一个人。今天早上我问井原润次郎这个人是否是一个诚实正直的人，现在同样的问题我要再问一次，证人现在所说的高桥坦是否也是这样一个人？

**韦伯庭长**：这个问题就到此为止吧，柯明斯-卡尔检察官。

问：除了你刚才所说的之外，再也没有牵涉到俘虏问题了吗？

答：今天早上我提到井原润次郎时我弄错了他的身份，真正的应该是高桥坦。并且我也并不熟悉高桥坦，只见过几次面说了会儿话而已。

问：我问你的是除了你刚才所说的之外，朝鲜总督府还与俘虏问题有什么关联吗？

答：除了收容场所的商讨之外没有了。

问：你是什么时候成为大日本政治会的总裁的，还记得吗？

答：1945年3月30日。

问：作为大日本政治会的总裁，你对战争持什么样的态度？

答：我就任时战败的迹象已经很明显。因此我认为与其战斗至最后一名士兵，不如在适当的时候做些什么事情来结束战争。

**柯明斯-卡尔检察官**：法官阁下，我认为这个问题超过了交叉询问的范围。

**韦伯庭长**：我也这么认为。现在休庭，明天早上9:30开庭。

（16:00休庭）

# 七、被告南次郎证人继续作证（第5日）

1947年4月17日，星期四
日本东京都旧陆军省大楼内远东国际军事法庭

（9：30重新开庭）

**法庭执行官**：远东国际军事审判开始今日的审理。

（南证人登上证人席）

**韦伯庭长**：除东乡茂德和平沼骐一郎之外，所有被告均已出席，缺席被告由辩护律师代理。根据巢鸭监狱医务当局出具的证明，被告东乡茂德和平沼骐一郎因病今日无法出庭。该证明编入法庭记录。

首先订正法庭记录。

第20003页第9行中记载证人说"我不记得这件事了"，而实际上并非不记得，证人的意思是记不清楚了。这一点在接下来的询问中可以得知。

第20004页第24行中记载柯明斯-卡尔检察官使用了"读"一词，而实际上应该为"记得"。

第20079页第8行，"but"一词应该放在"the"一词之前。

每天在被告作证的同时我也会进行必要的订正。冈本辩护律师。

**冈本敏男辩护律师**：我想请速记员宣读一遍昨天被告最后给出的回答。

（英语、日语速记员宣读：我就任时战败的迹象已经很明显。因此我认为与其战斗至最后一名士兵，不如在适当的时候做些什么来结束战争。）

**直接再次询问（由冈本敏男辩护律师询问南次郎证人）**

**冈本敏男辩护律师：**南将军你还有什么要补充的吗？

**南证人：**这是我内心想法。无论是战斗还是讲和，我认为首先必须团结政治力量。所以自我就任以来，尽了我最大努力去组建支部。8月9日我会见了首相并与他深入讨论了民情，利用这个机会我向他建议有必要进行讲和。一周以后战争就结束了，我相信当时有320～330名议员，同时也是大日本政治会成员，他们占据了议会的绝大多数。这些议员遵从了我的希望，在没有导致混乱的情况下结束了战争，而我自己也认为大日本政治会完成了它的使命。

**冈本敏男辩护律师：**最后，我想进行一点简单的修正。昨天法庭证据698号误给了被告。而对此，被告则作证说这是关东军的作战计划，这很明显是一个错误。我想法庭已经意识到这一点了，但是为了明确他的证词，我请求再次向证人呈示法庭证据第698号。

**韦伯庭长：**这份文件是第二次特意地呈示给证人了。在我看来没有什么需要明确的地方，但是如果辩护律师你认为有必要的话，可以再次给证人看。

**冈本敏男辩护律师：**如果不订正记录的话，我想以后会滋生重大的误解。

**韦伯庭长：**第一次是误给，而这次则是有意向证人呈示。请向证人递交文件。

（向证人递交文件）

**冈本敏男辩护律师（继续进行对南次郎证人的询问）**

问：南将军，我想日文副本比原件看起来更轻松，请你看一下手里的副本。

答：这很明显不是关东军的作战计划。

问：那它是什么呢？

答：关东军不会制订这样的作战计划。

问：大体上这是一份作战计划吗？

答：我认为这是大使馆附属武官或者是关东军司令部中武官对文件的研究。

**冈本敏男辩护律师**：好的，我的本方再次询问到此结束。

**洛根辩护律师**：请向被告呈示检方文件第2251号。

**韦伯庭长**：塔夫纳检察官。

**塔夫纳检察官**：根据辩方的说法，辩护律师将在本方再次询问时审问证人。我认为这需要对之前已经达成合议并由法庭宣布的手续规定进行解释。

**韦伯庭长**：那么法庭先听听你的意见吧。

**塔夫纳检察官**：我不认为规定允许本方再次询问由最初进行直接询问的辩护律师以外的人来进行。根据规定第四条，如果检方提出了新的证据，如果除了证人席上以外的被告的辩护律师希望的话，则应该进行交叉询问。

**韦伯庭长**：我认为洛根辩护律师肯定是根据第五章倒数第一或第二段要求进行审问。根据该规定，"除了证人席上的其他被告的辩护律师，只有当本方一般再次询问时并未提及该问题，并且该问题特别地关系到他代表的被告时，该辩护律师才能在本方再次询问中进行审问"。交叉询问时被告木户幸一的名字已经出现，并且洛根辩护律师代表的是被告木户幸一。我要说的就是这些。

**塔夫纳检察官**：我刚想要说这一点。我认为应当参照全文对规定进行解释。

**韦伯庭长**：我没有说洛根辩护律师可以进行审问，我只是告诉你他可能会列举的观点。

**塔夫纳检察官**：根据规定第一条，辩护律师有机会追加进行直接询问。

**韦伯庭长**：但是这是在交叉询问时提出。这样一来，第四条就必须适用。

**塔夫纳检察官**：在特殊情况下，如果在交叉询问时有新证据提交，辩护律师就不得不使用自己交叉询问的权利。

**韦伯庭长**：这取决于洛根辩护律师审问的目的是阐明事实还是为了反驳事实。也许我们应该先听听他的说法，然后再请你答复。

**洛根辩护律师**：直接询问中没有提及任何木户幸一侯爵的事情，所以也没有必要对南证人进行直接询问或交叉询问。我想要询问他的是一件由检方在交叉询问中首先提出的事件。我并不希望根据规定第四条对他进行交叉询问，因为我不希望将他视为不利的证人。我希望根据规定第五章最后一段审问他，我唯一的目的就是弄清一些尚未清楚的地方。

**韦伯庭长**：塔夫纳检察官。

**塔夫纳检察官**：刚才辩护律师所说的希望证人注意的文件，在该证人登上证人席的时候已经由检方作为证据提交了。他完全可以在直接询问时就该文件审问证人。我所希望的是确定该程序。如果法庭允许该情况下辩护律师进行本方再次询问的话，第五章第一段的内容就已经足够了。

**韦伯庭长**：根据第五章第二段以及最后一段，没有必要下达其他的许可。

我们不能给被告的辩护律师强加这种义务，让他们直接询问你们可能在稍后交叉询问中使用的全部文件。这种任务太重了。他有义务知道你将要对木户幸一日记进行的交叉询问吗？

**塔夫纳检察官**：当然他没有这个义务。但是我的观点是如果法庭打算允许辩护律师进行本方再次询问的话，可以根据规则第五章第一段，而不是以他们拥有这项权利为由。

**韦伯庭长**：我再重申一次，辩护律师根据的是第五章倒数第一段和第二段，这并不需要法庭的特别许可。

### 直接询问（由洛根辩护律师询问南次郎证人）

问：请证人看一下检方证据第 2251 号，里面记录了 1932 年 1 月 28 日的木户幸一日记。检方已经将该日记的开头部分读给你听过了。

但是结尾的部分,画有图的那个部分却没有读。那个部分你还记得吗?

答:记得。

**洛根辩护律师**:我现在开始宣读,请你看着最后一段有图表的部分。

**柯明斯-卡尔检察官**:我认为这个问题不应该在交叉询问中提出。我没有读最后一段的原因是这一段并不是被告所说的话,而只是木户幸一关于被告的言论所写下的个人意见。首先是因为这个问题没有在交叉询问中提出,其次是因为这并不是被告自己的言论,所以我认为向被告质证该问题并不合适。

**韦伯庭长**:如果这一段与检方在交叉询问中宣读的部分有关联,对该部分进行解释说明的话,辩护方可以进行询问;除此以外则不允许。

**洛根辩护律师**:我站在这里的时候已经说了,我希望能够弄清不明之处,而该不明之处就是检方的主张。我认为法庭应该听取说这句话的人以及写这句话的被告的意见,以便核实这句话到底是什么意思,而不是根据检方或其他人声称的这份文件的内容。

**柯明斯-卡尔检察官**:有两点需要指出。

**韦伯庭长**:除非我们听一下未宣读过的内容,否则我们无法决定。

问:南将军,我现在开始宣读。请你一直看着最后一段。

**韦伯庭长**:但是不要回答。

问:满蒙新国家成立前夕,我认为将现在日本在满蒙的三四个机构统一为在满蒙都督之下的一个机构是明智的,如下图[1]所示:

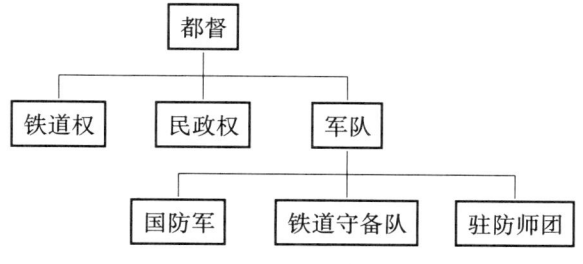

---

[1] 该图参照英文版中的文字,根据日文版中的相应图片由译者绘制。译者注。

**韦伯庭长：**到此为止，木户幸一只是单纯地记述南将军在天皇面前的言论而已，这不会对他造成不利。

**洛根辩护律师：**对他造成不利的部分，我认为正是检方试图将其解释为木户幸一自己的想法和言论。这一点我想让证人澄清事实并非如此。

**韦伯庭长：**法庭会查明这一点，不会对木户幸一造成不利影响。他只是当时在场听到了南将军所说的话并把它记录了下来。如果这份文件是木户幸一参与合谋的证据的话，你就可以在这里发起议论，因为他是因合谋而被起诉，我们并没有忽略这一点。作为我个人这么说可能有些过分了，这并不是对木户幸一不利的证据；但也有可能是合谋者中的一名记录下了另一名的观点。如果是这种情况，你有权利去读一下被检方忽略掉的那一段。

**柯明斯-卡尔检察官：**我认为该文件应该由法庭而不是其他证人来解释，特别是那些试图否认说过这些话的证人。

**洛根辩护律师：**根据记录，很明显证人已经很清楚地承认了他说过这些话。

**柯明斯-卡尔检察官：**检方的主张是，这只是关于文章结构的问题，文件开头部分一直到第三节为止都是第三人称，即用了"他"这个字，这很明显地指的是南证人，到此为止都是记录南证人的话。到了第四节即现在辩护律师在读的章节为止，都是用第一人称，即所谓的"我"，这指的是木户幸一。总之，这一点不需要由证人来加以说明。

**洛根辩护律师：**这正是我需要明确的一个不明之处。根据南和木户幸一的说法，那些并不是木户幸一的想法，他只是单纯地记录下了南的言论而已。我正是要指出这一点。

为了反驳检方的主张，我觉得没有比说这些话的人和记录这些话的人的证词更加好的方法了。这是由翻译造成的不明点，应当加以修正。和至今为止提交的木户幸一日记中的许多证据一样，类似因翻译不当而带来不明点有很多，但是并没有得到修正。我想检察官不是一个因为晦涩语言翻译技术上的失误而试图去处决别人的人。

**韦伯庭长**：如果你真的这么考虑的话，上发言台时就应该立即提出来。

**柯明斯-卡尔检察官**：这个问题与其他木户幸一日记的摘要一样，按照辩方的要求之前送至语言仲裁官处，现在呈递法庭的是经他们多处修改后的译文。

**韦伯庭长**：确认各位法官关于该问题的意见后，我会缩短各种手续。

**南证人**：法官，关于这个问题……

**韦伯庭长**：法庭根据多数决议，驳回洛根辩护律师要求的为木户幸一进行的本方再次询问。

**洛根辩护律师**：我可以破例一次吗？我希望可以更正检方的一处说法。那并不是我们辩方的翻译，而是我们将该翻译交给语言仲裁官时，要求将"我认为"等词给删掉。

**韦伯庭长**：你们可以破例一次。

**洛根辩护律师**：我希望通过询问该证人，借此证明1932年1月28日日记中最后一段话实际上是南自己在天皇面前的演讲内容的记录。另外鉴于该文件是检察官在证据提交阶段的最后时刻才匆忙提交的，我希望可以将其交给语言仲裁官审核该文件的最后一段。

**柯明斯-卡尔检察官**：检方认为辩护律师说法中有两处错误：第一，我并没有说这是辩方的翻译，我说这是根据辩方的要求递交至语言仲裁官，语言仲裁官修正的翻译；第二点，该文件并没有匆忙提交，乃是在检方证据提交证据阶段快结束时，正确、有序地提交的文件。虽说是尾声之日提交，但我认为绝不是匆匆忙忙胡乱地提交。但是如果辩方希望再次将其提交给语言仲裁官的话，我们检察官也没有任何意见。

**韦伯庭长**：我们将这份文件交给语言部处理。麦克马纳斯辩护律师。

**直接再次询问（由麦克马纳斯辩护律师询问南次郎证人）**

**问**：南将军，1931年你辞任陆军大臣的时候，有3名高级官员推荐了你的后任，你是不是其中之一？

**答**：是的。

**麦克马纳斯辩护律师**：有人问我现在是代表哪位被告在进行审问。

**韦伯庭长**：荒木贞夫。

**麦克马纳斯辩护律师**：我代表的是荒木贞夫被告。

**柯明斯-卡尔检察官**：对此检方认为交叉询问中并没有提到关于荒木贞夫的事项，除了提到对外派兵的权限时证人说同意荒木贞夫对外派兵的意见，只有这一点而已。所以我们反对辩护律师的询问。

**韦伯庭长**：根据交叉询问的结果，辩护律师还有什么关于荒木贞夫的疑问吗？

**麦克马纳斯辩护律师**：交叉询问时提到了出兵锦州的动员计划问题。南将军说他自己有责任中止该动员行动。但是他说后来锦州还是被占领了。检察官问南将军是否曾经和荒木贞夫说过自己的和平见解，对此南将军说他和荒木贞夫说了，但荒木贞夫只是听了而已。我想通过本方再次询问明确这一点。

**韦伯庭长**：无论荒木贞夫的沉默是否表示赞成，我们都难以加以考虑这一点。

**柯明斯-卡尔检察官**：抱歉，法官阁下，我忘记了自己以前问过这个问题。在辩护律师提出这个问题之前我已经提出要修正我之前的说法。

但是，如果辩护律师或者荒木贞夫要反驳南证人的证词，应该在交叉询问中进行。否则就没有必要询问，因为南证人的话已经很清楚了。

**韦伯庭长**：请先说出你的问题，我们再决定是否批准你询问。在我们下达指令前，证人不许回答问题。

**麦克马纳斯辩护律师**：南将军，你说你的陆军大臣任期当时有出兵锦州的动员计划,后来你又说你对取消该动员计划负有责任。你是否可以向法庭说明一下,取消了这个动员计划之后,锦州的平常状态发生了什么变化?

**韦伯庭长**:柯明斯-卡尔检察官。

**柯明斯-卡尔检察官**:我认为辩护律师试图开始一个新的话题,而这与被告刚才讨论的话题完全不一样。正如辩护律师所提到的那样,刚才被告所说的事情是被告向荒木贞夫陈述了自己不该向锦州出兵的见解,但是荒木贞夫只是沉默地在听而已。

**韦伯庭长**:我们假设荒木贞夫的沉默是表示对南证人意见的反对,那么代表荒木贞夫的辩护律师不就可以向证人询问锦州形势是否发生变化从而证明荒木贞夫反对南证人的意见了吗。检方认为这不是再次询问而是提出新话题吗?

**柯明斯-卡尔检察官**:如果这个问题向荒木贞夫提出是适当的,但是对于南证人的话则是不适当的问题。因为如果这是事实的话,就意味着南证人的见解是错误的。如果是为了纠正错误而进行询问,就必须将其视为交叉询问。

**韦伯庭长**:麦克马纳斯辩护律师你有什么要说吗?

**麦克马纳斯辩护律师**:就在冈本辩护律师的本方再次询问之前,我自己还在犹豫到底应该在本方再次询问还是应该在交叉询问中提出这个问题合适。但是在法官宣读了手续规则并且也不想将南证人视为敌对性的证人,因此我当时考虑,现在我也是这么认为,在本方再次询问时提出这个问题应该是适当的。我想知道南将军取消了动员计划后锦州的形势发生了变化,南证人是否将此事告诉了荒木贞夫。

**韦伯庭长**:如果荒木贞夫和南证人对话的一部分可以显示荒木贞夫的态度的话,那么辩护律师可以在这里呈递他们的全部对话并进行说明,这对荒木贞夫非常重要。我们也有可能据此下达对荒木贞夫实施侵略战争的有罪判决。但是你并没有明确地显示你将要提交他们对话的全部内容,这点有所不同。

**麦克马纳斯辩护律师：** 如果法庭允许的话,我可以问证人另外一个问题吗?

**韦伯庭长：** 如果是说明他们之间对话的全部内容的话可以,但如果是其他的问题则我需要与法官同僚商议。

**问：** 南证人,你说当你向荒木贞夫表达你的见解时,荒木贞夫只是沉默地听。当时荒木贞夫说了什么话吗?

**南证人：** 我可以回答吗?韦伯庭长。

**韦伯庭长：** 你这是在诱导他翻供。但是你可以让他说一下当时对话的全部内容,比如问他是否告诉我们当时他和荒木贞夫说的全部对话。

**问：** 我撤回最后一个问题。南证人,你是否已经完整地和我们说出了你和荒木贞夫对话的全部内容?

**答：** 我和荒木贞夫说的话内容非常简单,正如我至今为止说的那样。

**麦克马纳斯辩护律师：** 我没有问题了。

**布鲁克斯辩护律师：** 据我了解,本方再次询问结束了。

**韦伯庭长：** 证人请回到被告席。

（南证人返回被告席）

**布鲁克斯辩护律师：** 我负责的部分到此结束,接下来是布雷克尼辩护律师继续提交证据。

**韦伯庭长：** 休庭15分钟。

（10:45 休庭）

# 八、辩护方反证"'满洲国'的国内问题"阶段

（11:00重新开庭）

**法庭执行官：** 远东国际军事法庭现在继续进行审理。

**韦伯庭长：** 布雷克尼辩护律师。

**布雷克尼辩护律师：** 本部分提交与"满洲国"国内各种事情相关的证据，特别是针对起诉书中起诉原因第1至第17、19、27以及28的相关证据。首先传唤原陆军大将植田谦吉作为证人出庭，关于"满洲国"政治、经济等其他各方面以及日满关系进行作证。该证人的证词已由辩方文件第921号总结整理，植田将军的审讯将由山田半藏辩护律师进行。

（植田证人登上证人席）

（证人宣誓）

**布雷克尼辩护律师：** 之后提交证据将由我和山田半藏辩护律师交替进行。

**韦伯庭长：** 布雷克尼辩护律师，请走上发言台。我们希望你把宣誓证词交给证人，让他确认之后提交并且宣读。我想我们中绝大部分希望这份宣誓证词是用英语写成的，并且由美方辩护律师宣读。

**布雷克尼辩护律师：** 我很乐意满足法庭的要求，但是请求法庭理解熟悉本案的日方辩护律师将会负责本方再次询问。

**韦伯庭长：** 我们已经批准那么做了。

### 直接询问（由布雷克尼辩护律师询问植田谦吉证人）

问：证人，请问你是植田谦吉将军吗？

答：是的。

问：住在神奈川县大矶町吗？

答：是的。

问：请向证人递交辩方文件第 921 号。

（向证人递交文件）

问：证人请你看一下辩方文件第 921 号，请确认这是不是你的口述宣誓证词。

答：没有错，是我的宣誓证词。

问：其中记述的内容是事实吗？

答：是事实。

**布雷克尼辩护律师**：辩方文件第 921 号作为证据提交。

**韦伯庭长**：按照惯例，予以接受。

**法庭书记官**：辩方文件第 921 号接受为法庭证据第 2438 号。

**布雷克尼辩护律师**：现在开始宣读该宣誓证词。（宣读）

我，植田谦吉，是日军原陆军将军，住在神奈川县大矶町。我从 1936 年 3 月开始到 1939 年 9 月为止担任关东军司令官兼驻"满洲国"特命全权大使，在此关于该期间日本协助"满洲国"发展的概要进行陈述。

（1）日本协助"满洲国"发展的根本原则。我任关东军司令官期间，我方对于协助"满洲国"发展的根本原则是："满洲国"健全地发展的基础是满洲各民族间的和谐一致，因此对内使人民安居乐业，振兴文化和产业；对外保持边疆和平，共存共荣，所谓王道乐土与真正的和平国家得以建立。因此，日本帮助民族上、地理上与日本接近，文化产业等各方面与日本有密切联系且志向相同、利害一致的"满洲国"的发展乃是自然的趋势。同时，日本的协助也是为了尊重和确保"满洲国"的独立。

(2)关于关东军司令官的立场。关东军司令官是直属天皇的亲任官。用兵作战方面在参谋总长,军政方面在陆军大臣的管辖和统帅部负责满洲的防卫工作。关东军司令官同时兼任特命全权大使,作为全权大使外交上受到外务大臣的指挥监督,关东军行政方面根据敕令受内阁总理大臣的指挥监督。为了建国初期能够实现健全的发展,首先必须整肃国内治安,强化国家基础,确立防卫态势以应对国际情势。因此,关东军司令官作为兼任特命全权大使被要求协助"满洲国"的发展。但是对其协助的原则最终是尊重"满洲国"的自主与责任,关东军基于日满共同防卫的精神以国防治安为第一要义,致力于该方面的和谐合作。并且,协助"满洲国"政府的手段主要是以建议、鼓励或陈述我方的希望等方式,绝对不是以关东军命令的方式进行。此外,随着"满洲国"的成长和发展的推移,对"满洲国"的帮助除了维持其基本政策之外渐渐停止。到了1939年8月我历任的时候已经废除了治外法权,"满洲国"主要根据其政府的主见在统治着。

(3)关于帮助"满洲国"发展的机构。"满洲国"建国当时,为了辅佐关东军司令官协助"满洲国"的发展,在参谋部之外还设置了特务部。但是1935年1月时特务部被废除,成立了由6名文官组成的顾问部。随着治外法权的废除,根据"满洲国"发展的状况,我就职后的1937年12月该顾问部也被撤销了。与此同时,参谋部第四课经过改编,精简为课长以下参谋3名、部员6名共计9名,主要负责日方中央当局和满洲当局的联络事务。

1935年6月,根据日满重要经济问题审议等相关的两国协议,成立了日满经济共同委员会。在我任中的1936年8月成立了满洲开拓委员会,日满双方的专家,包括官方和民间人士共同审议开拓政策。

(4)关于推荐"满洲国"日籍官员。根据溥仪的要求和日满议定书的附属文件，关东军司令官负责向"满洲国"推荐日籍官员，免职时接受咨询。但是在我的关东军司令官任期中推荐的范围仅限于简任级（相当于天皇的亲任官），并且是其中占据重要地位的人选。实际操作中这些官员的选拔基本是以满洲方面的希望为第一位，我的任务只是将该希望传达至日本国内相关方面而已。从未发生过关东军强行推荐某些特定的人物，也从没发生关东军要求其卸任之事。何况关东军司令官只负责推荐，根据法律和任免权进行任免官员则是"满洲国"政府的责任。

（5）关于治外法权的废除。1935年8月，冈田启介内阁确立了逐渐废除日本在满洲治外法权的方针，我任职后的1936年6月实施了第一次部分治外法权废除。毫无疑问的是虽然鉴于当时"满洲国"国内的治安状况和内政的状态对于治外法权废除有些担忧，但是我国废除治外法权的国策已经确立，并且当时以"满洲国"皇帝为首的张景惠国务总理以及之下各部大臣，"满洲国"政府和国民都非常感激日本的好意，对国运昌隆充满了希望和热情。同时一部分日本人对于过去拥有的治外法权的特权的消失以及免税权不再得到认可而感到不满。但是我以我的层面劝告他们说在满洲不同民族之间的平等和谐对"满洲国"的健全发展来说是必要的，在满日本人放弃享受其特权，靠自己的实力与在满洲各民族合作、共同进步才能达成建国的理想。之后，考虑到"满洲国"的状况特别是治安恢复的状态、政府的行政司法的能力，我们认为与其渐进式废除，不如一举解决该问题对"满洲国"的发展更为有利。因此，1937年11月30日，双方缔结了全面废除治外法权的条约。

（6）关于"满洲国"皇帝与关东军司令官的关系。自从我就任关东军司令官后，更为了巩固天皇对于历代关东军司令官的信任，我经常谒见天皇并向他报告各类事件。在我的任职期间，"满洲国"遇到了各种各样的内外事件,逐渐得到了诸国的承认。"满洲国"皇帝一直很信任张国务总理,在他的辅弼下皇帝亲自处理国家的事务。此外在军政部大臣的辅佐下皇帝也实施亲政,亲自率领"满洲国"国军。特别是看到他对于天皇陛下寄予了深厚的信任和友情,我时常为其深深感动。而张国务总理则实际上通常侍奉皇帝,对于日本的真意也非常了解。

我自以前的天津军司令官时代开始就认识了溥仪皇帝,偶尔也担任他身边的保卫工作。我认识吉冈安直,他自1934年4月开始便作为联络官在宫廷府中工作了很长一段时间,与皇帝非常熟悉。他保住了自己的地位,且从少校晋升为中将也是基于皇帝强烈的希望与信赖。

(7)关于"满洲国"协和会与关东军司令官的关系。"满洲国"建国的一大特色是实现民族间的融洽,为了达成该目标,有必要团结那些坚信民族和谐共存的各民族领袖,同时也需要唤起群众运动。特别是当时满洲除了军阀封建思想之外还受到共产主义等的威胁,为此民众需要被组织起来。我赴满洲就任以后看到"满洲国"的状态,我就确信政治上的表现为和谐政治的各民族和谐、经济上的表现为和谐经济的劳资协调与各民族经济的和谐、劳动方面的民族合作等方面的各民族和谐非常有必要。"满洲国"协和会自创设开始就不是一个排外的组织,而是一个以实现"满洲国"特有的民族之间的和谐共存的独特存在,与"满洲国"政府维持着表里如一的关系在维持运营,每年秋天全国联合协议会上皇帝都会例行御驾亲临下达诏书。

(8)关于开拓政策。"满洲国"的建国国策正如其建国宣言中明确显示的,除了原有的满、汉、蒙人之外,日本、朝鲜以及其他希望永远居住在该国的种族也得到同等的国民平等待遇。在这个国策的基础上谋求国家的发展,为了促进国家的开发,除了原居住的满、汉、蒙族之外也更希望资质优秀的大量日本、朝鲜人或汉民族等参与到"满洲国"建设中来。因此这里真心欢迎那些真正理解此精神的日本人特别是善良的农民和纯真的青年移居至此。但是他们的移居也带来了诸如土地获取问题、与原住民混居问题、"满洲国"国内的开拓问题等一系列复杂的问题,对此给予了充分的考虑。有必要选择那些与原住民尽可能少产生纠纷的地域,因此也不可避免地寻求北满等其他偏僻地方实施移居。所以需要对这些移住民提供相当程度的保护。

另外在土地利用的问题上由于与满人的利害息息相关,"满洲国"政府经过深思熟虑后制订了开拓未开垦土地的适当的利用计划,并尽力促成该政策的顺利实施。

(9)关于"满洲国"产业开发五年计划。"满洲国"政府于1936年11月确立了产业开发五年计划的时间,计划仅用五年的时间投资超过24亿日元。1937年7月因为卢沟桥事变的爆发给国际形势带来了变化,给该计划的实施带来了显著的困难。本来此计划的主要目的是在"满洲国"的建国过程中为实现民生改善和国民生活安定而开发满洲并确立产业的根基,鉴于当时日本和满洲的经济形势,为了实施该计划而设立了满洲重工业开发株式会社,实施多方综合经营与邀请外资的加入,特别是来自美国的资本和技术。

随着满洲重工业开发株式会社的设立,南满洲铁道株式会社进行了重组,掌握了大部分的交通,实施了铁道经营的合理化方案。特别是通过降低单位距离运输费用而带来国民生活的安定,此外为开拓未开发地带和强化防卫态势而铺设了新的铁路等。特别值得注意的是1939年增加了对公司的投资,"满洲国"政府也开始持有一部分的股份,同时"满洲国"政府方面也派出了理事,实施了与新形势相适应的改革。

(10)卢沟桥事变爆发带来的危机与思想准备。1937年7月爆发了卢沟桥事变，关东军出于"满洲国"的发展和日满两国的关系的考虑，从而希望迅速解决该事件。鉴于"满洲国"的民族构成，关东军既不希望对中国宣战，也反对那些诸如惩罚中国等会刺激中国民众的言行。随着事变的进展，"满洲国"的形势也随着局势的发展要求强化国防。我相信抱着新国家发展昌隆的希望向民族和谐共存的理想迈进，为了实现这一理想，卢沟桥事变的解决不可缺少。所以我敦促日军以及日本在满洲各机构的文武官僚要自我克制与自我警惕，为了实现民族和谐与日满协调，警告日本人不得陷入滥用权力之中。时局的呼声越高，我就越依靠各民族间的良好合作和相互信任以及日满的合作致力于解决难题、打开局面。

请再给我几分钟时间，我要求追加一两个直接询问的问题。

**韦伯庭长**：你之后可以进行交叉询问。

**布雷克尼辩护律师**：抱歉，还有一个问题。

**布鲁克斯辩护律师**：现在我开始关于南将军进行直接询问。

### 直接询问（由布鲁克斯辩护律师询问植田证人）

问：你的宣誓证词第 3 页的结尾处说 1935 年 1 月特务部被废除。这件事是不是发生在南将军担任关东军司令官的时候？

答：是的。

问：你知不知道南将军与特务部被废除之间有什么关系？

答：我不知道。

问：接着是第 5 页上面说 1935 年 8 月冈田启介内阁确立了逐渐废除日本在满洲治外法权的方针。该方针的确立之中，关东军司令官南将军扮演了什么样的角色你知道吗？

答：我认为南将军作为关东军司令官，向日本国内报告了当地的状况，为促使日本决定撤销治外法权发挥了作用。

**布鲁克斯辩护律师**：我的问题结束了。

**柯明斯-卡尔检察官**：检察方不打算针对本宣誓证词关于一般问题进行交叉询问。但是第1页第1节中我想指出两点。当然，虽然我们之后不再询问，但并不代表我们放弃了自己的主张，只是意味着我们建立在业已提交的证据的基础上。

### 交叉询问（由柯明斯-卡尔检察官询问植田证人）

问：植田将军，你的宣誓证词第1页最后一段中间的部分写了"对外保持边疆和平，共存共荣"。1937年7月末，你是否向近卫文麿首相提交了什么请愿书？

答：我想问一个问题。我感觉检察官似乎觉得刚才他读的那一段与现在提到的近卫文麿首相有什么关联，这一点我不大清楚，是否可以明确一下？

**韦伯庭长**：这只是一个简单的问题，证人你必须回答。刚才检察官所说的1937年7月末，你是否给近卫文麿首相寄了请愿书？

答：这个不记得了。

**韦伯庭长**：请你提醒一下他这份书信的性质。

问：好的。这封书信是关于援助华北新政权建立运动的吗？

答：不记得了。

问：请你看一下法庭证据第762号。检方文件第751C号。

**韦伯庭长**：原件第40页。

（向证人递交文件）

答：这份文件是寄送给陆军大臣的，而不是给近卫文麿首相。

问：我知道。这封信是你寄的吗？

答：是的。

**布雷克尼辩护律师**：我反对，这个问题在证人的宣誓证词中并没有根据。

**韦伯庭长**：如果是这样的话只是它还没有出现，而这份文件则正好显示了相反的观点。该文件与建立一个新中国有关，有可能会影响到国境。特别是会对政治结构造成影响。

问：证人是你把这份书信寄给了陆军大臣吗？

答：是的。

问：于1938年1月24日？

答：是的。

问：该书信的题目是"新中国建立方案大纲"？

答：对的，题目就是这个。

**柯明斯-卡尔检察官**：我想从第1页第3段"三、新政权的体系"开始宣读。（宣读）

　　施策纲要

　　一、新中国建立指导

　　新中国的建立最终是要在华北成立中央政府，我们应当完全地尊重当地居民的希望与风俗，以便让他们做好当下迫在眉睫的对苏战争准备。同时也要让他们集中于事变带来的战后调整。

稍微跳过一些宣读下一页。

　　二、当地政府行政指导纲要

　　通过采取积极的政策再配合帝国军队的军事行动，在各地树立起自治政权的同时，对于已经树立起的蒙疆、华北等各强有力的政权以及正在建立中的华中政权给予彻底的强化。

接下来是下一页"三、华中"。证人你看到了吗？

答：看到了。

**柯明斯-卡尔检察官：**（继续宣读）

三、华中

以上海和长江为中心的荒唐的欧美势力应当被驱逐出去，实施我们自己的政策以便在那里扶植帝国政治与经济势力。

最后是日文版第8页的标题"七"处。

七、国民政府对策

对于国民政府，要有彻底的长期对抗的觉悟。随着各种政策的推进，要在政治、外交、经济等各领域进行工作使其彻底崩溃。

但是对于扩大军事行动范围则要加以慎重考虑。

问：植田证人，你认为这份文件与你宣誓证词中的"对外保持边疆和平，共存共荣"这个政策一致吗？

答：这份文件中记载的事项与我宣誓证词中表述的意思不一致。

问：那与你宣誓证词第11页上面写的"鉴于'满洲国'的民族构成，关东军既不希望对中国宣战，也反对那些诸如惩罚中国等会刺激中国民众的言行"一句相一致吗？

**语言监督官：**柯明斯-卡尔检察官，当你引用文件中任何一段之前，请您提前告知我们，否则我们无法找到该段在宣誓证词中的位置。

**柯明斯-卡尔检察官：**在第11页最下面，开头是"鉴于'满洲国'的民族构成，关东军既不希望对中国宣战，也反对那些诸如'惩罚中国'等会刺激中国民众的言行"。宣誓证词第11页第10段。

答：我在宣誓证词中陈述的就是我的真实信念。

问：你的意思是你写给陆军大臣的信并非是你的真实想法？

**答**：看了这份文件后我发现上面有我的名字，以及副官梅津美治郎的名字，所以我相信提交给法庭的这份文件是我的，因此回答这是我的书信。但是刚才听了检察官的问题，看了每个条文后我认为这与我当时的想法相去甚远，我也无法理解这份文件到底从何而来。

**问**：请看一下那张上面写有1938年1月24日的封面。根据"陆军大臣杉山元收，关东军司令官植田谦吉发"以及下面的记载显示，梅津美治郎和其他另外两人传阅过该文件。这是否表示这份文件是由关东军寄送的？你的意思是这并非出自你的手？

**答**：刚才我说了，看到这份文件时我发现了我的签名所以判断这是我的文件。看完全部文件后，正如刚才我和你说的那样，我想不起它的由来了。但是文件的封面上显示确实出自我手，但当时因为卢沟桥事变的爆发我只给日本中央汇报过两次关东军的意见。第一次是事变爆发之后不久，第二次我记得是1938年1月。这上面记载的日期1938年1月与我的记忆吻合，这让我更加相信了这份文件是我寄送的。

**问**：你是否意识到了你刚才说的第一次向日本中央汇报的日期与我之前提到的你给近卫文麿首相递交请愿书的日期一致？但是你说关于该请愿书你完全不记得了。

**答**：那件事不存在。

**问**：那第一次汇报的文件是什么内容呢？

**韦伯庭长**：现在休庭，下午13:30开庭。

（12:00 休庭）


（13:30 重新开庭）

**法庭执行官**：远东国际军事法庭现在继续进行审理。

**韦伯庭长**：摩尔少校。

**摩尔语言仲裁官**：经过法庭批准，现在宣布订正以下翻译：

法庭证据第 2251 号，法庭记录第 16214 页第 23 行：原文中该段并不是南将军演讲记录的一部分。

第 24 行，将"我认为是……"替换为"难道不是……吗"。

**韦伯庭长**：谢谢。柯明斯-卡尔检察官。

**植田证人**：我想说几句话。上午的问题我还没有回答完毕，因此我想继续回答。

**韦伯庭长**：请继续。

**植田证人**：上午因为我看的文件并非原文而是副本，所以我花了一些时间来辨认。并且因为宣读给我听的只是一些片段句子，并没有表达我全部的真实想法。所以读到"对外保持边疆和平，共存共荣"这部分时我感到非常陌生。休息时回想起了 10 年前的事，我可以将我的想法总结如下：

1938 年 1 月寄送的那份文件与我本来的信念——保境安民的想法没有差异。在 1 月份我递交该文件之前近卫首相发表了声明。因为这份声明导致事态发生了变化，为了适应该变化所以我才给出了那份意见。所以我一直以来的信念和方针并没有变化，只是随着情况的变化手段改变了而已。如果法庭允许的话，请再给我看一遍该文件，以便根据问题进行逐一回答。

**柯明斯-卡尔检察官**：我不知道韦伯庭长是否认为这样做有帮助，但是我并不反对，这取决于法庭的判断。

**韦伯庭长**：如果检方没有异议的话，我们会再给证人看一遍那份文件。那是原件还是副本？

**柯明斯-卡尔检察官**：不知道，我去调查一下。

**韦伯庭长**：请向证人递交文件。

（向证人递交文件）

**植田证人**：第一处，根据这份文件的标题，关东军基于当前形势特别是从该军的立场出发，寄出了一本关于建立新中国的别册。简而言之就是因为近卫首相声明而带来了形势的变化,关东军根据这个新变化提交了一个新方案。这份意见书的内容简单说来就是关东军依然希望保境安民以及尽早使这个与中华民国接壤的地带安定下来。但是根据近卫首相声明称不承认蒋政权,而确立了建立新政权的方针。因为既然希望建立新政权,所以该文件就是从关东军的立场出发阐述关东军希望建立何种政权。

**韦伯庭长**:不要反驳这份文件,只要解释并使其正当化。

**植田证人**:那么我进一步关于各项进行简要阐述吧。

**韦伯庭长**:法庭认为这没有必要。

**柯明斯-卡尔检察官(继续进行对植田谦吉证人的交叉询问)**

问:请你详细谈谈卢沟桥事变爆发后不久你寄送的那份报告。那份文件是寄给谁的?

答:这个问题我不大理解,检察官指的是事变爆发后关东军向日本中央递交的意见书吗?请明确一下这个问题。

问:我指的是休息之前你提到的卢沟桥事变爆发后不久你提交的那份报告。

答:我作为关东军司令官在卢沟桥事变后提交的意见书是之后的。

问:那份文件是寄给谁的?

答:寄给大臣的。

问:哪个大臣?

答:陆军大臣。

问:内容是关于建立华北新政权的吗?

答:不是。

问:那是关于什么的?

答:第一点是鉴于"满洲国"的现状,我希望该事变能够早日解决;第二点是因为"满洲国"是多民族混合国家,要避免刺激中国一般民众,不要说诸如与中国民众为敌之类的话;第三点是因此我希望能够明确日本政府应当只与国民党政府打交道,虽然他们因容共政策而踏上了一条错误的道路。

**问**:当时你有没有给东京的任何人寄了什么文件讨论华北新政权?

**答**:我不记得了。

**问**:你有没有寄送过什么文件,上面你自己以及你的前任南将军都署名了的?

**答**:没有。

**问**:现在请你看一下法庭证据第212号,即检方文件第724B和C号。

(向证人递交文件)

**答**:这是我作为大使而不是关东军司令官提交的文件。

**问**:你是于1936年5月8日寄出这份文件的吗?还是在那天收到这份文件的?

**韦伯庭长**:5月7日下午寄出去的。

**问**:这份文件是不是军队关于内蒙古政策会议议事的绝密文件?

**答**:这是我作为大使向外务大臣寄送的文件,不是关于华北的,而是关于蒙古方面的事情。

**问**:这是否表示对我的问题给出了肯定的回答?

**答**:我认为你问的是我是否寄送了关于华北方面的文件。

**问**:我的问题中完全没有提到华北。当时内蒙古是否是中华民国领土的一部分呢?

**答**:我们的理解是中国长城以东的部分是华北,而蒙古则指的是蒙古或蒙疆。

**问**:可以回答我的问题吗?内蒙古是不是中华民国领土的一部分?

**答**:是的,没错。

**问**:我从第一段段末的"所采用的主要案例"开始宣读。(宣读)

主要案例如下所示：

1. 合并内外青海、蒙古（除了属于"满洲国"的四盟之外）的蒙古建国案。
2. 君主制国体案（但是当下实行委员制）。
3. 蒙古国会案。
4. 军政府组织案。
5. 与"满洲国"相互援助案。
6. 以云王为主席，索王和沙王为副主席，德王为军政府总裁案。

这些不是企图改变中华民国国境的计划吗？

答：这不是军队煽动的产物。

问：请回答我的问题。这些计划是不是企图改变中华民国的国境？

答：我听说那位德王自己在筹划独立。换句话说，这是德王的计划。

问：请看一下你电报的最后一段。我宣读一下。（宣读）

本协定案的成立会给国际关系造成什么样的影响，我们对此应当给予适当的考虑。正如您所知，军队的政策以绝密中的绝密开展，关于建国会议举行一事除了华北的《字林西报》于4月22日刊载了极其简单的报道以及上海的《上海时事》于4月30日刊登了一篇内容不明确的报道之外，其他报纸均没有关于该会议的报道。

你在这里不就是军队的计划和方针吗？正如你所说的那样。

答：不是军队的计划方针。

问：那你认为是什么呢？

答：我刚才没有说这是军队的方针。我说这是德王的计划。

问：我的意思是你在电报中说是军队的政策,这是为什么？

答：这个问题我无法理解。

问：刚才读给你听的电报中提到"正如您所知,军队的政策以绝密中的绝密开展"。

答：蒙疆地区与"满洲国"接壤。因此,鉴于我们听说了野心家德王在进行种种策划,而且该地区又与"满洲国"相邻,我们认为这会给"满洲国"带来巨大影响,因此我们一直在想办法使用各种手段明确当时各方面的主要情况。

问：请回答我的问题。如果你说这不是军队的政策,那么为什么在电报中你要写这是"军队的政策"呢？

答：这不是指军队在积极地展开工作,而是指军队根据在各方面得到的情报……

问：那军队是如何策划的呢？

答：我再重复一遍,军队并没有参与策划。

问：那为什么你在电报中说在绝密中开展？

答：对方采用了秘密政策,所以我们也采取同样的政策。

问：请听一下你电报的最后一节。"军队打算在协议缔结之后于年末进一步承认内蒙古独立,希望您给予考虑。"

答：检察官请你看一下事实,军队从未承认内蒙古的独立。

问：你是军司令官吗？

答：是的。

问：同时也是大使？

答：是的。

问：你以大使的身份给外务大臣发的电报中,你小心仔细地向他解释了作为军司令官的你打算做的事,不是这样吗？

答：比较这封电报和显示的情况来看,不如说我起到了抑制德王行动的作用。

问：在你的宣誓证词第 7 页中，你叙述了"满洲国"协和会与关东军司令官之间的关系。请给证人看一下第 731 号文件。

（向证人递交文件）

问：这份文件是不是协和会十周年纪念时出版的书？

答：我第一次见到这本书。

问：请翻开这本书的第 177 页，看一下其关于 1937 年发生事件的记述。你是不是把"满洲国"协和会作为一种对满洲人的宣传工具，以便为卢沟桥事变后日方采取的行动做铺垫？

答：不是这样的。

问：同样在第 177 页中说，当时为了说明卢沟桥事变爆发的原因，该协和会的各个支部都举行了会议。确有其事吗？

答：我不记得举行了这样的活动。

**韦伯庭长**：布雷克尼辩护律师。

**布雷克尼辩护律师**：我想请问一下，这份第 731 号文件是否已经作为证据提交法庭了呢？

**柯明斯-卡尔检察官**：没有。

**布雷克尼辩护律师**：该文件原文因为只有俄文，所以我要求提供该文件的译本。

**韦伯庭长**：该文件的英文翻译本已经作为证据提交。我命令向辩方提供其英文译本。

**柯明斯-卡尔检察官**：我们已经向辩护团的布鲁克斯辩护律师递交了副本。

**布雷克尼辩护律师**：我们已经有了英文译本，但是还没有日文译本。此外我们也还没有获得该文件英文译本的翻译证明书。我想指出的是，很明显证人手里现在只有俄文版本。

**柯明斯-卡尔检察官**：我认为证人手里的是日语译本，没想到是俄文本。如果像辩护律师所说的那样是俄文本，那么我同意其对证人不会有太大帮助。我想我现在最好根据翻译文本提出我的问题，稍后我们再提交该追加摘录部分。

**韦伯庭长**：证人，你看得懂俄文吗？

**植田证人**：完全看不懂。

问：中国发生事变以来，该协和会就开始在国内出于军事目的筹募资金以建造军用飞机。这是不是事实？

答：在"满洲国"内吗？

问：是的。

答：我不记得了。

问：诺门坎事件发生以后，你还是继续担任关东军司令官吗？

答：对的。

问：该事件中协和会扮演了重要的角色吗？

答：我想它并未扮演什么重要角色。

问：但是根据这文件的描述，协和会自事件发生伊始便非常积极地为军队参与策划进行活动，并与地方的各机构和政府保持紧密联系。对此你是否知道？

答：可能进行了这种活动，但是我并不认为这种活动起到什么作用。

问：在协和会的领导下组建了义勇队，这是真的吗？

答：哪个时期？

问：诺门坎事件的时候。

答：我没有听说。

问：该协和会在城市的防卫、巩固军队后方与援助战斗部队方面贡献很大，这是事实吗？

答：我没有听说那些贡献。

问：你在这个协和会中居于什么样的地位？

**答**：名誉顾问。

**问**：1936 年 7 月 25 日你是否参加了在新京举行的为关东军中央司令部落成祝贺纪念的阅兵式？

**答**：祝贺什么？

**问**：关东军中央司令部落成祝贺。

**答**：关东军没有所谓的"中央司令部"。

**问**：不是指关东军的，而是"满洲国"协和会的。

**答**：是的。

**布雷克尼辩护律师**：检察官已经清楚地说是关东军了，这是误导证人。

**柯明斯-卡尔检察官**：我说错了，抱歉。

**韦伯庭长**：是的。

**布雷克尼辩护律师**：这有误导证人之嫌。

**柯明斯-卡尔检察官**：如果是这样的话，确实是我的错误，但是辩护律师没有必要说我要诱导证人往错误方向。

**问**：证人，你参加了那个阅兵式吗？

**答**：参加了。

**问**：参谋长板垣征四郎将军一起出席了吗？

**答**：这一点确实记不得了。

**问**：第二年即 1937 年你是否举办了一场每年例行的招待该协和会负责人的晚餐会？

**答**：我并没有赞助这个晚餐会。

**问**：那你出席了吗？

**答**：出席了。

**问**：你是不是把协和会扶植为一个提升日本在满洲地位的机构，并在这过程中发挥了积极的作用？

**布雷克尼辩护律师**：我要指出现在已经偏离证人宣誓证词中涉

的事件非常远了。

**韦伯庭长**：一开始提到的第一段事变爆发当时的情况涉及范围非常广，包含了所有这些问题。

**问**：然后是第七段，这一段专门叙述关于协和会的情况。证人你有什么要说的吗？

**答**：请再重复一遍问题。

**问**：你利用协和会来强化日本在满洲的地位，这是否是事实？

**答**：我相信这是调和"满洲国"人与日本人之间关系的好办法。

**问**：同时你也认为这是一个煽动"满洲国"人与中国和苏联人之间敌对的好办法吗？

**答**：我并不这么认为。

**山田半藏辩护律师**：法庭证据第762号不是原件，而是副本。我们不进行直接询问。

**韦伯庭长**：按照惯例，允许证人退庭。

（植田证人退庭）

**山田半藏辩护律师**：我保留在文件的苏联阶段重新传唤该证人的权利。

**韦伯庭长**：如果是出于公平审判上的需要，会再次传唤该证人的。布雷克尼辩护律师。

**山田半藏辩护律师**：同时我希望在文件的个人阶段再次传唤该证人。

**布雷克尼辩护律师**：我希望传唤证人松木侠关于"满洲国"国内诸方面的问题进行作证。请语言部注意几天前我们已经递交了相关的日语副本，我相信不会因为翻译的事情而打断我。接下来将根据证人松木侠的宣誓证词辩方文件第962号向他询问。

（松木证人登上证人席）

（证人宣誓）

八、辩护方反证"'满洲国'的国内问题"阶段 | 215

**直接询问（布雷克尼辩护律师询问松木侠证人）**

问：请告诉我你的名字和住址。

答：我叫松木侠，住在东京世田谷区深泽町四丁目一七三一番地。

问：请向证人呈递辩方文件第962号。

（向证人递交文件）

问：请看一下这份文件，确认是不是你的宣誓证词。

答：是我的宣誓证词。

问：上面有你的署名与印章吗？

答：是的。

问：该宣誓证词的内容是正确无误的吗？

答：是的。

**布雷克尼辩护律师**：现在把辩方文件第962号作为证据提交。

**韦伯庭长**：按照惯例，予以接受。

**法庭书记官**：辩方文件现接受为法庭证据第2439号。

**韦伯庭长**：现在休庭15分钟。

（14:45休庭）


（15:00重新开庭）

**法庭执行官**：远东国际军事法庭现在继续进行审理。

**韦伯庭长**：布雷克尼辩护律师。

**布雷克尼辩护律师**：在此申明，宣读松木侠的宣誓证词时我会省略部分内容，宣读部分仅限于序文以及第2至第8节。

**韦伯庭长**：包括第2和第8节吗？

**布雷克尼辩护律师**：是的。我从第2页第2节开始。（宣读）

我，松木侠，现住在东京都世田谷区深泽町四丁目一七三十

号,我的经历如下:

1898年3月9日出生于山形县鹤冈市;

1922年东京帝国大学法学部毕业;

同年5月加入南满洲铁道株式会社;

1932年6月任"满洲国"法制局参事官;

1935年4月任总务厅秘书处主任;

1937年6月任总务厅法制处主任;

1938年3月任参议府秘书局长;

1940年5月任总务厅副厅长;

1943年6月任审计局局长;

1944年10月任大同学院院长。

以上在"满洲国"政府的经历,我主要从事法制相关工作。所以我的陈述主要是关于土地或相关事务的法律。

现在跳至第5页开头部分。

(二)皇帝的地位

接下来是关于"满洲国"皇帝的地位。"满洲国"正如其宪法规定的那样,并不是一个专制国家,而是由首相辅佐皇帝,并对全部国家事务负责。皇帝的大权通常不能由皇帝专断行使。重要的国家事务首先要在参议府中接受咨询,皇帝基于该咨询意见批准之后才能向外公布,且同时要有首相和主管大臣的副署。

实际操作中,国务总理大臣在每周国务院会议后的第二天会谒见皇帝,向其汇报国务院会议的讨论议案和其他一般政务。同时将提交国务院会议讨论的特别重要的事项此时也会预先内奏皇帝并听取其意见。参议府会议关于诸如民法、刑法等法典,以及每年的预算、文官令武官令等重要事项等必定会在召开御前会议皇帝临席的时候进行讨论。但一般的议案则不召开御前会议，代之以参议府议长每周谒见皇帝，向其汇报参议府会议的具体内容。

如上所述，政府与皇帝保持密切联系的同时管理着行政的运营。但是皇帝并未完全摆脱中国旧时的专制思想，也不习惯这种现代君主立宪体制，从而显示出了对政府行政进行干涉的强烈欲望。当时皇帝在未得到相关负责机构的建议下就干涉行政，这给政府带来了相当的困扰。例如，1936年5月2日举行的第一次访日一周年纪念日庆祝会上皇帝突然说要树立"一德一心"纪念塔，让政府官员吃了一惊，就是其中一例。又如每年1月末或2月初省长会议按照惯例在新京的国务院会议室召开并持续数日，但是1942年和1943年的省长会议的中途，宫内府都突然下达皇帝传唤总理的诏书，皇帝亲自向总理下达了数项训示，并由总理向省长转达。

根据"满洲国"宪法，文武官员的任免属于皇帝的大权，但是奏请任免则属于国务总理大臣的责任。政府和皇帝两方面都不能根据自己的意思随意地任免文武官员。这对于立宪君主制国家来说是理所当然的事情。但是在重要的人事等事项上，国务总理大臣会事先内奏皇帝以便了解皇帝的意见，因此如果皇帝有意见的话可以在那时进行陈述。

（三）国务总理大臣的地位

国务总理大臣是"满洲国"中唯一向皇帝负责的国务大臣，即所谓"承皇帝旨意统领各部大臣掌管国家行政要务"。

从"满洲国"国情和建国初期阶段来看，国务总理大臣高于其他大臣的权威统制力是有必要的。虽然法律上做了相关规定，但是如果国务总理大臣不能掌握行政的关键点的话，那么他的统制能力只能架空成为一张白纸。因此，人事的奏请权、预算、法制的审议权均属于国务总理大臣的直接管辖权限。为了行使这些权限，国务院下设置了直属于国务总理大臣的机构总务厅。但是鉴于国务总理大臣要为国家全部事务负责从而无法专注于总务厅的具体事务，所以总务厅任命了总务长以辅佐国务总理大臣。总务长自建国以来均由日本人担任，但是他并不是关东军的官员，也并非根据军队的指令行事。只是在日满共同防卫的关系上关东军司令官会将国防上的一些要求传达给国务总理大臣和总务长。但这终究只是要求，而不是命令。

（四）各部大臣及副大臣的权限

各部大臣"在国务总理大臣的监督与指导下掌管自己所管事务"；副大臣负责辅佐大臣。各部大臣自建国以来由满人担任，开始只有军政部、民政部和财政部三部设立了副大臣且均由满人担任。后来，因为国政日趋复杂，1932年6月外交部第一次任命了日本人担任副大臣。1936年以后各部逐渐都任命了日本人副大臣。

下面通过解释行政事务实际操作中的细节来阐明各部大臣与副大臣之间的关系。各部及其分支机构的行政事务均由政府组织法和各部组织法做了规定。一个议案首先必须在负责的科室起草，接下来依次经过司（局）长、副大臣再到大臣顺次上报审核批准，期间相关部门将会举行会议讨论。当大体上议案产生雏形且所有的相关部门批准了之后，副大臣才会向大臣加以说明，如果大臣没有异议的话则批准该议案。如果是颁布部门条例，并不需要更高级别的批准手续；如果是法律或是敕令，则需要经过总务厅法制处的审议，且如果需要预算的话还需提交至会计处。如果该处没有异议的话，由总务长向副大臣会议上提出征求各位副大臣的意见。若通过，再由国务总理大臣向国务院会议提出征求各部大臣的意见。如果国务院会议安全通过，最后要向参议府进行咨询,在参议府意见的基础上经过皇帝的许可才能正式公布。

因此,在大臣不知情的情况下副大臣擅自做主这样的事情毫无疑问不可能发生。建国当时开始担任大臣的满族要员,比如说首任参议府议长、之后的总理张景惠,民政部大臣臧式毅,财政部大臣熙洽等这些人虽然都是"满洲国"中有势力的政治家,但是因为不习惯近代的行政事务,所以需要日本人副大臣这些行政事务专家加以辅佐。但随后由于大臣们也渐渐适应了行政事务、产生了信心,也开始积极地发表了自己的意见。

(五)国务院会议、副大臣会议和参议府会议

国务院会议根据国务院条例为指导行政事务而依法设立,由国务总理大臣主持,各部大臣以及总务长作为成员出席。该会议上的讨论事项也由国务院条例所规定,如法律、敕令、预算、条约、钦任官任免等所有的重要政务皆在该会议上讨论。我在建国初作为法制局的参事官偶尔被召唤出席该会议以说明相关法案。1935年以后又作为秘书处处长、1940年至1943年作为总务厅副厅长在该会议中担任干事一职,所以我有了更多机会出席该会议,知道会议中的辩论和讨论非常活跃。比起副大臣会议以事务性讨论为主,国务院会议更多的是政治性的讨论。通过副大臣会议讨论的议案如果被国务院会议否决或修正,则向下回副大臣会议汇报此事。

副大臣会议则缺少法律基础,政府组织条例中也并未提到该会议。建国早期,很多重要的日本籍官员经常召开各种非正式会议以确保政府事务之间的相互联系。该实践大约经过半年的时间并没有中断,从而成为一个组织良好的惯例会议。之后它每周定期举行,对提交国务院会议的重要事项做事前讨论。一开始这个会议没有固定的出席人员,之后慢慢地变为总务长主持、总务厅各

处长以及各部副大臣作为正式成员出席，说明相关议案时必要的相关官员也会出席。因此，会议中不仅仅是日本人，也有满族人，议论的话题超越了民族，会场议论非常活跃。

参议府会议建立在宪法与参议府组织法的基础之上，职能是对皇帝的咨询做出回复。因为是咨询机构，所以不能对议案进行修正。但是参议府对于议案的讨论非常严肃与激烈，所以政府想要议案安全通过参议府也绝非易事。正式会议之前会召开审查会议，如果有问题的话则在那时与政府进行沟通协商，为的是能在正式会议前大体上解决这些问题。但是有些时候比如电气事业法案等就因为未通过参议府正式会议而被搁置。有的议案政府必须通过时，政府会采取让皇帝暂时从参议府中撤回该议案，经过政府修订之后再提交皇帝交付参议府审议的做法。采取这种方式是有必要的，因为如果允许参议府对议案修正的话，就与参议府"咨询"机能相矛盾了。

（六）日本人官员的性质

"满洲国"在满、汉、蒙、日、朝等五族和谐共存的原则上建立，无论是日本人还是满人都是平等的构成国家的一部分。虽然还未制定国籍法，但是建国宣言中这一点已经说得很明确了。1940年制定了民籍法，规定了构成"满洲国"国民的各个民族。根据该法律，无论是从中国还是从日本、台湾、朝鲜来的人，只要不是旅行，而是为了定居的目的来到"满洲国"，都可以登记为"满洲国"国民。并且，五族在成为官员的资格上也是平等的，通过文官令下的考试的人就能担任官员职位。但是，如果实际上只根据考试成绩选拔的话那么大部分官员将会是日本人，日满比例上有失衡之虞，因此设置了日本籍与其他族裔官员之间的比例。因此，规定了日本籍人士能够担任官员的最大人数的同时，也特别对日本人考试采取了更为严格的审核。

中央官厅中计划性的事务居多，而满族官员因为知识经验上的或受过训练的胜任者较少，所以这些官厅的很多职位都分配给了日本人官员。而在地方政府，因为与民众直接接触的行政事务居多，所以地方政府中满族官员占了绝大多数。中央官厅中满族官员相对而言工作比较消极的一个原因，是对于近代行政事务特别是专门知识经验匮乏，而新的官员阶层还未培养起来；另一个原因是满族官员依然还未摆脱那种传统的"安全第一，回避责任"的秉性。

但是随着渐渐积累了经验和年轻优秀的人才培养起来，满族官员开始对工作变得积极，特别是内政方面也显示出了积极自己起草策划实施方案的强烈倾向。政府也对满族官员在中央官厅中的积极活动寄予期待，致力于培养年轻优秀的官员。为此，政府设立了建国大学、法政大学等教育满族的年轻人。同时建立了大同学院对年轻官员进行再培训。

至于地方政府，从一开始满族官员就占据了绝大多数，日本官员则限制在一些企划部门或者是满族官员无法胜任的领域比如技术部门等。特别是第一线直接与民众接触的行政部门更是基本上全部都是满族官员。同时技术部门也为了培养这方面的技术人才而建立了农、林、矿、工、医、兽医等方面的大学。

因为是多民族国家，所以"满洲国"非常注意不同民族间的官员之间的和谐。这一政策一开始并不成功，但随后情况逐渐变好。这得益于大家拥有建设理想国家的热情，并相互努力尽早适应理解对方的语言风俗。此外，在培养官员的机构中，各民族学生无论是在教室还是在食堂抑或在寝室都一起生活，毕业后成为官员时作为同届生关系融洽，最终这些官员超越了民族差异而亲密合作。

我在13年的官僚生涯中，我的上司、同事、部下中都有很多与我不同民族的人，但是我并没有对他们隐瞒任何事情或对他们有种族歧视，这种无偏见的做法期间没有遇到过任何困难或失败。有一次我听说经济部大臣阮振泽说"所有的满洲官员应该统一称为'满洲国人'，而不是有区别地被称为'日裔、满族、蒙族'等"，这种观点非常普遍。所以从战争结束到离开满洲之前的困难的一年间，日本与满足的同僚友人们互相帮助。日本人离开满洲时大家相互回忆了长年以来的友谊，交换了纪念品，抱着遗憾之情依依惜别。不单单是我，长年生活在满洲的日本人与满洲友人之间的友谊也大都如此。

（七）高级官员的薪酬

高级官员的薪酬全部由薪酬令做了规定，比如康德五年（1938年）时：

国务总理大臣：月俸1 800元

参议府议长：月俸1 500元

参议大臣总务长：月俸1 300元

此外，满族的特任官（相当于日本的亲任官）在月俸之外还每月多发500元的应酬津贴。

副大臣无论日裔还是满族都是简任官（相当于日本的敕任官），简任官的月工资最高额为800元，职务津贴最多支付200元。其他的奖励每年发放两次，且经常规定其额度为一个半月或两个月的工资。

特任官无论是日裔还是满族，每年年末时皇帝亲手发放奖励以代替政府津贴，当然这个奖励的额度要比敕任官一年两次的奖励总额度要多。

满族的高级官员更是根据历来的生活习惯于公于私都需要更多的开销，所以他们一年两次可以获得5 000到1万不等的特别津贴。这种特别津贴从未发放给日本官员。康德二年（1935年）时，每位满族高级官员都获得了建国功劳公债券,多则40万元,少则5万元。该券年利率5%,因此公债共计发放了850万元。而日本人则没有一个人获得这项公债。

(八)立法院

立法院是负责协助皇帝制定宪法条款规定下的法律与预算的政府机构,其组织由宪法做了规定。从建国开始立法院的结构问题就成为一个棘手的问题。1932年9月法学博士赵欣伯被任命为立法院院长后,就确定立法院组织的法律问题与当时的法制局进行了种种会谈,但是法制局认为该法律需要综合各方面的意见谨慎制定,因而无法迅速得出结论。以下是当时赵欣伯与法制局之间进行讨论的主要问题:

第一,因为"满洲国"是多民族国家,所以必须考虑不同民族的代表,应当如何选择这些代表?

第二,建国前就在民间拥有势力、建国后依然存在的所谓商务会、农业会等所谓的法团,以这些法团为母体的代表加入的必要性。

第三,不同地域的代表当然有必要,但是鉴于现在的治安状况,且民众开化程度较低的地方究竟能不能采用一般投票选举的方式。这是最大的问题。

鉴于以上这些棘手问题,1932年4月、5月的时候公布了《立法院秘书处条例》,其中规定了在立法院建立之前,该立法院秘书处暂时研究立法院设立事宜,为设立做准备。与此同时,约在1933年宪法研究委员会根据条例成立,赵欣伯立法院长被任命为该委员会委员长。当时的宪法如前文所述,是建国草创之际的匆忙产物。因此为了研究真正的宪法而建立了这个委员会,同时也是为了研究现行的立法院的组织并提出议案。因此立法院秘书处也就成为类似该委员会事务局的组织。赵博士带着皇帝给他下达的对这份艰巨任务的特别命令,但是终究没有能得出任何结论而于1934年秋天辞任。因为这个缘故,根据1934年3月1日颁布的宪法修正案规定当下参议府代行立法院的职能(根据宪法附则)。

另一方面,为了使民意畅通、上意下达,"满洲国"协和会于1932年7月25日成立。1934年、1935年左右该协和会开始召开会员代表总会即所谓联合协议会。之后渐渐发展与完备的同时,协和会组织于1936年开始全面的扩大与强化,而联合协议会也发展出了县联合协议会、省联合协议会、全国联合协议会等三个层级,刚好分别相当于发挥了县议会、省议会和国家议会的职能。这些会议每年召开,每年都不断改善,取得明显进步。与此相对,立法院则大大落后,在筹备工作上停滞不前。这引发了如何在法律上协调立法院和协和会的问题,1940年、1941年时成立的法制整顿委员会的基本法部门对这个问题进行了研究,但是在未取得任何成果的情况下"满洲国"就灭亡了。

就我所知,对此没有追加的直接询问和交叉询问。

**韦伯庭长**:奎廉检察官。

**奎廉检察官**:检方不打算进行交叉询问。

**韦伯庭长**:按照惯例,允许证人退庭。

(松木证人退庭)

**韦伯庭长**:布雷克尼辩护律师。

**布雷克尼辩护律师**:接着我将宣读法庭证据第57号《李顿调查团报告》的第180页至第183页,以展示新"满洲国"政府的总体目标。我想请威廉姆斯辩护律师代为宣读。

**韦伯庭长**:威廉姆斯辩护律师。

**威廉姆斯辩护律师**:(宣读)

"新政府建立时的主力部门——自治指导部,其政策由资政局代为继续。陆军将校将不被允许……"

**语言监督官**:该部分英文在第 99 页,日文从第 180 页第 7 行开始。

**韦伯庭长**:这部分以前读过吗?

**威廉姆斯辩护律师**:我的同事和我说该部分以前并没有宣读过。请允许我继续宣读。(宣读)

陆军将校将不被允许干预行政事务,必须制定规定任用官吏资格的规则,且任命要基于候选人的能力。

赋税将会减轻,且建立在法律的基础之上。根据经济与行政健全的原则进行改革,直接将税移交给县和自治市政府,而中央政府则通过间接税确保收入。

根据长春当局提供的文件显示,已经废除了若干赋税,同时其他税也被减轻,表明了其对调整政府企业和政府所有财源增加收入以及最终缩减军队减少开支的期望。但是目前新国家的财政状况无法让人满意,游击战使得军队开支高昂的同时政府又无法从各种正规渠道获得年收入。第一年度的支出大致为 8 500 万美元,而年收入只有 6 500 万美元,赤字达 2 000 万美元,必须要靠向一个新设立的中央银行借款才能填补。该中央银行稍后会加以说明。

政府宣布了自己的意向,随着经济状况的改善,将会尽可能多地把财政投入到教育、公众福利和国家的开发比如开垦荒地、开发矿物和森林资源以及扩大交通通信组织。政府宣称欢迎国外资本进入帮助国家开发,并坚持机会均等主义和门户开放政策。

政府已经开始着手于重新开办小学与中学,且希望培训一大批能够充分理解新政府政策与精神的教师。所以采用了新课程，编撰了新的教科书，废除了所有的排外教育。新教育制度的目的是为了改善小学教育，强化职业教育，培养小学教师以及强化关于健康生活健全的思想教育。英语和日语在中学中成为必修课程，日语在小学中则是选修课程。

"满洲国"当局决定不允许行政官员干涉司法领域，法官的地位由法律加以保障并提高法官的薪酬，法官的任用资格将会提升。治外法权当下虽然应当给予尊重，但是政府打算一旦进行了充分的改革之后立即与诸外国政府开始交涉以废除治外法权。警察将被适当地选拔、培训并且发给薪酬。与军队完全分离，不允许军队篡夺警察的职权。

对军队进行的改编在计划之中，但是目前由于军队大多数由原满洲兵所构成，为了避免逐渐增强的不满与判断，毫不懈怠地加强警戒实有必要。

"满洲国"中央银行于6月14日设立，7月1日正式开始营业。该银行的总行设在"满洲国"的首都长春，在满洲其他大多数城市拥有多达170家支行。

该银行作为一家股份公司组建成立，拥有30年有效期的特许证。其最初的职员是中国和日本的银行家与财政家。赋予该银行的权限是"规范国内货币的流通，保持其安定以及管理金融"。该银行的资本被授权为3 000万美元（银）且至少有30%的正币准备的条件下才允许其发行纸币。

原省银行（包括边业银行）被合并到新中央银行，其原有的业务（包括旁系业务）也移交给了新中央银行。为了结算原省银行在满洲以外的支行而采取了相关措施。

在建设资金方面，新中央银行除了从旧银行中回收利用之外，还得到了一笔据报道为2 000万元的来自日本的贷款以及满洲政府为其资本募捐的750万美元（银）的募捐款（根据1932年5月5日"满洲国"财政部部长向委员会提供的临时预算估计）。该银行计划将满洲所有的货币依照1932年7月1日正式公布的比率统一兑换为新纸币。这些新纸币有银金属作为基础，且要求至少有30%的银、金与外国货币作为储备金加以保障。新货币是否能按照要求且无限制地兑换为硬通货，官方还未正式地宣布。原有的货币在兑换法通过两年之内允许继续流通，但是两年之后就无法继续流通使用。

# 九、溥仪书信、"满洲国"宗教问题

**韦伯庭长：**布雷克尼辩护律师。

**布雷克尼辩护律师：**接下来转到本问题的其他部分。日本对"满洲国"生活的种种方面加以了控制，对于这一点证人溥仪已经做了大量证言进行举证了。溥仪证人的可靠性、笔迹问题等检方也已经做了辩论。因此，关于这一点上我要提交证据，为此我要传唤证人高村岩。该证人的证词由两份宣誓证词即辩方文件第 400 号和第 400A 号组成。

（高村岩证人登上证人席）

（证人宣誓）

### 直接询问（由布雷克尼辩护律师询问高村岩证人）

问：证人，请说出你的名字和住址。

答：我叫高村岩，住在东京都涩谷区千驮谷町一丁目三一八番地。

问：请向证人呈示辩方文件第 400 号以及 400A 号。

（向证人递交文件）

问：请看一下你手上的两份文件，并确认这是不是你的宣誓证词以及上面的签名与印章是否是你的。

答：确实是我的。

问：该宣誓证词的内容真实无误吗？

答：对的。

**布雷克尼辩护律师：**现在把辩方文件第 400 号以及第 400A 号作为

证据提交。

**韦伯庭长**：按照惯例，予以接受。

**法庭书记官**：辩方文件第 400 号现接受为法庭证据第 2440 号，辩方文件第 400A 号现接受为法庭证据第 2440A 号。

**布雷克尼辩护律师**：宣读这两份宣誓证词的英文译本时我将自行修正其中两三处印刷上的错误，其中增添漏印的一行，删除重复的一行。另外我想指出刚才提交的影印照片是已经分发给各位法官的原件的副本。

**韦伯庭长**：不需要全部宣读，我想他的结论已经很充分了，你可以关于整本宣誓证词对他进行交叉询问。除非笔迹在这副本上面重现，否则该宣誓证词的大部分内容对法庭来说都难以理解。

**布雷克尼辩护律师**：我当然很高兴遵照韦伯庭长的建议选择性地宣读该宣誓证词，包括其中的鉴定理由。但是我们希望法庭知道我们是建立在整本文件的基础上。

**韦伯庭长**：该文件包括附录已经全部作为证据提交了。

**布雷克尼辩护律师**：我现在开始宣读。（宣读）

我现在住在东京，现年 38 岁。1929 年以来在警视厅刑事部鉴定课工作，从事笔迹与印章的鉴定工作。

在警视厅中的研究期间，通过彻底研究中文和日文件法书籍以及通过检查和比较大量的中日文件写笔迹，我积累了笔迹鉴定方面的专业知识。过去 17 年的警视厅职业生涯中，我作为笔迹鉴定人 30 余起案件中出庭作证。我在警视厅中处理了 1 500 至 1 600 起需要进行笔迹鉴定的案件，其中有 110 起是关于内务省、文部省等其他政府部门以及私人的业务。在我的职业中，通过肉眼识别或显微镜识别或其他科学鉴定方法等通常的方法，我估计我共计鉴定了20万份中日文的笔迹样本,并且著有《文件鉴定法》一书。该书印刷于1943年,阅读对象是处理犯罪搜查事务的人群,并未公开出版。本书是日本国内此种类型最早的著述,也是现存唯一的著述。可以称得上是关于本问题的权威书籍。

接着宣读该鉴定书的序言部分,其中记述了证人的鉴定范围。

《鉴定书》

一、序言

鉴定人于1946年8月29日受远东国际军事法庭辩护团的委托,关于下列事项进行笔迹鉴定,现在公布鉴定结果。附带说明,本鉴定于远东国际军事法庭书记室中以及东京警视厅刑事部鉴定课中进行、完成。

(1)据称是溥仪手书、寄给南将军的书信,接受为法庭证据第278号(以下简称第278号)的文件。

(2)庄士敦著,题为《紫禁城的黄昏》的一书第448页及449页之间以照片形式刊载的扇面诗文,已承认该笔迹属于溥仪,接受为法庭证据第282号的文件(以下简称第282号)。

(3)接受为法庭证据第283号、第284号、第285号的三份"满洲国"文件中记载的溥仪的笔迹,并已承认这是溥仪的署名(以下简称署名)。

(4)1946年8月29日苏联驻日本大使馆中,鉴定人我以及其他人出席时溥仪亲笔签署的一份文件(以下简称亲笔)。

现在需要检验的问题是,通过对上述几份文件样品笔迹的专业鉴定,判定证据第278号是否与证据第282号、署名以及亲笔是同一人的笔迹。

## 二、鉴定结果

（1）我认为,证第 278 号与证据第 282 号、署名以及亲笔均是由同一个人所写(但是我同时判定证据第 278 号中,左下角背面批注的 14 个字是别人所写)。

**韦伯庭长**：第 5 页第 8 段以下的鉴定理由读一下就清楚了,可以宣读并编入法庭庭审记录。

**布雷克尼辩护律师**：我现在就宣读这段。（宣读）

## 三、鉴定理由

（A）笔迹的概念。根据我们的日常经验与观察可以得知,同一个人在同类型的纸上,用同一种墨水,以同样的字体用笔来写字,其笔迹的形态、笔势都会有所不同。虽说是同一训读的文字,但各字在其体态、笔势、字画、间架、倾斜等方面上也都有很大的不同之处。

如果上述客观条件变化的话,那么产生的笔迹则会产生更大的差异。特别是书写人当时的心理状态,即愉快、热诚、冷静、喜怒、哀乐、倦怠、酩酊、敬虔、忧郁、欺罔等心理的主观原因又会对笔迹产生重大的影响。

如果书写者要故意隐瞒自己固有的笔法、特征,甚至希望仿照他人之手来变造篡改自己的字迹形态和笔意等,这就需要鉴定者更为仔细鉴定异同,特别如果书写者是那些书法上老道熟练的人的话,这就更为困难。

一般说来,一个人的运笔技术历经时日会变得利索,而身体机能失调则会导致笔迹涩滞。又,书写当时书写者心理状态若是如前文所述,则会对笔迹产生影响。或者故意隐瞒其笔迹的话,一眼看上就很容易会感觉是如同其他人的笔迹。

但是将这种类型的笔迹判定为出自不同之手的，只有那些缺乏笔迹鉴定知识或科学知识学习不足的人才会犯该错误。一个科学地学习过笔迹鉴定，拥有各种场合下的研究经验的人则不会犯下这个错误。

但是，每个人的笔迹都是经过多年习得的结晶，其中加入了那些他人不易模仿的特征。无论如何改变字迹形态，在无意识的情况下依然会将那些平时养成的潜在的特性表现在或全面或细小的一些点上。如果研究考察这一点的话，未必不可能探查出字迹的事实真伪，即使书写者刻意去隐瞒。

基于以上几点考虑，我便着手于慎重鉴定这些样本。

**韦伯庭长**：好像到第7页为止都没有我们需要考虑的内容。
**布雷克尼辩护律师**：我继续宣读。（宣读）

（B）鉴定文件样本概览。我发现证据第278号是在一块黄色绢质地的薄信纸上用毛笔写作而成，字体是行书（一种介于楷书和草书之间的字体），文字共计181字。

证据第282号是上述庄士敦著的《紫禁城的黄昏》第448页与449页之间的"艺术纸"上刊载的扇面诗文笔迹。该笔迹用纤细网格凹版印刷，呈现黑底白字（我认为这是把亲笔文字凹刻在石板上，上面铺纸并着墨拓印而成）。

纵观这两份文件，其笔势、运笔状态、文字的体态相似，笔致轻快以及运笔洒脱，流畅的笔法上是一致的。另外，使用的毛笔也几乎等大，吸墨程度不多不少适中，两份文件的运笔速度也几乎一致。

接下来是上述溥仪的亲笔。该亲笔写在三张红色线条的东洋信纸上,主要是楷书体,有时掺杂了行书体,与其他文件比较而言毛笔的吸墨稍多,文字线条粗大。

把这份文件与溥仪亲自承认是自己笔迹的证据第282号加以比较来看,其运笔状态、文字的形态乍一看有差别,但是我认为这是因书写者心理状态的差别而导致的字迹的变化。

关于这一点需要指出的是,在鉴定溥仪自己承认是真迹的亲笔时,溥仪再三以无法书写行书为由拒绝了鉴定人的要求。但是,当他发作性地开始混杂行书书写时,他的行书风格就变得不自然与拙劣。

但是作为中国或满洲的皇帝,溥仪自然被要求对所有的字体进行充分的研究。并且溥仪承认是自己真迹的证据第282号以及署名都是用非常潇洒和熟练的行书体写作而成,这一点没有人能怀疑。因此,这样的矛盾只能归因于其试图隐瞒自己的笔迹。

但是,这几份文件都以同样的笔顺运笔,墨痕上也显现出了鉴定样本中共同的笔意。决定其同一性时具体所用方法如下。

(C) 鉴定方法。首先使用显微镜观察其特征,即对始笔部分、终笔部分、停顿、撇捺、线条的震动等特殊的形状加以仔细检查。其次对这些文字拍照扩大,将照片上的文字分解为偏(左)和旁(右),与其他字的同一偏旁加以对照比较。更进一步地把一条线或一个点进行分解对照其他文件中的线或点。比较研究过程如下所示。

**韦伯庭长**:请读到17页为止,后面的省略。再读一下结论的部分。

**布雷克尼辩护律师：**我需要继续读吗？

**韦伯庭长：**第17页，结论部分。现在休庭，明天早上9:30开庭。

（16:00休庭）

1947年4月18日，星期五

日本东京都旧陆军省大楼内远东国际军事法庭

（9:30重新开庭）

**法庭执行官：**远东国际军事法庭现在继续进行审理。

（高村岩证人登上证人席）

**韦伯庭长：**除被告东乡茂德与平沼骐一郎外，所有被告均已出庭。缺席被告根据巢鸭监狱医师出具证明显示因病今日无法出庭，该记录编入法庭记录。两名缺席被告由辩护律师代理。负责向石原莞尔证人取证的委员会将由新西兰的诺斯克罗夫特法官负责，相关辩方律师将会与他进行酌情商议。布雷克尼辩护律师。

**布雷克尼辩护律师：**我继续宣读证人高村岩的证据文件，辩方文件第400及400A号，即法庭证据第2440号及第2440A号。现在宣读法庭证据第2440号第17页的"(D)综合判定"一段。（宣读）

（D）综合判定。通过以上综合检查各鉴定样本，我认为这几份笔迹都显露出共通的个性与特点，且没有发现任何有力的差异性。即几份笔迹都强烈地充斥着同一作者所具有的潜在的笔意，因此我判定证据第278号的笔迹与证据第282号和亲笔乃是同一人的笔迹。

但是需要注意，我上面所说的共通点有人偶然发现也出现在了出自两个或多个不同人之手的笔迹中。但是这种否定的观点只有在共通点较少或将其单独分离开来考虑时才能成立。而本鉴定之中,首先有非常多的共通点,所以这种否定论在此并不恰当,因为很难想象一个人的笔迹能够与其他人的笔迹偶然拥有如此多的共同特点。

也有异议认为,可能是一个伪造者通过研究一个人的笔迹才产生了这些共通点。确实,伪造者中有的人善于模仿他人的笔迹。虽然这些伪造的笔迹在字画的间架、倾斜、长短等结构的主要方面上能够模仿,但是笔势则很难做到一致。且在始笔、终笔、线条的微妙潜在个性上很难伪造,仔细检查这种笔迹的话肯定可以发现不自然之处。

证据第 278 号的笔迹运笔及其自然,很明显并非模仿伪造。

根据上述的论据以及指出的几个共通点,我认可了这些笔迹上的决定性的共通之处,且因为没有找到任何有力的差异,所以我确信以上鉴定样本全部都是出自同一人物之手。

1947 年 2 月 2 日

鉴于昨日法庭下达裁定说因为之后其他部分还有很多关于笔迹的问题,从而我不需要宣读,所以我只宣读法庭证据第 2440A 号开头的两段。(宣读)

我,远东国际军事审判辩方鉴定人高村岩,对 1946 年 12 月 10 日公布的检察方鉴定人张凤举的鉴定意见持相反意见,我认为其论据的基础薄弱且有错误,我的意见陈述如下:

(1)张鉴定人在题为"笔迹的神与气"一段中认为这两份文件肯定是出自不同之手,理由是"溥仪的笔迹凝重迟滞,而问题笔迹则纤细轻快"。但是对于这种粗细的差别在毛笔书法上,即使是同一个人书写,在毛笔吸墨多且笔压较大的情况下就会变粗,减轻笔压时则会变细。这是理所当然的结果,而把笔迹粗细作为判定笔迹异同论据的基本则完全是谬误。

(2)张鉴定人在"字体"一段中说"溥仪写给南将军的书信与溥仪的亲笔,一个字体是正楷,而另一个则是行书。但是并不妨碍比较鉴定问题书信的真伪",但是对此没有加以具体的说明,又说"溥仪亲笔中的行书体的文字拙劣,与致南将军的书信做比较后很明显的发现是别人的笔法"。张鉴定人认为溥仪亲笔中的行书体文字拙劣,且忽略了其文字中别有用心的企图和不自然之处,无视了两笔迹之中共通的潜在特点。

溥仪亲笔与致南将军信函中,一个可以指出的潜在性共通点就是"谋"这个汉字旁部右上一竖的始笔部分。旁部右上一竖的始笔部分从左至右向下运笔逐渐变细。

张鉴定人又说"溥仪努力去学习大楷和小楷,对于行书则明显不擅长",然而溥仪却承认扇面上潇洒的行书字迹是自己的。

剩下的部分我不再宣读,但是想提醒法庭特别注意第4段。我想再次强调的是问题文件即检方文件第2176号已经全文编入法庭记录,我重申我们辩方依据的是文件全文,包括鉴定理由部分。如果需要交叉询问的话,请开始。

**韦伯庭长**:诺兰检察官。

**诺兰检察官**:我们不进行交叉询问。

**布雷克尼辩护律师**:请依照惯例,允许证人退庭。

**韦伯庭长**:按照惯例,允许证人退庭。

(高村岩证人退庭)

**布雷克尼辩护律师：**同样关于这个问题，现传唤证人名波敏郎进行作证。该证人根据辩方文件第 888 号作证。

（名波敏郎证人登上证人席）

（证人宣誓）

**直接询问（由布雷克尼辩护律师询问名波敏郎证人）**

问：证人请报出你的名字与住址。

答：我叫名波敏郎，住在静冈县榛原郡相良町波津西丁九八九番地。

问：请向证人呈示辩方文件第 888 号。

（向证人递交文件）

问：证人请看一下手里的文件，并确认是否是你署名并盖章了的宣誓证词。

答：是我的宣誓证词。但是昭和八年应该是 1933 年，而这上面写的是 1932 年。

问：除了该处错误，该宣誓证词中写的都是事实吗？

答：是的。

问：你说的那处错误在哪里？

答：第二段的开头部分第二行"我于 1932 年 12 月 26 日"一句，应该是 1933 年。

**布雷克尼辩护律师：**现将辩方文件第 888 号作为证据提交。

**韦伯庭长：**按照惯例，予以接受。

**法庭书记官：**辩护方文件第 888 号现接受为法庭证据第 2441 号。

**布雷克尼辩护律师：**现在开始宣读。（宣读）

（1）1894 年 6 月 6 日我出生于群马县前桥市，现居住在静冈县榛原郡相良町波津西丁九八九番地。

（2）1933年12月26日我被任命为南将军的副官，当时南将军任军事参议官，而我是上尉军衔。其后的1934年12月10日就任关东军参谋长时我是少佐，作为副官一同去了满洲，并一直担任该职至1936年3月6日南将军辞去关东军司令官返回日本为止。太平洋战争结束时我是陆军大佐。

（3）1934年4月2日南将军在帝国饭店拜会了正在因公访问日本的"满洲国"特使郑孝胥以及熙洽。因两位特使拜访过南将军府邸但南将军恰巧不在，这次拜会是对两位特使的回礼。我作为副官与平常一样随行，见到了特使。当时，南将军带上了一封1931年他还在任陆军大臣时溥仪写给他的一封信，请求郑孝胥鉴定这到底是否是溥仪的亲笔信。郑孝胥认真地看过这封信后保证说这无疑是溥仪的亲笔。南将军离开前，还请郑孝胥为他写了一份关于此的证明书。

（4）第二天4月3日（旧历2月20日）下午一点左右，我受南将军之命，再次前往帝国饭店拜访郑孝胥去取回上述文件（写在黄色绢质地的布上）。郑孝胥在等着我，他取出了之前留给他的那封信，在我面前严肃地在该信文末处写上"皇帝御笔"以及署名"郑孝胥"、"1934年2月20日"，并小心地交给了我。我拿到之后便返回交给南将军了。

检方可以开始交叉询问了。

**韦伯庭长**：诺兰检察官。

**诺兰检察官**：检方不准备进行交叉询问。

**布雷克尼辩护律师**：请依照惯例允许证人退庭。

**韦伯庭长**：按照惯例，允许证人退庭。

（名波敏郎证人退庭）

**布雷克尼辩护律师**：问题书信已经成为证据即法庭证据第278号，

但只有中文的原文。鉴于记录中的小混乱，我现在将法庭证据第 278 号的英文译本——辩方文件第 28 号作为证据提交。

**韦伯庭长**：按照惯例，予以接受。

**法庭书记官**：辩方文件第 28 号现接受为法庭证据第 2442 号。

**柯明斯-卡尔检察官**：为了避免混淆，我建议添加与原文同样的法庭证据编号。比如第 278A 号，否则很难从编号上将两份文件联系起来。

**韦伯庭长**：请编为第 278A 号，如果没有其他证据使用该编号。

**柯明斯-卡尔检察官**：翻译中有少许误译，我想请求将该文件交付语言仲裁官订正。

**韦伯庭长**：语言部中没有中文翻译。我想这份文件原文是中文。我想你最好仔细地读一遍，或者请会中文的专家宣读，如果有必要的话再举证反驳。

**柯明斯-卡尔检察官**：我们会遵照指示。

**法庭书记官**：法庭证据第 278 号的英文译本辩方文件第 28 号由辩方提交。接受为法庭证据第 278A 号。

**布雷克尼辩护律师**：现在开始宣读。（宣读）

　　溥仪致南将军的信
　　中华民国政府对此次满洲事变采取了错误的措施，开启了对友邦日本的敌对状态，使许多百姓受苦，我们甚怜悯这些百姓。因此，我们派遣皇室的家庭教师远山猛雄赴日，代表我向陆军大臣南将军致以问候，并传达慰问之意。
　　为建立维护东亚的稳定，中日必须相互提携担起此责任。如果未能彻底解决我们面临的障碍，那么这种令人忧虑的状态还将持续，没有和平安定的日子。其结果就是共产主义的抬头，祸患无穷。此乃我日夜担忧之事，时局混乱而未来棘手问题繁多，因此希望你我两国国民共勉，联手应对当前困境。1931年9月1日。

皇帝御笔，1934年2月20日

法庭应当还记得证人溥仪在交叉询问时被问到他对伍德黑德所说的一些话。伍德黑德作为辩方证人被传唤，但是却没有传唤书送达的信息反馈回来，且除此之外我们无法得知他现在所处位置。因此，得到法庭允许后，我们将把根据伍德黑德的报告编撰而成的书籍、辩方文件第896号《远东新闻界的冒险》作为识别证据提交。另外将该文件的摘要作为证据提交。

**韦伯庭长**：诺兰检察官。

**诺兰检察官**：检方根据同样的理由，始终坚持主张反对将这种类型的书籍的摘要作为证据提交。

**韦伯庭长**：虽然一直坚持，但是并非都有效果。

**诺兰检察官**：该书的作者据他自己的说法，是一名新闻记者。通过发表自己独特见解和意见，尽可能多地吸引读者，唤起他们的兴趣。刚才也提到了，本审理的早期于交叉询问中询问过关于这本书的摘要。但是那次交叉询问中接受询问的证人向法庭说他不记得说过这些话了，如果他的确说过这些话的话那么就应该将其视为反宣传。检方认为，对于这种性质的口头证词无法通过一本书的摘要来进行反驳。

**韦伯庭长**：和鲍威尔证人书籍的摘要一样，我需要征求其他法官的意见。

**布雷克尼辩护律师**：在您与同僚商议之前，请听听我关于这一点的意见。

鲍威尔证人的书籍的摘要因为是意见的陈述而被驳回。而现在讨论中的该书的摘要并不适用于这一点。

## 九、溥仪书信、"满洲国"宗教问题 | 241

我们辩方对于伍德黑德的意见没有任何的兴趣,我们只是想根据他的描述与记述来推翻证人的证词。但是该证词不是站在证人席上证人的口头证词,而是以书籍记录的形式出现,虽说是传闻证据,但是现在对它提出异议应该晚了。

溥仪确实说过刚才诺兰检察官所陈述的话。但是,根据法庭记录第4135页中所记载,溥仪说他并没有直接与伍德黑德见过面。此次我们要提交的证据就是要关于这一点直接反驳证人的证词。

最后我要指出法庭记录第4111页中法庭特别指示了把这本书作为证据提交,上面写道"法庭想看一下这本书,希望这本书能提交给法庭。"所以,我认为无论出于什么样的见解,伍德黑德的这本书作为证据提交不会有任何障碍。

**韦伯庭长**:已经办理了传唤伍德黑德作为证人出庭的手续了吗?办理了什么手续?

**布雷克尼辩护律师**:我们申请了传唤书,获得许可后就发往了我们认为他所在的地方。我向那些我想可能知道伍德黑德行踪的各界人士问了伍德黑德战后的住址。我们也向去中国的检察官请求调查伍德黑德的所在,但是至今没有得到任何答复。

**韦伯庭长**:有没有通过出版社进行一些尝试?

**布雷克尼辩护律师**:如果韦伯庭长指的是这本书的出版社,我们并没有联系过。因为这本书的出版社在东京神田,且已经被烧毁。

**韦伯庭长**:这些就是你传唤伍德黑德所做的全部努力了吗?

**布雷克尼辩护律师**:我需要补充一点,我们辩方推测在检方结束了自己的阶段之后,即使我们提交了一份缺席证人的宣誓证词也不会遭到任何异议。因此,我必须承认比起证词的形式,我更注重证据之间的关联性。换句话说,我把重点放在证据是否能够被受理上,而不是证据的分量上。

**韦伯庭长**:根据多数决议,法庭驳回该文件,支持异议。

**布雷克尼辩护律师**：既然其摘要还没有被正式驳回，我现在提交已被驳回的辩方文件第896号的摘要。

**韦伯庭长**：它已被正式驳回。

**布雷克尼辩护律师**：将来如果伍德黑德能够出庭的话，我想届时再传唤其出庭。

**韦伯庭长**：我们注意到伍德黑德拥有英国的司令勋章。这样的人物如果进行调查的话应该很容易知道他的所处位置。法庭随时准备听取他的证词。

**布雷克尼辩护律师**：我们将继续努力让他出庭作证。

辩方现在将庄士敦著《紫禁城的黄昏》一书的摘要作为证据提交。因为庄士敦已经过世，所以他的著述是能够利用的最好的证据。本书作为识别证据提交，其摘要即辩方文件第1007号作为证据提交。

**韦伯庭长**：诺兰检察官。

**诺兰检察官**：检方反对将该书的摘要作为证据受理。该摘要中，除了记录了作者关于一些事件的观点之外，别无他物。比如其中提到诱拐事件乃是完全没有事实根据。又，说寻求蒋介石庇护的报告也是不真实的。最后根据这份摘要，其中提到的人是出于自己的意志去了满洲。我们认为，这些事件应当由法庭来认定，这份摘要因为只含有作者的意见而应当被驳回。

**韦伯庭长**：布雷克尼辩护律师你有什么要说吗？

**布雷克尼辩护律师**：我想说两点：首先，就引用范围而言确实是庄士敦的意见，但是是作为一名学者和有身份地位的历史学家的意见。他的身份地位在这份文件中也明确指出了，请参照法庭记录第3825页。如果我们将其称为意见的话，那么历史学家的意见通常可以接受为证据。

第二点，法庭应该记得经过相当的议论之后，法庭批准了就本书的内容向溥仪询问。溥仪证人否认了若干书中宣称的他所说的话，特别是否认了庄士敦说的事前已经知道溥仪返回满洲的计划。根据这份摘要，可以很明确地举证他已经事先知道溥仪要回满洲，并且该消息是从溥仪自己那里得到的。我要说的就是这些。

**韦伯庭长**：根据多数决议，支持异议，驳回上述摘要。

**布雷克尼辩护律师**：现关于"满洲国"的宗教问题，将辩方文件第315号作为证据提交。该文件是外务省关于"满洲国"建国设立神庙的正式记录。

**诺兰检察官**：这份奇特的文件是外务省文件课官方文件的正式副本，但是全然不知道制作该文件的人是谁。我认为法庭受理这份文件之前有必要先查清楚这份文件到底是如何制作产生的。

**布雷克尼辩护律师**：我想这里没有必要向法庭指出检方在进行审理的过程之中，正如字面所表示的那样，提交了如雪崩似的大量文件。这些文件并不清楚是谁写的，也不知道在哪里制作的，只是单单知道日本政府的各省中发现了这些文件。当时辩方数次提出了异议，但是这些异议均被驳回。

**韦伯庭长**：那些是由敌国签发的对敌国文件的认证，是最高级别的文件。但是这份文件可能会被受理，唯一的问题是它的重要性究竟有多少。我注意到根据这份证明书，它是由高级官员制作而成的。我们倾向于认可这份文件，但是我们希望你能向我们保证，这份文件除了刚才提到的那些名字之外还有其他未显示出来的特别的证据价值。

按照惯例，予以接受。

**法庭书记官**：辩方文件第315号现接受为法庭证据第2442号。

**布雷克尼辩护律师**：我并不很清楚韦伯庭长所下达的指示。您指的是让我证明这份文件的证据价值，还是指根据这一份文件进一步做其他的事情？

**韦伯庭长**：我们希望你能根据任何一些特别的理由关于这份文件

的重要性进行议论。

**布雷克尼辩护律师**：从我的立场来看，这份文件的重要性在于它是由官方机构签发的，本案中是由外务省签发。根据各国的惯例，各部制作备忘录并汇编进记录。其中多数文件代表着各部的意见，已经被法庭作为证据受理。但是诚实地说，关于本案因为有证人在法庭现场，这份文件的重要性就被相对削弱了。如果法庭允许的话，我在这里就不再宣读这份文件了。

**韦伯庭长**：有一名法官想知道这份证据的关联性，也许还有其他法官也想知道。

**布雷克尼辩护律师**：这份文件的关联性显示在其反驳了证人溥仪的证词，尤其是关于法庭记录第 4006 页以及 4014 页至 4017 页中的证词，反驳了设立"满洲国"建国神庙是在日本的强迫下才建立起来的证词。

**韦伯庭长**：它现在已经被受理了。

**布雷克尼辩护律师**：您的意下如何？需要我宣读这份文件吗？

**韦伯庭长**：请你自行决定。

**布雷克尼辩护律师**：那我就不宣读了。现在传唤鹿儿岛虎雄作为证人出庭，刚才最后一份文件中提到了他。他的证词是辩方文件第 976 号。

**直接询问（由布雷克尼辩护律师询问鹿儿岛虎雄证人）**

**问**：证人，请告诉我你的名字和住址。

**答**：我叫鹿儿岛虎雄，现住在东京都世田谷区上马町三丁目八九六番地。

**问**：请看一下现在交给你的辩方文件第 976 号，并确认这是否是你签名并盖印的宣誓证词。

**答**：是我的宣誓证词。

**问**：里面的内容真实无误吗？

**答**：是的。

**问**：现将辩方文件第 976 号作为证据提交。

**韦伯庭长**：按照惯例，予以接受。

**法庭书记官**：辩方文件第 976 号接受为法庭证据第 2443 号。

**布雷克尼辩护律师**：现在开始宣读该宣誓证词。（宣读）

  我叫鹿儿岛虎雄，从 1939 年 6 月至 1943 年 6 月为止在"满洲国"宫内府担任次长，之后任"满洲国"参议院参议。我担任宫内府次长时服侍在"满洲国"皇帝左右，关于建立"满洲国"建国神庙的情况很清楚，特此说明。

  当时建立"满洲国"建国神庙的构想源于皇帝希望祭祀天照大神的想法。因此，1940 年 3 月得到了天皇允许将天照大神灵位转移至"满洲国"之后，我和关东军吉冈安直中将前往东京向日本政府与日本宫内省提出了申请。虽然"满洲国"皇帝的希望非常强烈，但是经过种种议论的结果，同意了将天照大神作为"满洲国"的主祀神，但对于邀请天皇在该计划中扮演一定角色的要求则被回绝了。

  经过考虑后决定在满洲打造一面神镜并由"满洲国"皇帝访日之际带至伊势神宫，供奉在神乐殿经演奏神乐后再带回"满洲国"作为建国神庙的灵位。此事之后已经实施。同时决定"满洲国"皇帝从天皇陛下的馈赠品之中选择一样作为建国神庙的神器。结果天皇陛下馈赠的一把宝刀之后被用作了神器。不存在日方强迫尊奉神道教或天照大神或神庙的神器等这种问题，相反不如说是"满洲国"官方提议强制日方同意以上行动。

  皇帝返回"满洲国"后，建立起了两座神庙，第一座是建国神庙，建在宫廷内，供皇室专用，不允许一般百姓进入，且只在皇帝祈祷时使用。皇帝虽然是佛教徒，但是他认为对建国神庙的崇敬乃是祖先崇拜的一种形式，因此以深深敬畏之心尊崇着建国神庙。例如，皇帝每月一日进行的小祭典的仪式中虽然可以由御使代为拜祭，但是皇帝都亲自出席；每次参拜神庙时皇帝都会亲自写一封祭文；即使寒冬参拜之际也不肯穿上外套。计划建造神庙牌楼时，皇帝坚持建成从他个人房间里也能看得清清楚楚的大小，结果就建成了与神庙本身大小不协调的牌楼。神道教的仪式下建造的另一座神庙是新京的建国忠灵庙，乃是仿造东京的靖国神社纪念战死者。

为了管理以上两座神庙而设立了祭祀府。但是从来没有任何企图将神道教定为"满洲国"国教或强制全体国民、官员或其他人皈依该教。无论是在建立建国神庙时还是在其他任何时候，都没有制定一部法律剥夺信仰的自由。诸如"'满洲国'的军队以及一般官吏被强制信奉神道教"、"那些对神道不敬者处以一年以上的徒刑"、"'满洲国'的居民被迫尊崇天皇"等原"满洲国"皇帝的证词完全没有事实根据。"满洲国"的信仰完全是自由的，"满洲国"皇帝和很多高级官员自己也是佛教徒或道教徒；皇妃的葬礼也是佛教式的；张国务总理将佛舍利子恭迎回满洲建立了佛寺。

可以开始交叉询问了。

**韦伯庭长**：诺兰检察官。

**诺兰检察官**：检方不进行交叉询问。

**布雷克尼辩护律师**：请按照惯例允许证人退庭。

**韦伯庭长**：允许证人退庭。

（鹿儿岛虎雄证人退庭）

**布雷克尼辩护律师**：最后关于宗教问题将辩方文件第637G号作

为证据提交。该文件是"满洲国"年鉴中宗教教派统计的摘要。

**韦伯庭长**：有法官对于该宗教问题不甚清楚。你们是不是认为检察方以为日本进行侵略的一个目的是建立傀儡政权,而该傀儡政权部分是建立在宗教即神道教的基础之上？

**布雷克尼辩护律师**：既然我被问到了我们如何理解检方主张的这个问题,我想宣读首席检察官季南关于这一点的讲话是最好的回答方式。季南检察官关于宗教问题向证人溥仪进行的询问遭到了洛根辩护律师的反对。这记载在法庭记录第 4006 页之中。面对洛根辩护律师的异议,季南检察官做了如下回答：

> 我们检方以最严肃的态度指出,证据的关联性是我们检方提交证据时最重要的一部分。关于这个关联性的原因,我会简单地陈述。我们打算通过该证人的证词举证日本的战争领导人策划向日本国内外,即向中国以及亚洲其他国家普及推广神道教。不仅仅是宗教的控制,且是企图控制支配亚洲各国人民的思想、灵魂、心灵以及行动与思考方式。通过维持神道教,日本战争领导人在实施亚洲侵略计划的时候就能在中国和其他亚洲国家以天皇的名义和用宗教信念的推动持续控制当地的人民,达到他们侵略性的军事目的。通过天皇是天照大神的直系子孙这个象征性的宗教信念来推进自己侵略的企图。

当时法庭下达的裁决是"这与侵略战争问题相关,法庭予以接受"。

**韦伯庭长**：现在休庭 15 分钟。

（10:45 休庭）

（11:00 重新开庭）

**法庭执行官**：远东国际军事法庭现在继续进行审理。

**韦伯庭长**：诺兰检察官。

**诺兰检察官**：刚才所读的"满洲国"引入神道教的证据以及刚才最后一位证人的证词，我认为很明显发生在 1940 年以后。所以与现在这些所谓的声称是 1938 年年末统计的宗教教派的数量的文件没有任何关联性。

**韦伯庭长**：布雷克尼辩护律师。

**布雷克尼辩护律师**：现在提交的文件毫无疑问涉及的是 1940 年。虽然我没有时间查阅全部记录，但我记得其他检方提交的证据则是较早前关于所谓的宗教侵略或渗透的。如果我错了的话，我必须承认 1938 年的数字没有关联性。但这一点并没有判明，所以我希望根据以往的惯例，在结合记录的条件下提交该文件。

**韦伯庭长**：1938 年宗教的状况在任何阶段中都没有关联性。

**布雷克尼辩护律师**：如果"满洲国"居民在某一时期被迫信仰神道教，那么看一下之后一段时期的统计数字就可以得知在多大程度上被强迫了。

**韦伯庭长**：日本企图建立神道教与侵略事项相关，但是其成功与否则不具关联性。我在这里引用起诉书第 12 部的附录 D 中的一段，它是这么说的："在占领地上，那里缺乏对家庭、个人权利、私有财产、宗教信仰和崇拜的尊重等。"

**布雷克尼辩护律师**：那么在那些据称是被日本支配的地方到底有没有宗教自由呢？以及神道崇拜是否受到日本的强制？"满洲国"政府的统计数字对以上问题具有检验性的价值。

**韦伯庭长**：我不记得有任何一行证据显示神道被强加于任何人。

**布雷克尼辩护律师**：关于这一点的证据有相当大的数量。比如可以参照法庭记录第 4014 页以及 4015 页。为了节约时间，我转述一下溥仪的证词。根据他的说法，满洲的民众、军队、官员以及小学生被强制要求建立神社和崇拜神道教，所以所谓神道完全是强制性的。

**韦伯庭长**：如果他这么说的话，那我就错了，这样这份文件或许有关联性。按照惯例，予以接受。

**布雷克尼辩护律师**：我想提醒法庭注意，我因为疏忽而忘了在提交该摘要之前将辩方文件第637号年鉴原件作为识别证据提交。

**法庭书记官**：辩方份文件第637号即"满洲国"年鉴1942年版接受为法庭证据第2444号识别证据，该文件的摘要即辩方文件第637G号接受为法庭证据第2444A号。

**布雷克尼辩护律师**：我从开头一直宣读至表12。（宣读）

宗教

"满洲国"的宗教方面上可以划分为两个宗派，即中华民国的本土宗教和日本或其他国家传入满洲的宗教。本土宗教的成分非常复杂，由佛教、道教、儒教、回教和喇嘛教等共同构成，都拥有悠久的历史。这些宗教与民族、社会、政治以及教育密切相关。最近数十年间有大量外国宗教传入"满洲国"，但是其中最重要的还是日本的宗教和基督教。

可以获知的最近数年宗教寺院以及信徒数量的是1938年底制订的《宗教团体统计表》。

现在我只宣读该表关于各宗教派别信徒的总计数字。

佛　教：176.8万人多一些；
道　教：93.9万人；
喇嘛教：83.2万人；
回　教：16.2万人；
天主教：12.7万人；

其他基督教教派：12.2万人；

其他宗教：7.4万人。

我只宣读到这里。

**布雷克尼辩护律师**：关于由原皇帝溥仪的证词而引出的诸问题，我最后要提交的证据就是现在我要传唤的石丸志都磨的证词。他的证词记录在辩方文件第975号之中。

（石丸志都磨证人登上证人席）

（证人宣誓）

**直接询问（由布雷克尼辩护律师询问石丸志都磨证人）**

问：证人请告诉我你的名字和住址。

答：我叫石丸志都磨，现住在东京都世田谷区宇奈根町。

问：请看一下现在呈递给你的辩方文件第975号，确认该文件是否是你署名并盖章的宣誓证词。

答：没有错。

问：该文件中的内容真实无误吗？

答：对的。

**布雷克尼辩护律师**：现在将辩方文件第975号宣誓证词作为证据提交。

**韦伯庭长**：奎廉检察官。

**奎廉检察官**：检方对本宣誓证词11页中的8页提出异议。原因是其没有遵守法庭制定的相关文件制作规则。对本文件的第1页到第2页中间部分没有异议。但从第2页中部开始一直到第3页的结尾的部分对该证人决定接受该任务的过程中所遇到的困难进行了详细的说明。他说他是受到一本书中的一段话的影响而决定接受的。我们认为，本次审判规模非常庞大，这种个人的回想或回忆与审判并不相关，应当删除。

检方对第 4 页到第 5 页中间部分也没有异议。但是对于第 5 页中的敕令相关部分我们要提出异议，因为这份敕令的原件并没有作为证据提交，且证人持有的副本也未呈递法庭。

检方对第 6 页第 1 段不持反对意见，但是对第 3 段提出异议。该段从第 6 页中间开始一直持续到第 10 页开头。该段大量引用了庄士敦在《国家评论》上发表的一篇文章的内容。这篇文章中，庄士敦认为所谓溥仪被强迫在满洲复辟的传闻前后矛盾，认为溥仪皇帝只是傀儡也完全没有事实根据。我们认为这些只不过是作者的个人意见，所以对刚才所说的部分我们提出异议。

检方对第 10 页第 2 段没有意见，但是对第 4 段开始一直到本宣誓证词的最后提出异议。该段说的是他与一名报社编辑的会面，他试图把这次会面加入证据之中。我们认为以这种方法把这种类型的事件作为证据提交并不合适。

我希望法庭能够删除我刚才所提出异议的部分。

**韦伯庭长**：除了当时出席的人证以外，你还有别的方法证明那次会见吗？证人你当时在场吗？

**奎廉检察官**：证据并没有表明他当时在场。

**韦伯庭长**：布雷克尼辩护律师。

**布雷克尼辩护律师**：第 2 页和第 3 页中检方提出异议的部分我并没有打算宣读。关于最后的那本书，我同意它只是作者个人的意见，可以置之不理。关于第 5 页和第 6 页中的敕令，我也没有打算宣读。因此，如果合适的话，我很愿意将这些部分删除。

**韦伯庭长**：庄士敦那本书的摘要呢？

**布雷克尼辩护律师**：我需要指出那并不是庄士敦的个人意见，而是对当时事实的陈述。在第 7 页第 2 段的开头，庄士敦陈述了这样一个事实：1931 年原"满洲国"皇帝溥仪向他下达了访问满洲的命令。

**韦伯庭长：** 如果那份摘要单独提交的话，我有理由相信大部分法官都会驳回受理的。

**布雷克尼辩护律师：** 关于这一点我不做追加评论。我们在准备这份宣誓证词的时候，并不知道法庭会对庄士敦的这本书下达什么样的裁决。

**韦伯庭长：** 我建议你略过庄士敦那本书的摘要。现在我想知道《国家评论》中刊登的那些内容。

**布雷克尼辩护律师：** 如果这份文件被全体受理的话，我将只宣读其中的剩余部分。

**韦伯庭长：** 有一位法官说坐在法官席上完成编辑的任务非常困难。这份宣誓证词中很明显有一部分可以受理、一部分不能受理。除了《国家评论》中遭到异议的那部分外，我们允许你宣读其他的部分，这也是我们受理该宣誓证词的范围。在此条件下，按照惯例予以接受。

**法庭书记官：** 辩方文件第 975 号现接受为法庭证据第 2445 号。

**布雷克尼辩护律师：**（宣读）

证人履历

1878 年 8 月 25 日我生于佐贺县小城郡小城町；

1898 年 12 月进入陆军士官学校，翌年 11 月毕业；

1900 年 6 月被任命为陆军步兵少尉；

1925 年 3 月任秋田步兵第十七中队队长；

1928 年 3 月任旭川步兵第十四旅团长；

1928 年 4 月进入弘前第八师团司令部；

1931 年 4 月 1 日加入预备役；

1933 年 6 月 12 日担任"满洲国"陆军中将，成为侍从武官；

1935 年 4 月 1 日辞官，一直到现在。

1. 1932 年"满洲国"建国,溥仪就任执政后不久,相关人员即开始给执政物色得力的顾问,部分也是出于元首自己的意思。于是,之后成为执政官内府顾问的许丙和当时的执政秘书蔡法平、执政护卫官工藤忠等都——亲自造访了我的住处……

**奎廉检察官**:我反对将这一部分作为证据宣读。我开始以为辩护律师没有打算这么做,但是我认为他要完整宣读这一部分,而非只是一段。

**布雷克尼辩护律师**:我是打算一直宣读到第 3 页第 8 行他所持的立场为止,之后就省略不读。我想这样比选择性地宣读要节约时间和方便一些。如果您希望的话,我会省略中间一些句子。

**韦伯庭长**:布雷克尼辩护律师,这交给你自行判断。

**布雷克尼辩护律师**:我接着刚才的继续宣读。(宣读)

之后成为元首办公厅顾问的许丙和当时的元首秘书蔡法平、元首护卫官工藤忠等都——亲自造访了我的住处,转达了希望我服侍元首的希望。此外,溥仪在天津蛰居时他担任华北军司令官,与溥仪是旧识,与我也是关系密切的朋友香椎浩平中将也积极地怂恿我出任。当此事得以实现之后,我才发现分配给我的工作并非是元首的顾问,而是侍从武官长(满人的武官长是热河的警备司令官,并且住在新京城外),是侍从武官中的最高级别。

接下来从第 3 页的最后一段开始宣读。

我在"满洲国"待了将近两年,从 1933 年 6 月至 1935 年 4 月,从溥仪担任元首时代开始,一直到成为皇帝总揽万机。轰轰烈烈的两年时间,我作为侍从武官日夜服侍在皇帝身边,为皇帝和"满洲国"尽忠职守。

2. 溥仪皇帝生性聪慧,闻一知十

在裁决所有的行政与军事事务时,他总是能短时间内抓住那些等待他批准的文件的要领,并一次又一次地亲自执笔修改。对所有的事务,他都给予清晰及迅速的判断。我记得不止一次,他在没有文武官员的辅佐下自行做出了判断。现举出其中一两个例子,比如1934年(大同三年)2月22日,皇帝亲自对军政部总长张景惠上奏的军人敕谕案做出了重大的修正;又如1935年1月皇帝即位后第一次视察旅顺,旅顺与皇帝渊源很深,是皇帝为了就任元首而赴满之际的临时滞留地,且是日本的租借地,从法律角度来看属于"满洲国"的领土之外,对其而言旅顺的市民也是外国人。然而,我想皇帝君临"满洲国",以皇帝之身回想起过去的岁月必定是感慨良深,向聚集到其旅店门前的日本市民们发表了热烈的演说。以一种皇帝侍从的责任感,我觉得有必要了解他演讲的内容以及整个经过。所以我立即向宫内府沈瑞麟大臣询问了皇帝的演讲是怎样决定的,以及关于演讲的内容大臣是否提供了什么建议。结果,沈瑞麟大臣说他并未听说这件事,即没有提供任何建议,全是凭陛下自己的意志亲笔完成了演讲稿。

以下省略,我直接从英文版第10页第2段开始宣读,我想对这一段没有异议。

1945年8月20日"满洲国"解体时,满汉的大臣和高级官员都出于自身安危的考虑而立即离开了身在大栗子的皇帝,并没有留在皇帝身边保护其安全。即使在那个时刻,日本的高级官员也决意与皇帝共存亡,最终这些官员和皇帝一起在奉天成为苏联红军的俘虏。仅仅从这一事实出发,我想就可以理解日本人的心情了。

检方可以开始交叉询问了。
**奎廉检察官**:检方不进行交叉询问。
**布雷克尼辩护律师**:请允许按照惯例批准证人退庭。
**韦伯庭长**:按照惯例,允许证人退庭。
(石丸志都磨证人退庭)

# 十、"满洲国"的鸦片、毒品政策问题

**布雷克尼辩护律师**：现在关于"满洲国"鸦片和毒品问题提交的证据，是为了举证与起诉书附属文件 A 第 4、5 节和第 6、27、28 条中列举的起诉原因相反，"满洲国"政府的相关政策是控制与抑制鸦片和毒品使用的。该政策是根据历来得到国际社会认可的成功先例制定的，根据当时的情况乃是合适的，这可以从之后的远东各国间的协议、国际联盟调查委员会的报告以及作为"满洲国"榜样的台湾鸦片专卖制度等得到印证。

我想首先宣读检方证据第 17 号即 1912 年 1 月 23 日的国际鸦片条约第 6 条，该条款做了如下规定：（宣读）

> 缔约国应根据各自国内的特殊情况，采取渐进并且有效的遏制鸦片烟膏的制造、国内交易以及使用的措施，但是以上相关法规若已存在则不在此限。

现在把辩方文件第 738 号作为证据提交。该文件是 1925 年英国、中国、法国、日本、荷兰、葡萄牙以及暹罗之间根据检方证据第 17 号，即 1912 年国际鸦片条约的规定关于鸦片使用和交易的禁止方法而缔结的协定。

**韦伯庭长**：按照惯例，予以接受。

**法庭书记官**：辩方文件第 738 号现接受为法庭证据第 2446 号。

**布雷克尼辩护律师**：本协定规定了各缔约国在其领土之内采取政

府鸦片专卖或其他的方法,当时日本和台湾开始施行,其后"满洲国"也采用了同样的方法。"满洲国"虽然没有加入本协定,但是之后该国所采取的方法中有很多方面都是参照了本协定。我首先宣读第 1 页的开头三段:(宣读)

  英国、印度、中国、法国、日本、荷兰、葡萄牙以及暹罗根据 1912 年 1 月 23 日缔结的国际鸦片条约第 2 章的规定,决定在其各自的暂时允许使用鸦片烟膏的属地或领域(包括租借地或保护属领)之内坚决实施渐进并且有效的遏制鸦片烟膏的制造、国内交易以及使用的措施。

  出于人道以及为了各国国民的社会和道德福祉,为了禁止以吸食为目的的鸦片的使用,希望能够尽可能快地采取一切可能的手段来达成该目的。

  因此决定对上述国际鸦片条约缔结补充协定。

以下列举了各国全权委员的名字。
现在宣读第 3 页的第 1 条至第 5 条。

  第一条

(1)关于鸦片的零售,除了本条第 3 号的规定之外,鸦片的进口、贩卖以及分配均属于政府的垄断产业,该权力不得向任何人借贷、让渡或让其代理;

(2)情况允许下,应尽快将以贩卖为目的的鸦片烟膏的制造收归政府的垄断管理;

(3)(甲)雇佣支付固定薪资而非回扣的职员的形式来管理鸦片零售或分配的制度,应首先在那些行政官员能够进行有效监督的地区试点实施;

（乙）其他情况下，鸦片的零售以及分配应由得到政府特许的人实施；

如果现行制度中实施了对吸食人员或吸食许可量的特许制度，且能够提供与以上制度同等或更为有效的保障的话，（甲）条款的规定无须适用。

第二条

禁止向未成年人贩卖鸦片。缔约国间为阻止未成年人吸食鸦片习惯的传播应采取一切可能的手段。

第三条

不允许未成年人进入鸦片馆。

第四条

缔约国应尽可能限制鸦片零售店的数量与以上允许的鸦片馆的数量。

第五条

除非实施政府垄断，否则禁止鸦片残渣的买卖。

最后宣读第 5 页第 7 条。

第七条

缔约国在其各自领域内，应当使用在学校中进行适当的教育、散播宣传材料以及其他的方法等，尽最大的努力减少鸦片烟膏的使用。但是如果政府认为以上措施在该领域内根据现状不适宜实施的话则不在此限。

以上是我要宣读的全部内容。

现在把辩方文件第 831 号作为识别证据提交。该文件是 1930 年在日内瓦出版的国际联盟远东鸦片吸食控制调查委员会的《致理事会的报告》第一卷,本文件的摘要辩方文件第 831E 号则作为证据提交。

**韦伯庭长**：按照惯例,予以接受。

**法庭书记官**：辩方文件第 831 号现添加识别编号为第 2447 号,其摘要即辩方文件第 831E 号接受为法庭证据第 2447A 号。

**布雷克尼辩护律师**：法庭证据第 2447A 号作为证据提交的是为了举证全面禁止鸦片吸食的做法对扑灭这一股吸食风潮没有发挥作用。现在宣读该摘要。（宣读）

（十一）全面禁止

菲律宾实施了全面禁止吸食鸦片。而在台湾以及关东州租借地,虽然法律原则上也是禁止吸食鸦片,但是实际上实施的是吸食鸦片者的登记、许可以及分配这样的制度。台湾在 1928 年实施鸦片禁令之际,只允许那些医学上能够证明无法治愈的鸦片上瘾者吸食。因此,台湾原则上合法的吸食鸦片将会随着 1928 年生效的鸦片禁令允许的最后一位吸食者死亡而宣告结束。关东州租借地则根据鸦片禁令授权政府向吸食者发放吸食许可,并且只有是为了纠正吸食者的习惯而考虑到有必要时才能这么做。即新吸食人员只有在被证明是上瘾者之后才能得到政府的许可。

以往的经验证明了全面严格禁止吸食鸦片无法完全遏制吸食鸦片的习惯,因为该恶习扎根之顽固,防止非法进口以及分发给不法吸食者之困难。不如采用允许上瘾人员合法吸食并向他们提供政府合法鸦片这样的方法来逐渐遏制吸食鸦片的风潮。这种方法只能限制个人的消费并防止吸食习惯向他人蔓延,而限制或尽可能根除秘密贩卖都对无论是制度上禁止还是政府实施控制的成功来说不可或缺。

**韦伯庭长：** 新的吸食者怎样才能被证明为上瘾者？

**布雷克尼辩护律师：** 抱歉，我没听到您的问题。

（英语速记员宣读问题）

**布雷克尼辩护律师：** 我想接下来提交的文件能够说明这一点。

现在把辩方文件第637号作为识别证据提交。抱歉，它已经作为识别证据提交过了。这份文件是1942年"满洲国"新京的"'满洲国'年鉴公司发行的《"满洲国"年鉴》，该书的摘要即辩方文件第637A号作为证据提交。637A号展示了"满洲国"鸦片专卖制度的目的及其先例。

**韦伯庭长：** 按照惯例，予以接受。

**法庭书记官：** 辩护方文件第637A号现接受为法庭证据第2448号。

**布雷克尼辩护律师：** 现在开始宣读。

**韦伯庭长：** 请将副本呈递给法官后再宣读。

**布雷克尼辩护律师：**（宣读）

鸦片专卖

"满洲国"建立鸦片专卖制度是为了控制鸦片的生产以及买卖以方便鸦片政策的实施。

兹认为如果抑制罂粟的非法栽培、鸦片的不法买卖以及秘密吸食，而代之以政府许可下的栽培或吸食，这种吸食习惯则随即减少，遂得以根除该弊病。

"满洲国"所采用的方法与几十年前引入台湾并取得显著成功的方法一致。作为根据弊害的第一步，"满洲国"政府于1932年11月颁布了鸦片法。

根据鸦片法第二条，任何人都不允许吸食鸦片。但是，在该法令实施前既已有吸食习惯的人员，以及那些把鸦片作为药用而不可或缺的成年人，政府对该两种人可特别颁布许可。

1938年当时许可的吸食人员数量约为55万人，而鸦片上瘾者的数量粗略估计为100万人，虽然还没有经过彻底的调查。

现在把辩方文件第831号的另一份摘要即辩方文件第831C号作为证据提交。该文件展示了台湾试图控制鸦片吸食的历史背景。

**韦伯庭长**：按照惯例，予以接受。

**法庭书记官**：辩方文件第831C号现接受为法庭证据第2449号。

**布雷克尼辩护律师**：为了正确理解"满洲国"政府的鸦片政策，有必要简单说明作为其范本的台湾的制度。有关台湾先例的该文件为满洲、中国两个辩护阶段提交。

**韦伯庭长**：你打算宣读全文吗？布雷克尼辩护律师。

**布雷克尼辩护律师**：因为这份文件非常重要，所以我觉得有必要全部宣读。

**韦伯庭长**：中午前不能结束吧。布雷克尼辩护律师，请你调查一下证据中关于1940年以前神道教被强制引入"满洲国"一事，对此溥仪究竟说了什么。该年鉴的摘要被受理的原因就是我们考虑其中可能有相关记录。

现在休庭，下午13：30开庭。

（12：00休庭）


（13：30重新开庭）

**法庭执行官**：现在开始远东国际军事法庭下午的审理。

**韦伯庭长**：摩尔少校。

**摩尔语言仲裁官**：经法庭许可，现提交以下翻译订正信息：

法庭证据第 1973 号，法庭记录第 14513 页中第 1 行以及第 20018 页第 14 行，将"Governor"更改为"Government"。

**韦伯庭长**：谢谢你，摩尔少校。布雷克尼辩护律师。

**布雷克尼辩护律师**：休息之前，法庭让我调查了宗教问题的相关证据。根据我在休息时间中调查的结果显示，关于宗教问题的证据只有溥仪关于 1940 年及之后所做的证词，正如我今天早上说的那样。因此，我认为关于 1940 年以前的宗教问题的证据并不存在，当然这仅限于与"满洲国"相关的问题。

**韦伯庭长**：现在请你宣读一下法庭证据第 2449 号。

**布雷克尼辩护律师**：好的。（宣读）

(B) 关于鸦片吸食控制的简单历史概览。

1895 年，台湾纳入日本支配下的时候，当时发现很多台湾居民吸食鸦片上瘾。

绝对禁止吸食鸦片是日本的既定政策，但是根据调查的结果显示，立即在台湾废除鸦片吸食几乎是不可能的事情。1896 年总督府明确宣布只允许政府进口鸦片，并且只允许上瘾者出于医学上的原因而使用。根据 1897 年 1 月公布的台湾鸦片取缔法，原则上全面禁止吸食鸦片，但是只有对那些得到医学上证明的慢性上瘾者可以颁发特别许可。

在特许制度下确立了鸦片专卖制，开设了吸食场所以及制造、贩卖鸦片吸食工具。1900 年 9 月，鸦片上瘾者许可的准备工作完成，向 169 064 名上瘾者交付了吸食许可证。该控制鸦片吸食制度的原则是之后不再分发更多的许可证，即 1900 年登记的吸食者中最后 1 人死亡之后，鸦片的吸食也随即全部消灭。

然而随后不久便发现以上原则在实际当中并不能执行。因为有为数众多的秘密吸食者,他们靠暗地交易获得鸦片;又因为违法获得鸦片者众多,所以对那些秘密吸食的人员处以罚金的方法实际中也无法操作。登记工作重新开始,并向新的吸食人员发放了许可证。这发生在1904～1905年以及1908年,分别向30 543名和15 849名新的吸食上瘾者发放了许可证。1928年末,公开的鸦片吸食者数量稍多于27 000名。

政府注意到存在为数众多的秘密吸食者,鉴于1925年开始实施的日内瓦国际鸦片协定,便决心在台湾施行更为严厉的鸦片吸食管制。为了达到该目的,1929年1月修正鸦片法令公布。根据该法令,吸食许可证只能颁发给那些条例颁布当时已经吸食上瘾的人员。此外,对秘密吸食者的惩处,也由以前的法令下规定的监禁或罚金升格为不超过三年的重体力劳动徒刑,且不能只用罚金替代。

此新法令公布实施所带来的结果是当时颁发给所有认可的上瘾人员的吸食许可开始生效。对烟馆也施行发放许可和限制数量,其后数量慢慢减少,最终于1929年全部废除。

(C) 现在实行中的鸦片管理的一般制度。

如上节所述,新法令开始施行时,除了得到医学上证明的上瘾人员除外,鸦片吸食一般被禁止。吸食者需得到许可,并领取政府分配给其的鸦片。

鸦片法令的实施属于专卖局的职能权限。专卖局进口生鸦片,制造精制鸦片,从成品中提取吗啡,这样成品最终只含6%的吗啡。然后分配给认可的批发商与零售商。只有那些获得许可的人才能制造贩卖吸食工具。

烟馆自1929年以来被废止。所有得到许可的鸦片吸食人员都要受到警察的严格控制。官员会定期视察吸食者及其家庭。女子可以和男子以同样的条件获得吸食许可。虽然没有其他的法规对吸食者的最低年龄做规定，但是许可只对20岁以上的人员颁发。

鸦片残渣的买卖被禁止，吸食者必须要在警察的监视下销毁残渣。虽然相关法律规定了由政府来购买残渣，但是当前专卖局并未实施。

精制鸦片只能由专卖局以每铁罐375克（10 tahils）进行批发。零售则是按重量贩卖。现在精制鸦片的零售价格是每罐（10 tahils）44日元，对零售商来说每罐可以获得10%的佣金。批发商每罐的批发价格是40日元，可以获得13%的佣金。批发价格从原来的每罐10日元逐渐上涨，10日元是根据1897年最初设置的管理制度而制定的。但自1919年以后价格就没有发生过改变。

这是1924年在日内瓦发行的前台湾总督府政务长官贺来佐贺太郎所著的《日本的鸦片政策》一书，其摘要即辩方文件第402号现作为证据提交。这份文件展示了台湾的鸦片问题与远东其他地区的鸦片问题之间的关系。

**韦伯庭长**：奎廉检察官。

**奎廉检察官**：检方对该书作为识别证据提交无法提出异议，但是我们反对将这本书的摘要作为证据提交。这份摘要乃是将要提交的7份摘要中的第一份。

该书写于1924年。检方承认该书作者确实与鸦片政策问题相关，但是我们认为这本书并不具备证据价值，同时其摘要也与本审理没有关联性。

此外我们还要进一步补充的是,这些摘要文件中所涉及的问题已经更多地由那些已经或即将向法庭提交的文件加以说明,所以提交这些摘要我们认为是毫无必要的重复工作。

辩方现在要提交的这份摘要文件展示了该作者对鸦片问题的意见,在该问题上日本从很早之前开始就持有自己的利益。该文件同时也记述了作者认为日本经常希望与国际联盟合作的意见。

我们认为,这种类型的文件并不具备任何证据能力,毫无价值,应该驳回。

**布雷克尼辩护律师**:这些文件不是为了陈述作者的意见才提交的,那些意见被忽视我们认为也是理所当然的。但是我们提交的目的是为了这些陈述中所包含的事实。

这些事实的陈述具有关联性,也具有重要性,我想可以从以下两点加以证明:首先,这已经得到了之前提交文件的证明了,即台湾的鸦片管制组织乃是"满洲国"类似组织的范本。只要满洲的鸦片制度是否适当依然是个问题,那么作为其范本的台湾的相关制度的经验以及结果我认为都十分值得法庭的注意;另一方面,也可以从已经作为证据提交的国际联盟调查委员会的报告中得知,东洋的鸦片问题必须作为一个整体处理。因此,不仅一个地方的管制经验与另一个地方的相关,而且一个地方所采取的管制制度也不可避免地对另一个地区采取的制度和实际操作产生影响。

当然,现在我们要提交的这份摘要是书的绪论部分,所以关于全体问题的事实陈述要比之后的摘要少。但是它明确地显示了与现在这个满洲的鸦片问题的关联性。

**韦伯庭长**:被告们是因为实施了侵略战争,并且在侵略战争的发展阶段中鼓励使用鸦片而被起诉的,被起诉的相关年份是1928年之后,但这份摘要涉及的是1924年以及之前的时期。辩护律师是要主张满洲在1928年以后实行的是1924年甚至更早之前制定的政策吗？

**布雷克尼辩护律师**：是的。根据法庭证据第2448号，满洲的鸦片管制模仿的是台湾的制度，这是我们对台湾唯一关心之处。

**韦伯庭长**：一位法官对你的说法这样认为：假设A因对X实施的犯罪行为而被起诉，也无法用Y的行为而证明A对于X的行为无罪。

**布雷克尼辩护律师**：但这并不是辩方的立场。我们的立场是针对被告的起诉而做的辩护中，被告们认为他们采取的措施是试图控制满洲的鸦片。法庭证据第2448号显示了他们在满洲仿照的是台湾很早以前所采取的措施，只有关于这一点我们才会注意到台湾的相关问题。另外，在法庭证据第2447A号中，虽然国际联盟调查委员会没有这么说，但实际上他们认可了台湾所采取的措施。

**韦伯庭长**：你必须要证明台湾所采取的鸦片管制手段是正当的并且你们遵循了这个方法。

**布雷克尼辩护律师**：是的，我们接下来将会通过展示台湾做了什么，以及"满洲国"做了什么？来举证我们遵循了台湾的方法，这样会方便法庭进行比较。

**韦伯庭长**：台湾可能不是一个好的例子。

**布雷克尼辩护律师**：我认为我们只能接受国际联盟鸦片问题调查委员会关于这个问题的报告及其结论。

**韦伯庭长**：国际联盟并未谴责台湾管制鸦片的做法，或许是认可了它。既然各国为了该目的或其他的理由将其派遣至"满洲国"，那么我们就理所应当承认它的权威。这些摘要一共有几份？

**布雷克尼辩护律师**：我们一共有7份，其中绝大部分很简短。我不能说他们非常简短，但都很简洁，每份只有一页。

**韦伯庭长**：这是证明台湾管制方案的唯一办法吗？国际联盟充分考察了台湾的方案吗？

**奎廉检察官**：台湾的政策由法庭证据第2449号加以证明。除此之外，还可以追加四份台湾方面该问题的摘要。

**韦伯庭长**：这有可能是重复的证据，我首先要征求其他法官的意见。——经过法庭多数决议，支持异议，驳回以上摘要的受理。

**布雷克尼辩护律师**：借此机会我要事先申明一点，接下来我将提交这本书的另外一份摘要，但是与这个问题完全不同，是关于朝鲜的问题。这份摘要，即辩方文件第 402B-1 号是辩方提交的唯一与朝鲜鸦片问题相关的证据。

**韦伯庭长**：奎廉检察官。

**奎廉检察官**：我们认为辩护律师所说的朝鲜鸦片问题相关的摘要也应该驳回。这份文件涉及朝鲜 1920 年的事情，所以我认为既然已经有其他的文件特别是国际联盟的报告作为证据提交，那么这种类型的文件反而会滋生混乱和观点不明确。

**韦伯庭长**：国际联盟的委员关于朝鲜的情况做了报告吗？

**布雷克尼辩护律师**：由辩方已提交或即将提交的文件中并没有这方面的报告。这意味着作为辩方文件第 831 号这本书涉及的这个问题得到了确认，但是还未准备相关的摘要。如果法庭希望获得这种类型的证据的话，我们可以准备相关摘要。

刚才有同事提醒我说这份文件中有关于关东州租借地的报告，但是没有关于朝鲜的。但是我自己无法引述这本书。

**韦伯庭长**：根据法庭多数决议，支持异议，驳回摘要受理。

**布雷克尼辩护律师**：接下来我们把国际联盟调查委员会的《致理事会的报告》的另一份摘要——辩方文件第 831D 号作为证据提交。这份报告显示，台湾采取的政策导致鸦片吸食人数骤减。

**韦伯庭长**：按照惯例，予以接受。

**布雷克尼辩护律师**：书记员说他现在还没有拿到这份文件，我稍后会递交一份。

现在把辩方文件第 831A 号作为证据提交。这份文件是国际联盟调查委员会《致理事会的报告》的摘要,记述了远东各国政府采取的鸦片政策的主要特征。

抱歉,因为法庭手里没有这份文件,所以似乎有些混乱。接下来我想就书记员手中有的文件进行阐述。

现在把辩方文件第978号作为证据提交。该文件是1932年鸦片法制定之际,"满洲国"国务院总理颁布的第一份布告。

**韦伯庭长**:按照惯例,予以接受。

**法庭书记官**:辩方文件第978号现接受为法庭证据第2450号。

**布雷克尼辩护律师**:现在宣读该布告。(宣读)

布告

鸦片吸食传统由来已久,已深深渗透入日常习惯之中。于内消耗自身寿财,于外蒙古受列国轻侮。无法永久摆脱此陋习,从建国精神来看实乃遗憾之至。但是鸦片政策的合适与否是与国家兴隆相关的重大问题。我"满洲国"既已建立,革新庶政今正是时。如果我们不能迅速制定根本政策废除鸦片使用,该恶习将日益蔓延,最终导致局面无法挽回。

虽说如此,但如果和旧有的制度一样将为数众多的吸食上瘾者置之度外而希望一举断绝鸦片吸食的话,就如同不治理水源而希望能够在下游筑坝一般,就不能不说是一个失败的政策。因此,这就是虽然早已有法律禁止吸食鸦片但实际上并不奏效的原因。

为了矫正该积年宿弊,必须采取抑制的方法来逐渐减少上瘾人数,禁止一般民众吸食鸦片,仅对于那些已经上瘾的人允许其因为医学上的需要而继续吸食。必须建立医疗救助机构致力于帮助毒品受害者的同时,又通过教育等其他社会设施来唤起人民的自觉从而杜绝新的上瘾者,借此来逐渐根绝此股歪风。我们相信这是由世界各国制度的实际成绩证明了的行之有效的禁毒方法,所以我国政府根据上述方针政策,于大同元年(1932年)11月30日以教令第111号公布了鸦片法令,以期实现上述目的。我们希冀国民能够理解这项法令的重要性,深深自省,忠实地遵守我国除旧迎新之大业。

1932年11月30日

现在重新回到辩方文件第831D号。现在准备好可以分发了。我再重复一遍,该文件是国际联盟调查委员会的《致理事会的报告》的另一份摘要,根据这份报告,台湾所采取的政策导致当地鸦片吸食人数骤减。

**韦伯庭长**:按照惯例,予以接受。

**法庭书记官**:辩方文件第831D号现接受为法庭证据第2451号。

**布雷克尼辩护律师**:我这里只引述原始的普查数据。1897年第一次进行上瘾者登记制度时有50 597名,而到了1900年有165 752名,占总人口的6.2%。但是到了1929年下降到了24 626名,减少到了总人口的0.6%以下。

接下来将辩方文件第831A号作为证据提交。这也是国际联盟调查委员会《致理事会的报告》的摘要,记述了远东各国政府采取的鸦片政策的主要特征。

**韦伯庭长**:按照惯例,予以接受。

**法庭书记官**:辩护方文件第831A号现接受为法庭证据第2452号。

**布雷克尼辩护律师**:我从开头一直宣读到第2页第1段。(宣读)

十六、相关各国政府鸦片政策的主要特征

根据调查的结果,本委员会可以确信相关各国政府均努力尽到自己控制鸦片吸食的国际义务,并尽可能快地控制和减少以吸食为目的的鸦片消费。如果全面禁止的制度尚未建立时,这些制度则主要建立在政府专卖的基础上。现行诸制度在一些重要的点上有所差异。有些政府比其他政府更为彻底地采取了控制政策,这是因为受惠于当地的各种条件,或者是该政府有着更强的领导能力。

以控制鸦片为目的的政府完全专卖制度的主要特征如下所示:

(1) 除了医疗使用以外,所有生鸦片的进口属政府的特权;

(2) 制造以及包装精制鸦片属政府的特权;

(3) 精制鸦片的分配由官营店进行;

(4) 精制鸦片制定高价贩卖,由此它属于奢侈品;

(5) 只允许那些已经登记并得到许可的吸食者持有和消费鸦片,并由特别法规对吸食者的种族、性别与年龄做了规定;

(6) 个人的消费由定量配给制度进行了限制,吸食者每日可以获得定量的精制鸦片;

(7) 鸦片吸食只能在政府经营或获得政府特许的贩卖精制鸦片的烟馆中进行;

(8) 吸食鸦片产生的废料属于政府所有,由政府加以回收;

(9) 鸦片专卖获得的利益与其他岁入一样属政府所有;

(10) 专卖权受到取缔鸦片非法交易和非法消费的监察机构及有关适当法律的保护。

a. 鸦片专卖的范围

远东相关各国中没有一个国家实施了上面概述的政府专卖的完全控制制度。现实中实施的制度在一些方面达不到上面的要求,但唯独有一点,就是各国均实现了吸食用的生鸦片进口的政府垄断。除了广州湾与关东州租借地之外,所有地区的精制鸦片制造也专门由政府进行。缅甸政府禁止向消费者直接贩卖生鸦片和以贩卖为目的的制造精制鸦片。到今天为止，只有如包括婆罗洲的英属保护国与荷属东印度在内的海峡殖民地、英属马来亚的大多数州等少数几个地区实现了精制鸦片的零售属于政府完全的垄断经营，即官营店中由官员贩卖。其他所有地区则是通过获得政府特许的商家贩卖。在泰国，特许商店逐渐被官营店所替代。缅甸的这些商店属政府所有，但是由获得特许的商家经营，每个商店均受到那些特殊税务官员的控制。

鸦片非法交易的价格往往比政府的价格高上 3、4 倍，政府专卖制度的目的还未实现。为了专卖制产生效果，需要做的事情还有非常多。

现在把辩方文件第 732 号作为证据提交。该文件是《致理事会的报告》的另一份摘要，其中国际联盟调查委员会报告了各国政府财政收入中鸦片收入的比例，并且这种收入在各国政府的预算中都能看到。

**韦伯庭长**：按照惯例，予以接受。

**法庭书记官**：辩方文件第 732 号现接受为法庭证据 2453 号。

**布雷克尼辩护律师**：现在开始宣读。（宣读）

第十七节　鸦片收入

远东地区实际中进行的鸦片管制给各国政府带来了财政收入。日复一日，鸦片已经变成那些政府保持预算平衡的一项必需的财源，有时鸦片收入可以占到全年收入的三分之一。

但是相关各国政府毕竟根据国际协议的规定要根绝鸦片的吸食，所以鸦片作为财政收入迟早要消失和被替代。为了应对逐渐减少的鸦片岁入，各政府如果能尽快调整财政，制定不计入鸦片收入的预算的话，那么就能给相关地区带来经济利益。

　　从道德的见地出发，政府依靠鸦片的管制获得岁入遭到了强烈的反对。但是如果鸦片的收入越来越多地用于扑灭鸦片吸食运动或减少鸦片未来的需要等这种社会性、卫生性的运动的话，那么反对的理由也就消失不见了。

　　鸦片的总收入应当列为预算的一个特殊部分。如果变更预算制定而需要使用立法的手段，则为了实现该目的每个地区应当分别考虑自己的方法。每项与鸦片收入相关的开支，包括预防开支在内都应当由鸦片的岁入来负担。如果一项开支无法精确制定的话，则应当负担一个大致的数目。

　　鸦片带来的纯收入一旦计算明确之后，剩余的钱首先应当用于支付取缔鸦片非法交易的鸦片教育、宣传、救治吸食上瘾者、科学研究费等相关费用，这些项目也应由鸦片岁入来承担经费开支。

　　除了以上开支若还有剩余，则应当用于建立或增加鸦片岁入置换基金，或置换为出于社会或卫生上的目的而必须由通常预算支付的开支，或是置换为需要特别预算支付的直接或间接与取缔鸦片吸食运动相关的公共事业的开支。

　　根据日内瓦国际鸦片协定第12条而召开的会议上，各国政府必须同意在一定期限内采取必要的措施来使其通常预算不再依赖鸦片岁入。

　　现在将辩方文件第831B号作为证据提交。该文件是《致理事会的报告》的摘要，其中包括了国际联盟鸦片吸食取缔调查委员会关于控制鸦片吸食人员的结论以及若干意见的数项摘要。

　　**韦伯庭长**：按照惯例，予以接受。

　　**法庭书记官**：辩方文件第831B号现接受为法庭证据第2454号。

**布雷克尼辩护律师：** 现在开始宣读其中几个部分。（宣读）

第四篇

委员会的结论以及向相关各国政府和国际联盟的提案

根据国际联盟第九回总会上确定的咨询事项，本委员会被问及在当前状况下相关国家政府和国际联盟应当对吸食用的精制鸦片使用采取什么行动。本委员会得出结论认为渐进且有效果的禁烟需要相关政府协调同时采取共同行动。鉴于以上情况，本委员会提案的对象便是调查中包括的远东地区所有的政府，建议相关各国政府在国际协议和持续的国际合作的基础上，囊括禁烟问题中的所有方面展开行动。

委员会建议国际联盟应当尽全力促使相关各国政府基于委员会提案的方针达成协议，以及相互合作实施协议。此外国际联盟还应当紧随鸦片控制事态的发展，确保相关各地区能够在鸦片取缔运动上取得进步，最终完全根绝鸦片吸食。

以下是委员会的结论与建议：

一、同时采取手段的必要性

为了与鸦片吸食的恶习与遍布远东地区的鸦片地下交易做斗争，一直认真地努力直至今日。但总体来说这些努力仅仅收到了很少的持续性效果，因为各国的措施参差不齐，没有与任何全局性计划取得协调。一些国家的鸦片政策可谓是一系列的实验。此外还采用了以前已经采用过的老办法，期待一些永远无法达成的结果。

事实已经证明，坏的政策乃是专注于某些措施而忽略了其他的，比如虽然与鸦片地下交易作斗争，但是却对供给地下交易的罂粟栽培置若罔闻；比如努力限制鸦片的需求，但却不去思考鸦片需求的原因；又如虽然登记了鸦片吸食人员名单，但是却不给他们分配供给鸦片;又如限制鸦片的使用,但是却不限制鸦片废料的使用;或者是虽然控制了烟馆,但是却允许烟馆外的鸦片吸食,等等,都已经证实这些都是不好的政策。

为了达到预期的结果,最重要的是这些意在逐渐取缔鸦片吸食的方案应当同时执行,且情况允许的话应逐步实施。

九、对零售配给的完全鸦片专卖

如果政府觉得有必要雇佣得到特许的个人来负责向吸食者零售鸦片,那么即使是尽最大的努力去控制鸦片吸食习惯的蔓延和取缔鸦片的非法交易也可能是、通常也是无效的。通常认为,获得特许的零售商或他的雇员可能会因为个人利益考量而影响他的行动,所以相比之下政府的直接雇员能够更加忠诚地执行政府的命令。只有做到让零售商不需要考虑财政,政府才能防止商人利用自己的地位来扩大鸦片的销售以便增进个人利益。对生鸦片的买入与精制鸦片的制造等实施彻底的政府垄断随处可见。

政府应当只通过官员或雇员与鸦片吸食人员接触的这个原则,应当尽快在各地普及应用到与鸦片分配相关的业务中。第一步是应该废除所有的特许零售店,代之以鸦片专卖局的雇员经营的官营店,而该地区的官员自不必说,专卖局自己也要持续不断地严格进行监视。第二步是逐渐将这些官营零售店与官有官营的烟馆合并。

十、个人消费的控制方法

为了逐渐禁止个人鸦片消费,其必须置于有效的控制之下。为达成该目标,要采取措施控制单独吸食者的消费量和防止吸食习惯的传播。迄今为止证明使用有效的方法是单纯的登记、登记和特许、登记和特许以及定量分配等三种。

单纯的登记意味着只有那些登记为鸦片吸食人员的人每次在

零售店中报出姓名才能购买鸦片。通过此种方法,政府很容易掌握吸食者的大致人数,这对发动有组织的运动消除鸦片吸食恶习是不可或缺的。另外也可以借此对某些种族或某些团体的吸食进行法定限制。但是如果这个方法与特许制度结合在一起的话,就无法控制个人的消费。

登记和特许制度意味着只有那些从当局获得吸食许可的人才能购入鸦片。该许可证上面记载了所有者的姓名年龄以及职业等,还附有照片。向零售店出示该许可证便可购入鸦片。每次购入鸦片都要在许可证上或者是为了该目的而制作的特别账本上记录。许可登记本由政府保管。该方法具有单纯登记制度好处的同时,还能控制每天的购买量,限制一次性购买的法定最大量。

登记、特许以及定量分配制度意味着吸食者除了登记并获得许可之外,还被限制购买每天个人的固定消费量。该方法具有登记和特许制度的所有好处外,还能控制上瘾的程度。其还有助于防止合法供给的鸦片到达未获得许可的吸食人员手中,因此控制个人消费的同时也能防止吸食习惯的蔓延。

接下来跳至第3页的最后一段,第13段。

只要鸦片吸食者还被允许私下吸食,就不能完全控制鸦片吸食,可能该习惯就永远蔓延。必须采取手段镇压那些不希望或无法在家里吸食的人聚众吸食形成的鸦片窟。毫无疑问,在家吸食与"鸦片窟"一样,为鸦片的地下交易提供了方便。因此原则上吸食者应当在公共烟馆中吸食鸦片。公共烟馆让吸食者聚集到两三处场所,在控制每个个体消费的同时,也能防止恶习的蔓延和由烟馆中滋生的疾病的传播,且也使得吸食者吸食合法鸦片后产生的鸦片残渣的回收更为容易。

接下来是第4页的第十六节。

十六、鸦片吸食者的治疗

鸦片上瘾患者的治疗是根绝鸦片的吸食、预防鸦片吸食习惯的蔓延中重要的一环。发现一种不会伴随巨大痛苦就能克服对鸦片依赖的低廉的办法是禁毒运动中决定性的一步。这个问题已经得到了远东地区的一些国家充分的重视，有时也将其与其他镇静剂药物上瘾者治疗联系在一起。作为一项科学研究或作为与鸦片吸食者实际治疗相关联的调查已经开始进行。但是可能是财政紧缺或是因为毒品吸食者们滥用了向治疗提供的便利，使得实际中进展缓慢。经济紧张的时候，吸食者们虽然会选择使用医院的特殊病房，但是一旦他们恢复并能够支付鸦片开销便又重染恶习。

应当对鸦片上瘾患者的治疗给予不断强化和系统性的关注。政府在该问题上应该做出表率，并对个人的努力给予鼓励。在原有的医院里和新建的医院中要为鸦片上瘾患者设置专用病房，当上瘾患者无须再进行治疗后可以改为一般的医院。为实现这个目标，应当使用鸦片岁入设立相关基金。

医务当局在治疗鸦片上瘾患者的过程中所积累的经验和成绩等，应与其他地区的医务当局共享。

另外，对那些治愈的上瘾患者应注意预后的复吸。在一些特殊的区域应尽早实施强制治疗，以便为总体上渐进治疗所有鸦片上瘾患者提供经验。

**布雷克尼辩护律师**：接下来我要提交辩护方证据……

**韦伯庭长：** 布雷克尼辩护律师，接下来还有多少摘要？这些都是建议国际联盟应当去做什么的报告，类似这样的报告肯定有好几百份。我们关心的是做了什么，以及本审理涉及的相关期间内所做的事情。

**布雷克尼辩护律师：** 接下来我提交的证据文件将会举证"满洲国"所做的事及其结果。

现在将检方证据第 452 号的摘要即辩方文件第 722 号作为证据提交。该文件是 1939 年在大连出版的南满洲铁道公司的《关于至 1939 年为止"满洲国"发展的第六回报告》的摘要，其中说明了构成"满洲国"全国性鸦片管制政策的各个阶段。

**韦伯庭长：** 按照惯例，予以接受。

**法庭书记官：** 辩方文件第 722 号现接受为法庭证据第 2455 号。

**布雷克尼辩护律师：** 现在开始宣读。（宣读）

四、鸦片和毒品

实施鸦片专卖制度的根本目的是通过国家的控制来根绝鸦片的弊害。对于这一点，政府重新审视了 1934 年的制度、进一步研究了一般问题之后，遂于 1937 年 8 月放弃了原先的逐步消除上瘾患者的政策，采用了一项新政策，计划从 1938 年开始使用十年的时间完全根绝该恶习。1937 年 8 月 12 日颁布的该铲除恶习的十年计划的内容概要如下：

① 反吸食鸦片的教育；② 防止产生新的吸食者；③ 上瘾患者的治疗；④ 上瘾患者治疗中所使用的鸦片的管制与改良；⑤ 政府与地方官员的自行约束；⑥ 鸦片吸食根绝政策下对鸦片制造、购买和贩卖的严格控制等。在强化鸦片专卖制度的同时，政府决定禁止使用镇静剂药物。因此，1937 年 8 月公布了毒品取缔法，同年 9 月 15 日开始实施。根据毒品取缔法的规定，虽然毒品取缔原本

属于卫生部的管辖，但是由于毒品制造的原料即鸦片实施垄断生产的缘故，所以大麻、海洛因等的制造、进口、分配等都置于专卖局的管辖之下（法律条文具体请参照附录Ⅲ，第 7 号和第 9 号）。

接下来提交的辩方文件第 965 号是 1932 年的一项鸦片法令的副本，并于 1938 年进行了修正。该法令显示了政府对鸦片控制政策采取了严厉的措施。

**韦伯庭长：** 按照惯例，予以接受。

**法庭书记官：** 辩方文件第 965 号现接受为法庭证据第 2456 号。

**韦伯庭长：** 休息之前你能读完吗，布雷克尼辩护律师？现在休庭 15 分钟。

（14：45 休庭）


（15：00 开庭）

**法庭执行官：** 远东国际军事法庭现在继续进行审理。

**布雷克尼辩护律师：** 休息之前打算宣读这份法庭证据第 2456 号。我从第 1 页第二条开始宣读。（宣读）

  第二条 任何人不得吸食鸦片，但是至康德五年一月十一日为止满 25 岁的鸦片上瘾患者若是出于治疗的目的且得到政府的许可认为有此必要的话则不在此限。

  第三条 鸦片的贩卖、精制鸦片以及医用鸦片的制造应由政府负责实施。但是根据第五条第 2 号以及第 3 号规定的情形下精制鸦片的制造不受此第三条的限制。

  第四条 鸦片或鸦片吸食工具不可进口或出口，但是若符合以下各点的规定则不在此限：

  （1）由政府进口或出口鸦片时；

（2）根据相关法规规定的药用鸦片贩卖者出口药用鸦片时；

（3）根据相关法规规定的鸦片吸食工具制造商进口鸦片吸食工具时。

第五条　禁止制造、买卖、转让或持有鸦片或鸦片吸食工具，除非根据法律规定并且符合以下任意一种情况：这里我省略不读。接下来是第3页第七条。

第七条　不能以营利为目的向他人提供吸食鸦片的场所或设施，但是得到政府特许的鸦片零售商不在此限。

第八条　如未得到政府的特许，则不允许以制造鸦片或鸦片替代品为目的而栽培罂粟。

第九条　不能以第八条中所陈述之目的而买卖或转让罂粟的种子，但是向得到政府许可的罂粟栽培人员贩卖或让渡则不在此限。

第十条　得到政府许可的罂粟栽培人员应当将其生产的生鸦片上交政府，但是目前暂时可以将其贩卖给政府指定的鸦片收购人员，鸦片收购人员必须将其收购的生鸦片上交政府。

第十条之二　不得制造、买卖、转让或持有掺假鸦片。

第十一条　民生部部长为了矫正吸食鸦片的恶习，可以对鸦片上瘾患者采取必要的措施。该措施所需要的费用开支由民生部部长决定。

第十二条　政府判断有必要时，可以命令第五条各款中涉及的相关人员提交报告。

第十三条　相关官员可以进入第五条各款中列举的人员的制造场所、店铺或其他场所对原料、制品、机械、器具、账簿、文件等进行检查，对相关人员进行询问，或者采取任何管制鸦片的必要措施。

第十四条　符合以下任一情况者，处以7年以下有期徒刑或者7 000元以下罚款：

（1）以贩卖为目的，违反第四条或第五条中关于鸦片所做的规定；

（2）违反第七条或第八条的规定。

上述徒刑和罚金可以并罚。

第十五条　以贩卖为目的，违反第四条或第五条中关于鸦片吸食工具所做的规定者，处以5年以下有期徒刑或5 000元以下罚款。

上述徒刑和罚款可以并罚。

第十五条之二　违反第二条、第六条或第九条之所做规定者，处以3年以下有期徒刑或3 000元以下罚款。

第十六条　上述三条的犯罪未遂者处以以下惩罚。

我只宣读到这里。

接来下将辩方文件第966号作为证据提交。该文件仍然是实施鸦片法令的修正鸦片规定。

**韦伯庭长**：按照惯例，予以接受。

**法庭书记官**：辩方文件第966号现接受为法庭证据第2457号。

**布雷克尼辩护律师**：语言部，我读的部分要少于你们标注的部分，但是我会告知你们。我要读的部分是从开头一直到第五章。（宣读）

鸦片法实施令

第一章　鸦片上瘾人员

第一条　鸦片上瘾患者出于治疗的原因需要吸食鸦片、希望根据鸦片法第二条的规定申请许可时，可以向民生部部长指定的警察署提出该申请。

第二条　警察署根据鸦片法第二条的规定同意许可时，必须向该上瘾人员发放证明书。

  第三条 鸦片上瘾者不得从新京特别市，各市、县、旗政府或获得特许的鸦片零售商以外的第三者那里获取鸦片或鸦片吸食工具。

  第二章 生鸦片、精制鸦片以及鸦片吸食工具的制造和贩卖。

  第四条 生鸦片以及精制鸦片应当由所辖专卖局通过新京特别市，各市、县、旗政府或特许鸦片零售商向获得许可的鸦片上瘾者让渡。鸦片吸食工具也应当由所辖专卖局特许的制造商通过新京特别市，各市、县、旗政府或特许鸦片零售商向获得许可的鸦片上瘾者让渡。

  第五条 新京特别市，各市、县、旗政府所经营的烟馆的数量、位置以及所属的鸦片零售商应当由所辖省长指定。鸦片吸食工具制造商由专卖总局局长指定。

接下来跳至第十一条。

  第十一条 鸦片零售商以及鸦片吸食工具制造商应在其各自的账簿上记载每次生鸦片、精制鸦片或鸦片吸食工具的收入支出时的种类、数量、价格、日期以及收入支出对象。

下面是第十二条至第十四条。

  第十二条 专卖总局局长每年决定一次罂粟栽培的区域以及栽培面积。

  第十三条 希望栽培罂粟的人员应每年向所辖省长具体汇报以下信息和提交申请。对此提出更改或停止栽培时程序亦同。

(1) 住址，姓名，出生年月

(2) 栽培场所，栽培面积

第十四条　得到前项许可的栽培人员应在各自的栽培地上树立记载有栽培面积以及栽培者住址以及姓名的标记牌。

跳至第十七条和第十八条。

第十七条　鸦片收购人员由专卖总局局长任命，并且限制在需要的数量之内。

第十八条　鸦片收购人员所收购的生鸦片必须在专卖总局局长指定的时期和地点上交。

接下来是第9页第五章第三十条至第三十二条。

第五章　处罚规定

第三十条　违反第六条、第八条规定者，处以拘役或200元以下罚款。

第三十一条　违反第十一条、第十四条或第二十五条规定者处以一个月以下拘役或100元以下罚款。

第三十二条　依据本令从事鸦片或鸦片吸食工具相关业务的人员或是获得罂粟栽培许可的人员若是发现其有业务上的不正当行为，应停止其业务，取消相关指定或许可并没收保证金。

现在把辩方文件第637E号作为证据提交。该文件是《"满洲国"年鉴》的摘要，该文件显示通过实施严厉的鸦片法规定，合法罂粟栽培面积逐渐下降。

**韦伯庭长：**按照惯例，予以接受。

**法庭书记官：**辩方文件第 637E 号现接受为法庭证据第 2458 号。

**布雷克尼辩护律师：**（宣读）

> 罂粟。
> 
> "满洲国"最大的罂粟栽培区域是热河，政府决定减少罂粟产量，最近该地区的耕种和收成已经有了明显下降。罂粟耕种地的合法面积在 1937 年是 103 万公顷，到了 1938 年降到了 70 万公顷。

表格省略不读。但是我要指出 1938 年的栽培面积与前一年相比减少了 30%。

现在把辩方文件第 188 号作为证据提交。该文件是"满洲国"的毒品取缔法。

**韦伯庭长：**按照惯例，予以接受。

**法庭书记官：**辩方文件第 188 号现接受为法庭证据第 2459 号。

**布雷克尼辩护律师：**（宣读）

> 警察法中的毒品取缔法
> 
> 康德四年（1937 年）七月二十二日公布。
> 
> 帝国第 215 号条例。
> 
> 同年九月十四日开始生效。

我从第 3 页第 2 条开始宣读。

> 第二条　前条第一项规定的毒品的制造、进口及贩卖须由政府实施。

前条所规定的毒品的制造、进口及贩卖相关的必需事项，由敕令加以规定。

第三条　第一条第二项以至第九项中所规定的制造毒品的人员，由主管大臣处对以下事项加以许可：

（1）制造所在地。

（2）品名。

（3）制造或储藏使用的建筑物的位置、构造及设备。

得到许可后，如果希望变更上述各项的内容，应再次获得许可。

接下来是第6页，宣读第12条至第16条。

第十二条　除了符合以下任意一项情况外，不得吸食、注射或以其他方法使用毒品：

（1）医师、牙科医师、兽医或药剂师出于业务上的需要时。

（2）根据医师、牙科医师或兽医的处方笺开具时。

（3）供学术使用时。

第十三条　医师诊疗时如果发现毒品上瘾患者，必须将其姓名、年龄、性别、住址以及上瘾毒品的类型于十日内向诊所所在地的主管警察署汇报。

第十四条　主管大臣为矫正毒品的吸食或注射的恶习，可以对毒品上瘾患者采取必要的措施。实施该措施所需的费用开支由主管大臣规定。

第十五条　主管大臣可对从事毒品事务的相关人员采取管制上必要的措施。

第十六条　相关官员可以进入从事毒品相关事务的人员的制造所、店铺或其他场所对原料、制品、机械、器具、账簿、文件或其他物品实施检查,或对关系人关于毒品的制造、进口以及贩卖等事情实施询问。

接下来补充宣读第 11 页的第 1 条至第 6 条。

第一条  毒品取缔法第二条中所规定的毒品的制造、进口以及贩卖由专卖局负责实施。

第二条  药用鸦片贩卖员可以从专卖局处购买毒品,并将其卖给医师、牙科医师、兽医、药剂师或获得毒品取缔法第三条以及药品法第八条许可的人员或在学术上供科学研究使用的人员。

第三条  毒品在专卖局中用统一的容器保存并封印。

第四条  药用鸦片贩卖员以及获得药品法第八条许可的人员不得开启保存毒品的容器或对其改装或撕毁其封印。

上述人员不得贩卖保存容器被开启、改装或封印被破坏的毒品。

第五条  毒品的贩卖价格由专卖局局长规定。

第六条  违反第四条规定者将被处以六个月以下有期徒刑或伍佰元以下的罚款。

以上是该文件中我要宣读的全部内容。

为了反驳检方在起诉书附录 A 第五节中提出的认为鸦片专卖收益成为年度军费开支的一项重要来源的指控,我在此将 1943 年"满洲国"国务院特别预算作为识别证据提交,并将该预算的摘要即辩方文件第 1031 号作为证据提交,以展示鸦片专卖制度的收支情况。

**韦伯庭长**:按照惯例,予以接受。

**法庭书记官：** 辩方文件第 1031 号添加识别证据编号第 2460 号，其摘要接受为法庭证据第 2460A 号。

**布雷克尼辩护律师：** 我想请法庭注意第 2 页中记载的为禁止吸食鸦片而支出的经费。接下来几页中所记录的指导、讲习、宣传、治疗、康复、对患者与治愈者的辅导等所需的经费，与之前所引用的国际联盟调查委员会报告中的建议一致。但是我不打算宣读这份文件。

为了证明鸦片专卖所得只占总预算的 1%，我接下来把 1943 年"满洲国"国务院普通预算作为识别证据，其摘要即辩方文件第 1032 号作为证据提交。

**韦伯庭长：** 按照惯例，予以接受。

**法庭书记官：** 辩方文件第 1032 号添加识别证据编号第 2461 号，其摘要接受为法庭证据第 2461A 号。

**布雷克尼辩护律师：** 这份文件显示，1943 年即康德十年的年度预算为 105 500 万日元，且我要指出根据上面两份摘要，鸦片岁入为 11 000 万日元，约占总预算的 10%。

现在把证人难波经一的宣誓证词即辩方文件第 963 号作为证据提交。

**威廉姆斯辩护律师：** 根据法庭和日方辩护律师的要求，我接下来要宣读证人难波经一的宣誓证词。

# 十一、"满洲国"的鸦片专卖制度

**威廉姆斯辩护律师**：根据法庭的建议及日方辩护律师的要求，我来代替日方辩护律师宣读难波经一证人的宣誓证词。

（难波经一证人登上证人席）

### 直接询问（由威廉姆斯辩护律师询问难波经一证人）

问：证人请告诉我你的名字和住址。

答：我叫难波经一，住在东京都新宿区本盐町十二四番地。

**威廉姆斯辩护律师**：请向证人呈示辩方据书第963号。

（向证人递交文件）

问：证人请你看一下手头的文件，并确认该文件是不是你的宣誓证词。

答：是我的，没错。

问：里面的内容真实无误吗？

答：是的。

**威廉姆斯辩护律师**：现在把证人难波经一的宣誓证词、辩方文件第963号作为证据提交。

**韦伯庭长**：按照惯例，予以接受。

**法庭书记官**：辩方文件第963号现接受为法庭证据第2462号。

**威廉姆斯辩护律师**：（宣读）

我，证人难波经一，1924年帝国大学法学部政治学专业毕业后直接进入大藏省。其后于1927年担任横须贺的税务署长，1929年又被任命为神户的税务署长。1932年9月、10月左右担任神户税务署长的时候，又因为"满洲国"需要一位适合在新设的专卖局工作的人选，希望选拔胜任者并派遣至当地，基于此，我被大藏省选中，辞去大藏省工作后1933年1月2日离开日本，同月11日抵达满洲的新京。我立即被任命为专卖局副局长，当时专卖局已经成立，但是组织体系尚未完善。

当时"满洲国"国务院总理已经发布通告禁止吸食鸦片，专卖局官制与鸦片法令也已经公布，专卖局的组织在设计上已经完成，但是实际中还未充分地运行。用通俗的话说，就是虽然有了形式但是还没有内容。局长是姜恩，中国人。他虽然行使局长的职务，但是还没有非常熟悉政府的事务。因此我们通常采用的方式是实际研究所有的方案，提出草案并征得他的同意。我作为副局长的主要工作是负责专卖局的组织化和日常运行。

专卖局的组织与运作方法的实质如下所示：专卖局在"满洲国"政府财政部部长的管辖之下组织建立，最初根据1932年11月制定的专卖局官制、鸦片法令以及鸦片法令实施的相关细则以及有关鸦片的收购、缉私的诸法规等开始运作。最初专卖局被设计为除了鸦片之外还负责处理其他物品的一般专卖业务，但是一开始只负责了鸦片的相关事务。它在新京设立了中央事务所，各市设立了分所或支所。一开始只有5个地方设立了地方事务局，但是到了1937年"满洲国"划分为16个省时专卖局在每个省都设立了事务所。

原来中国的广大区域都种植了大量的罂粟，吸食鸦片的风气大为盛行，吸食人数非常多。旧政权之下名义上法律一律严厉禁止鸦片，所以一般而言外国人很难理解上述事实。实际的情况是满洲各地秘密种植罂粟，由此生产出来的鸦片地下买卖也非常猖獗。吸食习惯传播之广，以至于一般家庭乃至中等以上的家庭中几乎没有不吸食鸦片的。我感到更为不正常的是所谓政府高官或知名的企业家自不待言,一般大众特别是劳动者中很少有人不知道鸦片为何物。我同时还发现鸦片是导致所有官员、军人、有影响力的商人等其他权贵者腐败的最大原因。比如全满洲范围内进行的地下交易便是向相关人员行贿才得以实施。秘密种植也是向地方的权力人士以税款名义上缴巨额的金钱,从而得到保护。在这种情况下,我认为鸦片的弊害除了吸毒带来的毒害之外,还成为导致权力者腐败的一个至关重要的原因。特别是满洲臭名昭著的土匪,毫无例外地将鸦片种植和地下交易作为他们最主要的经济来源。连续数年在满洲全国范围内主持开展严厉打击罂粟非法种植运动的我,可以确认以上实际情况属实。

首先关于鸦片带来的生理上的毒害,根据我多年的观察简单来说,就是大体上被确诊为相当程度的上瘾患者几乎一天中无法工作数小时,特别是体力劳动。当身体中的鸦片失效后,他们即使一天之中也要吸食好几回,吸完之后便需要躺下。而且和所有的镇静剂一样,一旦中毒,此后在不知不觉之间中毒程度就会加深。一旦到了这个地步,就再也无法离开鸦片生存了。

"满洲国"的鸦片政策用一句话说,就是为了在建国后的尽可能短的时间里一扫该积弊从而确立了逐渐减少鸦片方案基础上的严格禁止鸦片政策。进一步说,禁止鸦片大致有两种方法。第一种是绝对的禁止,也可说是立即禁止方案,通过法律强行禁止吸食鸦片。第二种是法律上原则禁止吸食鸦片,但是对于那些已经上瘾的人群暂时允许其吸食,并在一定的计划之下逐渐减少其数量,同时当然不遗余力地防止新的吸食人员产生,以期数年或数十年后毒品吸食得以消灭。这也可以称为渐减方案。"满洲国"便是采用了第二种方案。

简单来说,采用这种方案的理由是:如前所述,满洲中该积年恶习已经波及一般民众,且整个满洲到处都生产优质的鸦片。所以在这样的情况下采取第一种方案接近于不可能,即使推行其结果也不明显。不仅如此,推行这种不人性化的强制政策反而会激化该国的官员、军人及一般权力者的腐败。因为首先有很多人不吸食鸦片就无法工作甚至无法生存,且在鸦片产量高的地方强行取缔的话便会助长秘密吸食和地下交易,增加了不法之徒的收入和财源,带来政治上的祸患。正是担心这种情况发生,"满洲国"才采取了后一种方案。对此,我们调查了各种鸦片条约和各国的制度之后发现,采取逐渐缩减政策是最合适的方案,并且建立一套持续稳定的制度,依靠该制度逐渐减少毒瘾人员的数量。即我们相信实施严格的专卖制度,将全满洲置于专卖网之下,慢慢地脚踏实地地消灭鸦片吸食是最合适的选择。特别是台湾已经在现实中显示出了专卖制度所取得的成绩,此外1925年签署的日内瓦国际鸦片条约的主旨也包含了这一点。

在实施该渐减方案上,我们计划大致分为三个时期:第一个时期首先以确立专卖制度为任务。其中一步是在全境范围内登记吸毒上瘾者,以便尽可能快速和准确地掌握其数量。每个上瘾患者首先得到政府颁发的许可证,然后凭借该许可证才能从政府那里买到鸦片。当然未成年人无法得到许可。但是对于成年人并且被认为是相当程度的上瘾患者,我们先根据他们的申报进行登记,并不进行严格的调查和设置苛刻的条件。这样做的理由是我们担心如果进行了严格的调查或设置烦琐的条件,那些本应该进行登记的人会逃避登记,继续保持秘密吸食的习惯,这样的话反而造成更大的危害。如果无法准确掌握吸食者数量,那么永远都无法制定出一套清晰的政策。出于这样的原因,首先为了让他们没有顾虑地进行登记,我们甚至在允许他们购买鸦片的量上表现出宽大的考虑。第二个时期根本的问题是充分、彻底地控制罂粟的秘密种植。鸦片的体积并不大,且少量的鸦片就能起效,所以取缔地下交易非常困难。相反,秘密种植因为需要耗时数月,谁都可以看到,所以相对地容易管制一些。因此我们决定首先将种植地限制在一定的区域之中,彻底取缔秘密种植。一旦我们颁布了种植许可,就尽可能地将该处生产的鸦片完全回收到政府,以防止其流入黑市。栽培地每年由专卖局局长指定,并向栽培者发放特许证。根据法令,所有生产出来的鸦片均由专卖局或其分局或政府指定的特别收购员进行完全回收,我们尽力做到回收,不让其被非法买卖。

第三个时期是防止非法售卖和秘密吸食。防止非法售卖上,我们在海关、铁路或其他国外生产的鸦片可能运送到国内的途径或方法上设置了严格的控制。虽然鸦片法的一般执行由民政部负责,但是为了防止在栽培、吸食、贩卖交易以及运输上违反法律以及为了控制利用火车或其他运输工具运送鸦片,我将数百名专业监察员置于我的直接管理之下。实施专卖的初期,虽然有一些大罪犯被逮捕了,但是我认为还是有不少人逃脱了这张"法网"。当然,这些管制与一般治安状况联系非常紧密,由于满洲地域广阔、交通不便以及治安尚未稳定,彻底的管制终究无法执行。对于那些未进行登记而擅自吸食的人我们当然要进行管制。但是管制秘密吸食者这项工作比前述管制地下交易更为困难和棘手,因为如果要彻底执行的话就必须干涉到每个家庭。但是这样做反而会遭到国民的异常不满与反抗,所以早期还是不要严格干涉到这个程度为好。因此工作重点从一开始就放在了彻底控制那些吸食鸦片的秘密场所。

当时我听说很多人批评"满洲国"建国后公然允许吸食鸦片的做法,其理由是各个城市均有相当数量的秘密烟馆,这些秘密烟馆都被打压而代之以建立了少量的零售店。考虑到如果这些烟馆同时被取缔的话鸦片上瘾者会有麻烦,所以在奉天等大城市中设立数个、小城市设立一两处官方的零售店。那些零售店中公开允许上瘾者吸食鸦片。官方的零售店,即使数量很少也会受到普通旅行者的注意，而秘密吸食即使再多也很难被他们察觉。这样，批评便时有发生。性急且不理解鸦片渐禁第一期政策的人倾向于对允许公开吸食这一点进行攻击，这种指责乃是不知道实际情况者的不负责任的感情论。专卖制度稍微确立了之后，下一步便是排除借鸦片盈利这一因素。最初是将全满洲划分为数个区域，每个区域安置鸦片批发商。收购鸦片的专利局或分局首先将登记在案的上瘾患者的鸦片分配给该批发商，然后再由该批发商进一步分发给该区域内的各小零售商。在专卖制度建立的早期这样的分配制度是不得已而为之，但是不能永远把鸦片托付给商业机构。到了1934年，专卖制度逐渐完备时，批发商制度被废除，专卖局开始直接向零售商贩卖鸦片，以防止滥用。此外，随着地方行政充分地发展，零售机构也尽可能转移至行政机构，到最后连零售商都废止。对于吸食的管制，也随着制度逐渐完善的同时更趋严厉。以前只要进行了申报，警察便一律发放许可而不进行审核。而到了下一个阶段则必须要提交医生开具的证明书和限制鸦片的使用量，但是这要一直等到 1937 年我辞职以后才开始实施。

**韦伯庭长：**接下来是关于罂粟的栽培，读到这里刚好合适了。现在休庭，星期一早上 9:30 开庭。

（16:00 休庭）

1947 年 4 月 21 日，星期一
日本东京都旧陆军省大楼内远东国际军事法庭

（9:30 重新开庭）

**法庭执行官：**远东国际军事法庭现在继续进行审理。

（难波经一证人登上证人席）

**韦伯庭长**：除东乡茂德和平沼骐一郎两被告外，所有被告均已出庭，两名缺席被告由辩护律师代理。根据巢鸭监狱医务当局出具的证明书，该两位被告因病无法出庭。该证明书编入法庭记录。布雷克尼辩护律师。

**布雷克尼辩护律师**：证人继续作证之前，请允许我先修正上周五的记录。关于法庭证据第 2460A 号以及 2461A 号中，我一开始说鸦片专卖所获收益占总预算的 1%，尔后根据图表显示应该占 10%，我当时有欠考虑地同意了这一数字。

**韦伯庭长**：当时法庭问你到底是不是 1%，对此你说不是，应该是 10%。

**布雷克尼辩护律师**：这是因为混淆了纯利润和总收入。请看一下法庭证据第 2460A 号，第 1 页上写总收入是 1.1 亿元，而在第 6 页下方显示相应的鸦片支出总额是 9 800 多万元，所以纯利润只有 1 200 万元。因此根据第 2061A 号，鸦片专卖的纯利润大体上只占总预算的 1%。我要说的就是这些。

**韦伯庭长**：威廉姆斯辩护律师。

**威廉姆斯辩护律师**：现在继续宣读难波经一证人的宣誓证词，从日文版第 13 页第 9 行开始。（宣读）

关于罂粟的种植，所采用的方法是尽可能将批准的种植地集中到一处地方，如果可能的话集中到边境上，并且尽可能禁止在匪盗出没地带种植。最初指定的地方是吉林省东北部和热河，但后来限定到只允许热河种植，因为大体上热河地方无法种植谷物。罂粟种子被自由地分配给种植者，但这同时也是管制的手段之一。我们成功地减少了非专卖局批准的栽培罂粟的土地面积，除了在 1933 年、1934 年由于专卖局未能完全发挥管制能力之外，非法栽培的面积并没有增多。罂粟具有非常显著的特征，所以完全没有可能与其他植物混合在一起掩盖种植的可能性。

政府为了降低鸦片的价格，有时会减免种植鸦片的土地的租金进行调节，但这并非故意是奖励罂粟栽培。随着栽培地管理的逐步发展，也加大了彻底管制秘密栽培地的力度。1935年、1936年日军和"满洲国"讨伐盗匪时必定会带上专卖局人员随行，因为夺回盗匪的根据地后总是可以在那里发现罂粟秘密种植地，我们将其完全摧毁。同时我们也向各地方长官发出了严厉的警告，如果在其管辖范围内发现了秘密种植地，就会受到严厉惩处。黑龙江省省长以及龙江县县长因此而辞职。此外，栽培地区域的收购机构逐渐调整过来，尽努力完全回收所有生产出来的鸦片。但是如果我们工作过急、管理鸦片过严的话，可能会导致地下交易和秘密吸食等事件发生，因此我们必须采取稳健的政策，否则表面上看起来事情有进展而实际上情况却是在变坏。我们特别注意到了这一点。

我想是1937年以后，经过我们的努力鸦片专卖制度得以确立，大体上全满范围内秘密种植和地下交易基本消失。可以这么说，因为该时期我们已经进入到了一个国内专卖制度牢固确立并且其运行良好的阶段，所以正是时候系统性地考虑如何实施禁毒政策。因此，诸如我们应该花多少年来消除鸦片吸食上瘾等将会是一个非常困难的问题。开足马力加快速度可能也要十年。但是为了做得彻底且从专家的观点考虑的话，要花将近30或50年。但是"满洲国"是个年轻国家，有着崇高的理想，所以经过各种研究和讨论后决定并公布了其"十年禁毒政策"。在此期间，首先需要完善治疗设施，此外还必须大力开展各种禁毒宣传运动，向国民彻底宣传毒品的危害。因此我们需要一般民众的理解与合作。于是"满洲国"在各个县设置了医院接收毒瘾患者，一般的宣传工作则通过协和会进行。政府下达了特殊命令,如果政府机构或是公司的雇员中包括干部在内发现了毒瘾患者,必须给其休假时间以接受治疗,任何不接受治疗者必须免职。除此之外政府还制定了更为严格的规定和采取了严厉的手段,不给吸食鸦片留任何余地。

最初着手实施专卖制度时,我们参考了台湾的做法,推测"满洲国"的毒瘾患者大致占总人口的3%左右,大概100万人。当然,这个数字会根据上瘾标准的不同而改变,如果包括单纯吸食者的数量的话可能实际数字要翻好几倍,但大体上需要接受治疗的专卖制度的对象推定为约100万人,我们做的所有的准备也是根据这个数字进行的。通常鸦片吸食者一天吸食3次,即早、中、晚。这种类型的上瘾患者每天大约消费鸦片2～3钱(10钱约合为1两),上瘾程度更深的则要每天要吸食10次,消费6～7钱。吸食者中的大多数每天只吸食1～2钱。这样粗略算下来,每人每年的必要配给量为30两,100万人的话就是3000万两左右,我们据此着手工作并做了年度预算。但是最初的几年里鸦片专卖制度真正的意图并未为人所理解,并且种植鸦片的农民迄今也未养成必须要将鸦片卖给政府的习惯,所以鸦片经常流入地下市场。为了防止种植者与华北进行地下交易,我们采取了以高于华北的价格进行鸦片回收的办法。虽然在政府的严密监督下,但是数年间实际上还是只回收了栽培量的一部分,一部分流向华北,其他的则流入国内的地下市场。因此我们花了数年才取得了略微满意的成绩。期间,必须要给上瘾患者提供必要的鸦片量。如果政府没有足够的总供给量贮备的话,那么配给就会相应地减少。政府的配给减少的话,登记人员就会秘密吸食鸦片。因此,政府必须要确保鸦片必要的数量。在储备不足的年份为了填补不足,则不得已通过正规的"途径"从关东州租借地以及朝鲜,甚至从伊朗进口鸦片。但是与总需要量相比进口的量只占很小的一部分。在我的任中，1933年至1937年的数年间登记制度已经不再起作用。根据我的观察，很难保证登记的人数与实际吸食上瘾的人数保持一致，无法断言上瘾人数减少了，但是我确信并未增加。唯一的例外是登记制度实施之前那些大量的吸食鸦片，但是还未上瘾的人员。这些人不能被称为真正的吸食者，没有进行登记的勇气，所以他们会发现与以往相比更难获得鸦片。因此这部分人在数量上显著下降。换言之，登记制度成功地把鸦片从家庭中驱逐了出去。现在，参议员、大臣、省长等高官中有的已经放弃了吸食鸦片，在家中用鸦片宴请客人的习惯也消失了。最初的一两年，在政府登记注册的吸食人员数字只有最初估计的三分之一，即对我们估计的100万人只有不到30万人进行了登记。这是因为他们并不了解政府的用意，并且相当一些社会地位比较高的上瘾患者倾向于通过其他途径而非登记秘密获得鸦片。此外，国内隐匿着巨大数量的秘密鸦片，他们计划依靠这些鸦片维持下去。但是随着专卖制度的逐渐确立，国内的秘密鸦片也逐渐减少，因此上瘾患者便不得不进行登记以便获得鸦片。因为这个原因，二三年以后登记的人数增多，但并非是绝对数量的增加，而是秘密的吸食人员学会向政府提出申请，这不如说是一个良好的倾向。1937年开始实施所谓的禁止鸦片的十年计划时，我记得有超过59万人登记注册。这使我们得以大致把握"满洲国"国内上瘾患者的数目并进入到了实施十年进度计划的阶段。就我所记得，当初我们第一次做预算时估计每年可以获利500万元，但实际上第一年（1932年）仅获利36万元左右，这是因为人们还未完全理解专卖制度的目的。次年的收益约为120万元，但到了第四年的1936年获利就达到了1 000万日元程度，我记得。

"满洲国"政府设置了鸦片专卖特别会计管理鸦片相关的收

支,准确的数字每年都会在政府的预算、决算中呈示,即使是小额的收支也清清楚楚。

以上的利润是指政府买卖鸦片的总额中扣除政府收购、运输、专卖局经营费等直接必要的经费之后的剩余,如果扣除管制鸦片所需要的警察开支等之后利润就更加少了。

我记得1936年大约1 000万元转移至了一般会计收入,但是比起一般会计的总额,它只占了很小的一个比例。另外,鸦片贩卖收入的增加并未显示出吸食者人数的增减,其可能归因于政府向登记人员贩卖的数量增加和贩卖价格上涨。专卖制度实施得越彻底,登记的上瘾人员也就越多,鸦片销售量就越大。因此在实施上瘾者渐减政策的初始阶段,这意味着施策有望成功。

根据我调查的台湾的统计数据显示,登记的上瘾患者的人数在最初几年中急剧增加,一旦接近绝对数之后便慢慢地减少。根据我们的预测,该数目在"满洲国"于1937年、1938年左右达到顶峰,事实上在我历任的那一年1937年已经显现出了这个倾向。

此项收入增加还有其他重要的原因:其一是提高了鸦片的单价。在专卖的初期,政府的方针是为了防止鸦片流向黑市,从而提高鸦片的收购价格并以低价分配给登记的吸食人员。其后随着专卖制度的彻底执行,政府逐渐提高了鸦片的价格;其二是废除了批发商制度和生鸦片贩卖制度。关于前者,我已经叙述过了。至于后者,原先的制度是政府提供生鸦片给零售商,由零售商制造烟膏并分配给登记人员。但是1936年开始政府在奉天设立了一个烟膏工厂制造并分配烟膏,这项工作转移到了政府手中。由于与生鸦片相比,烟膏的价格要高出数个百分点,这样可以给政府带来更多直接收入。这两项制度的废除毫无疑问并不是为了增加收入。废除批发商制度是为了防止中间利益者滥用鸦片,而采用烟膏制则是考虑到为了防止零售商在用生鸦片制作烟膏时掺入鸦片灰等其他杂质并将这种劣质的烟膏卖给登记人员以及将限量配给的生鸦片直接用作毒品的倾向。

关于毒品,"满洲国"政府从一开始就采取了彻底的控制与镇压方针。1932年,民政部首先发布禁令,宣布绝对禁止制造毒品。在取缔鸦片秘密交易的同时也开始了禁止毒品的秘密交易。1935年当时取缔鸦片秘密交易运动开始的时候,我记得毒品的没收量相比之下更多一些。当禁止鸦片的准备工作完成、开始实施严格控制的1937年,与此并行的是制定了毒品取缔法,其要点是立即开始实行控制与镇压毒品,并对违反者施以重罚。治外法权废除开始实施之前,日满两国当局合作进行了彻底的调查与遏制,结果使得秘密制造者逃往华北地区。1937年8月,我辞去了专卖局的职务。

**韦伯庭长**:请将法庭记录第20306页第22行中"韦伯庭长"一词改为"布雷克尼辩护律师",刚好在我询问是否是1%之前,但这段问答并没有出现在记录之中。

**威廉姆斯辩护律师**:不追加进行直接询问,检方可以开始交叉询问。

**韦伯庭长**:奎廉检察官。

## 交叉询问(由奎廉检察官询问难波经一证人)

**问**:证人,你在宣誓证词的第一页中作证说"满洲国"政府要求日本政府推荐一名日本籍的"满洲国"鸦片专卖局官员。这个向日本政府的请求是不是由被告星野直树提出的?

**答**:我并没有直接听到这句话,而是从大藏省听来的这个消息,我觉得是"满洲国"向大藏省提出的要求。

问：当时星野直树主政"满洲国"总务厅，是吗？

答：不是。

问：那他的身份是？

答：我记得是财政部的总务司长。

问：好的。在你就任之前，是否和星野直树进行过什么讨论？我指的是在日本的时候。

答：我去东京的时候见了星野直树，但只是听他说"满洲国"在寻找我们这样的官员。

问：是否和星野直树探讨了专卖局的目的以及你的任务的范围？

答：我听说大体上被大藏省推荐了之后，去见了星野直树并从他那里大致听到了一些内容。

问：你是否和星野直树谈论了禁止吸食鸦片的问题？

答：当时我们只是谈到"满洲国"计划制定法律禁止鸦片这个程度。

问：你从日本出发之前，是否曾经和任何人讨论过"满洲国"禁止鸦片吸食的问题？

答：我从抵达满洲一直到了解详情为止，都没有和他人详细讨论这个问题的自信或能力。

问：我是否可以这么认为，你去"满洲国"之前即在日本的时候没有与任何人谈过"满洲国"禁止吸食鸦片的问题？

答：可以这么认为。

问：星野直树有没有和你说专卖的管理是一件很艰巨的任务？

答：非正式地听说了。

问：星野直树是否曾和你说希望能获得巨额的收入？

答：我记不清楚了。

问：这个问题一点儿也不记得了吗？

答：记不清楚了，但是我个人估计如果实施鸦片专卖制度的话可以获得一大笔收入，并依稀记得我作为大藏省的官员与大藏省谈论过这笔收入的问题，除此之外就没有什么印象了。

**伊丹语言监督官**：证人，请稍等一下。

**翻译员**：证人刚才说关于收入和专卖局今后的一些事项，他不仅仅和大藏省的其他官员，也与星野直树谈论过。

问：星野直树有没有和你说，关东军参谋长要求他必须要增加鸦片的收入？

答：我完全没有印象。

问：你是否听星野直树说关东军向日本政府表示，如果鸦片的收入不能提高的话就会导致预算不足？

答：没有。

问：从任何其他人那里听到过这件事吗？

答：没有。

**奎廉检察官**：请向证人呈示法庭证据第 227 号。

（向证人递交书证）

问：证人，你手里这份文件是 1932 年 6 月 4 日由关东军参谋长发给陆军次官的电报，你注意到了吗？

答：是的。

问：你是否注意到它标注了"军事绝密"？

答：是的。

问：现在我读一下第 1 页开头的一段。（宣读）

（1）因为维持治安的困难，"满洲国"财政实现建国之初估计的 6 400 万元收入现在遇到了重大的难题。以上的金额之中包括了 1 900 万元的关税收入以及大约 1 000 万元的鸦片专卖收入，除非能迅速处理这两项收入增加岁入，否则"满洲国"将面临陷入开支高达 9 300 万日元的困境。

问：在今天之前你不知道这份文件吗？

答：完全不知道。

问：辩护方在让你制作宣誓证词的时候，没有提醒你注意这一点吗？

答：我完全没有听说。

问：星野直树是否曾和你提到过他参加了"满洲国"政府获得日本借款的交涉？

答：没有听说。

问：你是否知道当时日满间决定的该借款金额是3 000万元？

答：是的。我去"满洲国"时是1937年1月，不久之后从财政部那里听说了。

问：我想你指的是1933年，而不是1937年，是吗？

答：是的，我说错了，是1933年。

问：你是否知道这3 000万日元借款是以鸦片收入做担保的？

答：关于公债的事项我并没有任何权限。因此我听说的时候已经过了很久了，当时听说鸦片的收入做了部分担保。

**奎廉检察官**：请法庭注意，我现在所提的问题乃是根据法庭证据第375号。

问：你在"满洲国"期间，满洲政府的官员是否是通过关东军与日本政府通信或交涉？

答：我听说如果事关重大问题的话，"满洲国"和日本会通过关东军进行交涉。但是就我所负责的鸦片专卖事务来说并没有类似经历。

问：你有没有通过关东军的相关官员关于你的工作进行交涉？

答：通过关东军与谁交涉？

问：与那些你所认识的关东军司令部的官员。

答：我记得当时关东军中有一些军官出于维持"满洲国"治安和

规范"满洲国"政府官员的观点出发非常关心鸦片事务。但是关于鸦片专卖的事务,我并不记得从关东军司令部那里收到了什么直接的命令。

问:我不是这个意思。我换一种说法再重复一遍我的问题。你是不是通过与军官的私人关系与关东军司令部直接交涉?

答:不是。

问:好的。你是否注意到关东军希望尽快实现鸦片专卖制度,个中有许多原因,其中一个便是获得收入?

答:我想他们可能是这样希望的,但是我并不记得接到了任何直接的命令。

问:我问的是你是否知道这是一个事实?

答:这个问题的意思很难理解。

问:你最初去到"满洲国"时,关东军是否热切希望能尽早实施鸦片专卖?这是不是事实?

答:是的,这是事实。

问:那你是否知道,他们其中的一个原因是希望获得额外的收入?

答:我当然可以想象收入是他们的期望之一,但是我记得关东军的最主要任务是维持"满洲国"治安。

问:我想请你看一下你宣誓证词英文版第5页下方第1节,我读一下其中一小段,是关于吸食者的许可制度。(宣读)

首先给各吸食人员发放政府的许可证,凭该许可证可以从政府处购买鸦片。当然未成年人不能被批准。至于成年人并且是那些被认为是相当程度的上瘾患者,我们根据他们自己的申报让他们进行登记注册,但是并不进行严格的调查和设置苛刻的条件。

这句话你还记得吗?

答:记得。

问:除了未成年人以外,还有其他受到限制的阶层吗?

答:没有。

问:日本国籍的人呢?

答:日本人是严格禁止吸食鸦片的。

问:刚才我问除了未成年人以外,是否还有受到限制的阶层你为什么回答说没有呢?

答:我没有考虑到日本国籍的人。

问:但实际上是设置了严重的警戒政策不允许日本人吸食鸦片,是不是这样?

答:当时没有采取特别的措施,因为当时日本在"满洲国"享有治外法权。

问:在任何时候日本国民都不被允许获得吸食的许可,这是事实吗?

答:是的。

问:除了你在宣誓证词中说的以外,你是否还知道关于鸦片专卖制度收益的其他信息?我想我最好读一遍你宣誓证词中的内容,在英文版第 14 页。(宣读)

> 就我所记得,当初我们第一次做预算时估计每年可以获利 500 万元,但实际上第一年(1932 年)仅获利 36 万元左右……次年的收益约为 120 万元,但到了第四年的 1936 年获利就达到了 1 000 万日元程度,我记得。

**韦伯庭长**:这里说的是 120 万元和 1 000 万日元,它们哪里不同吗?

**奎廉检察官：**是的。

**难波经一证人：**120万元和1 000万日元其实单位都是一样的。

**奎廉检察官：**首先，获利120万元的不是1936年而应是1935年，不是吗？

**韦伯庭长：**根据宣誓证词显示，1936年获利是1 000万日元。

**奎廉检察官：**是的，正如韦伯庭长更正的那样，1936年获利是1 000万日元。

问：我刚才要问的是，获利1 000万日元应该是1935年，而不是1936年对吗？

答：我记得最大的数字是1 000万日元或多一些，在1936年左右。我记得如此，所以在宣誓证词上这么写了。

问：但是实际上收益达到了3 000万日元，你是否知道？

答：我想并没有达到3 000万日元。

问：你是否还记得去年6月或7月给检方关于鸦片事项做了一份宣誓证词？

答：记得。

**奎廉检察官：**请向证人呈示那份宣誓证词。

（向证人递交文件）

**奎廉检察官：**这是你的宣誓证词吗？

**难波经一证人：**是的。

**奎廉检察官：**我给你读一下其中关于收益的一段。

**语言监督官：**检察官，请问您知道这份文件的编号吗？

**奎廉检察官：**这份文件还没有编入证据。但是它有检方文件编号，第2278号。

**语言监督官：**我想我们还没有收到检方的这份文件。

**奎廉检察官：**我已经向翻译部提交了英文和日文的副本。

**语言监督官：**请稍等一下，抱歉。这份文件还没有送达我们翻译间。

**奎廉检察官**：我可以先宣读一下，并不是很长。（宣读）

在我的记忆中，最初估计预算为 500 万日元，但实际上只有 30 万日元，因为民众并不了解专卖制度的真实意图。第二年度的收益是 120 万日元，但是到了第三年度即 1935 年收益便达到了 1 000 万日元，之后收益以同样的比率增加，达到了 2 000 万日元，然后又增加到了 3 000 万日元。每年的销售总额我并不知道，但是我记得 3 000 万日元是最多的收益。

你注意到了刚才我宣读的这一段了吗？
答：是的。
问：这段陈述是事实，对吗？
答：我当时是这么认为的，现在也没有多大变化，但是其后有机会看了一两份政府的预算书，我就开始想 3 000 万日元是不是稍微多了一些，2 000 万日元或多一些是最有可能的数字，是不是我的记忆稍微有些偏差。
问：现在向你呈示的这份宣誓证词的副本是否已经在你手上了？
答：没有。
问：你做宣誓口供的时候，桑德斯基检察官没有给你一份副本吗？
答：他说要给我一份，但是我拒绝了，然后就回家了。
问：我明白了，你是希望法庭忽略你在第一份宣誓证词中所做的供述、采纳第二份宣誓证词中的内容，是吗？
答：我在最初的这份证词书中完全没有任何关于数据的来源，并且是十几年前的事情了，因此我自己也得承认数字并不准确。
问：所以你的意思是希望法庭不要采信你第一份宣誓证词中的这

个部分,对吗?

**答**:是的,3 000 万日元有点过多了。

**问**:现在关于你手上这份宣誓证词的其他部分进行提问。从第 1 页第 2 节开始。这段乃是关于你与星野直树会见的内容。(宣读)

我们就工作进行了一般性的谈话,但是当时并没有任何计划,也未曾提及禁止鸦片的组织,虽然之后我去了满洲,那里在谈论禁止鸦片吸食的各种可能性。虽然在日本的时候我没有得到什么组织禁止鸦片运动的具体建议,但是在我心中我认为那就是我的工作。

这一段陈述正确吗?还是同样说错了?

**语言监督官**:奎廉检察官,我认为你现在读的我们逐字翻译的这一段与证人手上的文本出入很大,这样可能会导致混乱。

**奎廉检察官**:翻译的部分与副本不匹配吗?

**语言监督官**:很遗憾,是这样的。

**奎廉检察官**:那么这个问题暂时跳过,之后再进行。

**韦伯庭长**:可以开始对证人进行交叉询问了。本案非常特殊,证人向检方和辩方双方都做了宣誓证词。这也是本阶段最重要的部分。

现在休息 15 分钟。

(10:40 休庭)

(11:00 重新开庭)

**韦伯庭长**:奎廉检察官。

**奎廉检察官**:语言部已经找到了文件,我现在再次读一下之前宣读过的第 1 页第 2 段以确保其正确性,从"We discussed(我们讨论)"开始。(宣读)

我们就工作展开了一般的谈话,但是当时并没有做任何计划或提及禁止鸦片的组织,虽然之后我去了满洲,那里在谈论禁止鸦片吸食的各种可能性。虽然在日本的时候我没有得到什么具体建议去组织禁止鸦片运动,但是在我心中我正在考虑那方面的问题。

**问**:证人,我宣读的这一段正确吗?
**答**:没错。
**奎廉检察官**:现在从第2页,日文版第4页的"我们与日本政府的接触"这里开始宣读。(宣读)

我们与日本政府的接触乃是通过关东军司令部第三课(1937年中改为第四课)的联络进行,总务厅则是"满洲国"政府与关东军之间进行联络的机构。但是实际上我们与关东军的将校们有直接的联系,所以通常可以与关东军司令部直接进行商谈。关东军之所以关心让专卖局尽快进入运营轨道,主要有三个目的:(1)控制地方伪政权以及强盗团伙通过非法鸦片交易获得收入;(2)抑制鸦片吸食从而不损毁国家名誉,以及(3)将非法收入变为政府正常收入。

请再次向证人呈示文件原件。
(向证人递交文件)
**问**:证人,我刚才读的部分中你的陈述是否属实?
**答**:是的。
**问**:稍后在你的宣誓证词中提到吸食人员的许可证问题,你指出事实上日本国籍国民无法获得这个许可证,你注意到了吗?为什么在现在这份新的宣誓证词中没有提到这部分的内容呢?之前读到的那份,即给辩方做的宣誓证词中为什么没有提到在住日本人不允许获得吸食许可证呢？

**答**：因为根据日本国内的法律，日本人是绝对被禁止与鸦片产生任何关系的。我想没有必要指出这一点。

**问**：好的。为了确保准确性，我再读一次有关收益的那部分。在英文版第3页、日文版第7页，开头是"就我所记得"的那一段。（宣读）

> 就我所记得，我们编制最初的预算时估计收益为500万日元，而实际上收益仅为30万日元左右，因为民众并未充分了解鸦片专卖制度的真实意图。第二年的收益约为120万日元，但是到了第三年即1935年收益一跃达到1 000万日元，并且之后以同样的比率在增加。翌年的收入增加到了2 000万日元，下一年更是增加到了3 000万日元。所有的年份中，我想收益最高的就是3 000万日元。

证人，你这部分的陈述是正确的，还是错误的？

**答**：现在我认为这些数字有些错误。

**奎廉检察官**：有些数字错了。现在把检方文件第2278号即证人第一份宣誓证词作为证据提交。

**韦伯庭长**：奎廉检察官，你要提交全文还是只提交相关的那些部分？

**奎廉检察官**：当然是全文。副本制作好以后我会按程序分发给相关方面。

**韦伯庭长**：按附加惯例，予以接受。

**法庭书记官**：检方文件第2278号现接受为法庭证据第2463号。

**奎廉检察官**：交叉询问到此结束。

### 直接再次询问（由右田政夫辩护律师询问难波经一证人）

**问：** 我想请问证人，废除治外法权的时候是在你的任期中，还是在你离开"满洲国"之后？

**韦伯庭长：** 请问辩护律师，你是要进行直接再次询问吗？我想知道你是代表谁，关于什么案件询问。

**右田政夫辩护律师：** 抱歉，我代表被告星野直树进行直接再次询问。

**答：** 我记得废除治外法权是在1937年，就在我离开"满洲国"不久之前。

**问：** 治外法权废除之后，在禁止鸦片的规定上日本人与满洲人之间有什么不同之处吗？

**答：** 相同的，没有差异。只是我认为日本人还要受到日本法律的限制。

**奎廉检察官：** 这个问题在至今为止的交叉询问中并未涉及，我提出异议。

**右田政夫辩护律师：** 我想澄清关于日本人与"满洲国人"之间规定上的差异，刚才的交叉询问中已经提出。我的本方再次询问到此结束。

**韦伯庭长：** 还有其他的再次询问吗？

**威廉姆斯辩护律师：** 没有了。

**韦伯庭长：** 按附加惯例，允许证人退庭。

（难波经一证人退庭）

## 十二、"满洲国"新体制改革

**韦伯庭长**：布雷克尼辩护律师。

**布雷克尼辩护律师**：现在将辩方文件第637I号作为证据提交。该文件是1942年《"满洲国"年鉴》的摘要，其中记载了"满洲国"政府制定的救济鸦片上瘾患者的十年计划以及显示了虽然鸦片专卖获得了收入，但是从社会全体的损失来看使得这无法称为收益。

**韦伯庭长**：按附加惯例条件，予以接受。

**布雷克尼辩护律师**：好像现在手续上出了些问题，我暂时跳过这份文件。我想提醒法庭注意检方文件第450号。该文件是东京《周报》一刊的摘要，请看一下东京《周报》一刊该刊第3页。这上面显示从1932年至1941年，鸦片吸食者一直在减少，人数从130万人减少至50万人。并且这期间救治鸦片吸食者的医院从零增加到150所。

接着是法庭证据第57号的《李顿调查团报告》，我从英文版第105页底部的最后一段开始宣读，这部分乃是"满洲国"政府进行的若干项改革。（宣读）

该"政府"的政纲中包含了为数众多的自由主义改革，并且希望不仅仅在满洲实施，同时也希望在中国的其他地区实施。事实上，这些改革中有很多也出现在了中国政府的政纲之中。在与委员会会谈时，该"政府"的代表声称在日本的帮助下他们可以在一个合理的时期内维持和平与治安，并且尔后可以永远维持下去。他们表示他们相信通过公正且有效的行政、保障免受匪贼的掠夺、削减军费从而减轻租税、改革货币、改善交通通信及保障一般民众的政治参与，向人民提供这些保障借此可以逐渐获得人民的支持。

接下来提交证据反驳起诉书附录 A 的第 1、第 2、第 4 节中记录的事实，这些证据显示了这些改革颇有成效。

现在将辩方文件第 637F 号作为证据提交，该文件是 1942 年《"满洲国"年鉴》的摘要，其显示了满洲新政权下小学教员数量的增加。

**韦伯庭长**：奎廉检察官。

**奎廉检察官**：检方认为该文件并没有关联性，所以我们反对提交该文件。1931 年以后学校教员的数量与本审判中任何一个起诉案件都没有关联性。通过日方的努力，1931 年以后"满洲国"内行政得到很大改善，这一事实可以承认。但是我们认为，这并没有触及日本是否是为了自己的目的从而在支配满洲这一问题。

**韦伯庭长**：布雷克尼辩护律师。

**布雷克尼辩护律师**：刚才检察官最后说的话与我们接下来要说的问题有关。我们将要举证"满洲国"有自己的政府，通过自己政府的手出于自己的目的从而改革自己的行政。"满洲国"进行的那些改革以及取得的各种进步可以有力地说明究竟是谁在支配"满洲国"。"满洲国"所推行的教育、司法以及卫生改革并非是日本人受益，而是"满洲国"人得到了好处。因此，此种类型的举证与本案有密切的关联性，根据这些证据可以得出是谁出于什么目的在支配满洲的结论。

**韦伯庭长**：这种举证可能有助于减轻罪行，但除此之外我看不出任何关联性。总而言之我先与同僚进行商议。——根据多数决议，法庭支持异议，驳回辩方所提交的证据。

**布雷克尼辩护律师**：我们不知道法庭的这项裁定是否适用于我们接下来要提交的证据，所以暂时先把辩方文件第 637C 号，作为证据提交,该文件是《"满洲国"年鉴》的摘要,其显示了司法的性质得到改善。

**奎廉检察官**:检方对本文件的提交表示异议。该文件与刚才的文件属于同样的种类,我们认为适用同样的裁定。

**韦伯庭长**:布雷克尼辩护律师,这也适用之前的裁定。支持异议,驳回受理。

**布雷克尼辩护律师**:现在把辩方文件第637H号作为证据提交。该文件是同一《"满洲国"年鉴》的摘要,显示了新政府下卫生以及医疗设施上的改善。但是我认为这同样适用法庭刚才的裁定。

**韦伯庭长**:没有反对意见吗?

**奎廉检察官**:抱歉。检方认为这份文件比起上份文件更应该提出异议。

**韦伯庭长**:除了诸如重复这样的原因之外,法庭不接受其他的异议。支持异议,驳回文件受理。

**布雷克尼辩护律师**:现在把辩方文件第637B号作为证据提交,该文件是《"满洲国"年鉴》的摘要,其显示了为保障货币稳定,"满洲国"进行了广泛的改革。

**韦伯庭长**:反对吗?

**奎廉检察官**:检方认为这个文件也适用于之前同样的裁定,但是这份文件有可能与计划有某些关联性。

**韦伯庭长**:按附加惯例,予以接受。

**法庭书记官**:辩方文件637B号现接受为法庭证据第2464号。

**布雷克尼辩护律师**:现在开始宣读。(宣读)


货币安定政策

"满洲国"中央银行最初采取了政策维持货币"元"的价格与纯银23.91克等值,通过货币管理与上海的银以及汇率操作等得以保持货币稳定。但是不久之后发现继续绑定"元与银"会造成很大不利，因为美国开始实施银采购案。受到美国提高银价政策的影响，银价与一般物价分离，于1934年8月开始大幅上涨。结果银价与物价平衡破裂，导致了货币价格上涨，而使用银作为货币的各国物价下降。为了将银价剧变带来的坏影响降至最低，中央银行关注着银市场的走向，通过银货币的操作努力防止货币价格和物价剧变，货币价格上涨被限制在了银价的一半。这样，中央银行关注着银市场变化的同时，并没有将货币与银价绑定，也没有将其两者分离。该政策一直使用至1935年3月为止。

与此同时，银价变动得非常剧烈。1935年4月25日伦敦银条行情从前日的32便士上涨到34便士，翌日又大幅上涨到36便士，但是又很快下跌至33便士，显示了剧烈浮动的倾向。央行注意到如果继续将货币与银绑定的话，那么货币的价格就会激烈上下变动，会给经济界带来巨大的干扰，所以央行终于决定将货币与银分离，转换到独立货币政策，其目的是稳定物价。结果是虽然国外银价高涨，但是国内货币实际的价格却保持了安定从而稳定了物价。

当"满洲国"货币完全与银分离时，满洲元与日元保持在满洲元100元兑换107至108日元的比较安定的稳定价格。但是当"满洲国"货币开始不受银价的影响，与日元保持稳定关系的时候，甚至一般传闻都认为管理"满洲国"货币的目的是为了让满洲元与日元等价。这个见解渐渐地得到了根据，价格稳定在107至108日元左右的满洲元逐渐接近日元的价格。接下来一步一步，从5月、6月、7月到8月满洲元的价格靠近日元，到了1935年9月已经与日元等值。之后一直到今日都未发生变化。

辩方文件第637I好像已经抵达法庭书记员处，我现在将其提交。

**韦伯庭长：** 按附加惯例，予以接受。

**法庭书记官：** 辩方文件第6371号现接受为法庭证据第2465号。

**布雷克尼辩护律师：** 该文件是关于鸦片专卖控制政策的重要证据，我打算全文宣读。（宣读）

  鸦片以及毒品上瘾患者的注册登记

  明确掌握上瘾患者的数目对实施所有以根绝毒品吸食为目标的计划或方法来说都是最根本和最重要的条件。因此中央政府利用一切机会向地方当局发出关于登记上瘾患者的训令，同时给予奖励。中央政府的要求是到1938年7月末为止，在这个截止日期前登记所有的上瘾患者。

  但是在那些和平与秩序依然还未充分稳定的地方或其他地方的上瘾患者之中，因为受到政府政策发布后立即开始实施的毒品扑灭运动的冲击，有些患者将此登记政策解释为交税或是预示着强制劳动。所以他们认为去登记自己的名字是一种耻辱。

  出于各种各样的原因，根据各省当局的官方报告，从登记制度开始实施到5月末为止经过4个月时间正式登记的人员只有20万人稍微多一些。所以登记制度的效果还远远不及满意程度。

  为了应对当下的状况，中央禁毒促进委员会向各地方派遣了一行官员，以便促进上瘾患者的登记进程。大约过了一个月时间，这一行官员在该国主要城市积极地发动相关团体活动，一扫诸如登记期限延长这种毫无根据的传闻。同时也向相关地方当局提供了更多的信息，以便促使他们理解这个登记制度的宗旨，积极努力加快这项登记任务。这些派遣的官员取得了效果。因此，除了有特殊情况发生的三江、通化、热河等各省以及吉林省桦甸县等几个地方除外,到7月末全国范围内上瘾患者的登记基本上完成。

对鸦片和其他毒品上瘾者的救护

为了给鸦片及其他毒品上瘾患者提供治疗设施,除了用鸦片公开贩卖所得已经建立的36所各省经营的治疗所之外,又设立了10所国立治疗所,因此现在运营中的设施共计达到46所。但是坦率地说这些治疗所中的大部分无论是规模还是设备情况都非常不佳。有些治疗所甚至只能视为贫困者的避难所。

除此之外,这些治疗所并没有为收容多数病患做出任何完善设备的积极努力,也没有对收容的病患策划积极的治疗方案,所以在那里接受治疗的10个人中有7个人出院后会再次成为上瘾病患。这种情况甚至滋生了一种意见认为鸦片上瘾患者无法治疗。

但是"满洲国"政府坚信如果实质上改善治疗设备、给予鸦片上瘾患者更好的指导,并且彻底取缔鸦片的话,这项事业一定可以成功,遂决定从1938年、1939年至1940年三年间在各省设置总数200所以上的治疗所,并且制定了让全部上瘾患者(包括青年即法律上的未成年人在内共计90万人)在十年内接受治疗的十年计划。以下是该计划的明细表。

我不宣读数字的部分,但是想请法庭注意以下这一点:从1938年至1947年之间,上瘾患者的数目从约88万人减少至大约3万人。

鸦片吸食与国家诸问题

虽然决心尽可能在短时期内解决鸦片问题,"满洲国"政府还是遇到了各种问题。了解这些问题对于理解该政府根绝鸦片的政策来说是非常有必要的,以下的数个章节将会展示关于鸦片总体相关紧急问题的翔实研究。

国家财政。根据过去数年间的数据显示，其中一个记录年度"满洲国"政府从鸦片专卖获得的收益上升到了1 000万元。表面上看起来这似乎是国家财政的有利来源，但是仔细研究便会发现这个金额并非如其字面含义是收益。第一，"满洲国"每年要消费大约1.8亿元的鸦片；第二，经常吸食鸦片不仅会使上瘾者的精神堕落，也会削弱他们的身体机能。随着上瘾患者劳动能力的降低，该国的生产力也成比例地下降。上瘾者比起一般人生产能力大大减少的同时却额外地消费更多资源。他们正如中国的谚语所形容的那样"好吃懒做"。这些额外的消费及伴随其产生的给国家生产力带来的损失换算成金钱的话，"满洲国"每年要损失1.5亿元。

更坏的是，犯罪率会直接随着上瘾患者人数同比例增加，从而给国家带来了管制以及处理费用等额外的负担。考虑这些情况的话，"满洲国"根绝鸦片吸食的习惯意味着保守估计每年可以给国家节约3亿元。

如此巨大的纯节约额若引进正常渠道的话意味着国内消费能力会增加，给"满洲国"一般经济的繁荣和福祉带来强烈刺激。很明显比起实施鸦片专卖带来的不确定且盈亏相抵的收入，随着经济活动的扩大，国家的税收会给岁入带来更多收益。而鸦片专卖产生相对小额的收益却可能会招致外国舆论的疑惑甚至误解。但是在调查实际情况时却容不得这些疑惑与冷笑。

诚然，任何尝试都会遇到不得不克服的困难与障碍。但是在鸦片问题上"满洲国"政府下决心要克服所有困难，取得最终胜利。

结论。政府从最初采取抑制鸦片吸食的积极政策以来已经过了两年半以上。期间政府为尽快解决与此政策相关的各种问题做了所有的努力。鉴于此方面过去失败的经验且回应国家当下情况的强烈要求的必要性，鸦片铲除运动被分为若干阶段进行。

第一阶段到1937年7月末为止，主要用于登记以往至今的所有上瘾患者。在接下来紧接着开始的第二阶段中，完成建设患者可以自由使用的医疗设施机构。第三阶段严格立法，防止产生新的吸食者，这从上瘾者登记完成之日开始进行。但是实施则要从第二阶段结束之后才能开始。因此，如果发现没有正式登记的个人吸食鸦片或谋图暴利的人进行毒品交易，要对其加以严惩或在将来加以同样的严惩。

除此之外，从1939年开始不再允许政府官员或特殊团体职员中有上瘾患者。从任何角度来看，无论前方会遇到何种困难，为今后根除吸食者都在进行努力。

同样必须要指出的是1938年是上瘾患者矫正的最后期限。如果公务员或者是特殊团体职员中还有上瘾人员的话，则不会有任何同情的余地。

上述鸦片法可根据上瘾人员的社会地位或职业而适用。且设置了年龄限制，根据这项规定所有30岁以下的患者必须在1939年末之前自发根治该恶习。此后发现的上瘾人员要接受强制治疗。

原本考虑最长花10年时间执行该根除鸦片吸食恶习的方针。然而政府希望尽可能在最短时期内完成此项政策，对于某些毒性是鸦片数倍的毒品，政府则采取了从最初便立即禁止的政策。

虽然树立了以上方针，但是依然允许这些毒品供给，其理由不外是为了防止那些不这么做便无法维持的非法交易。将来所需的医疗设施完成之后，上瘾患者可以被这些诊疗所及其他机构优先收容。其后发现的上瘾者以及毒品非法交易者都会被严肃处理。

**韦伯庭长**：我想提两个问题，第一，1944年的数据是正确的吗？据我的理解这只是估计值，乃是根据1942年的情况来估算至1947年时每年的数据。我想知道这个估算实现了吗？

**布雷克尼辩护律师**：抱歉韦伯庭长，我现在无法得出结论说这些估算数据是否达到预期。但是我会试图去调查查明它们。根据检方提交的法庭证据第 450 号第 3 页显示，1941 年鸦片吸食者降至 50 万人，而该预期数字则是减少至 60.3 万人。

**韦伯庭长**：除了检方的证据之外，你没有其他关于 1944 年的数据了吗？

**布雷克尼辩护律师**：是的，韦伯庭长，我没有。和其他"满洲国"的证据一样，这很难获得。

**韦伯庭长**：《"满洲国"年鉴》是政府刊行的吗？

**布雷克尼辩护律师**：不，和《日本年鉴》一样，它是由满洲年鉴公司出版的。

**韦伯庭长**：最后两份法庭证据说的是什么内容？我想问这是不是其中的一份。

**布雷克尼辩护律师**：抱歉，我不太清楚这个问题的意思。

**韦伯庭长**：最后两份文件据说是一家公司的出版物，我想问你那是不是由政府发行的？

**布雷克尼辩护律师**：对不起，除了该副本最上面所刊载的信息之外我一概不知道了。可能是在政府的支持下刊行的，但是支持到什么程度不得而知。为了了解更多"满洲国"达成的进步和改善，我们传唤了证人武藤富男，他将根据他的宣誓证词即辩方文件第 957 号作证。

（武藤富男证人登上证人席）

（证人宣誓）

**布雷克尼辩护律师**：接来下由威廉姆斯辩护律师进行直接询问。

**韦伯庭长**：威廉姆斯辩护律师。

**直接询问（由威廉姆斯辩护律师询问武藤富男证人）**

问：证人请告诉法庭你的姓名和住址。

答：我叫武藤富男，住在东京都世田谷区玉川奥泽町三丁目一五七番地。

问：请向证人呈示辩方文件第957号。

（向证人递交文件）

问：证人请看一下这份文件，告诉我们这是不是你的宣誓证词。

答：没错，是我的宣誓证词。

问：里面的内容真实无误吗？

答：是的。

**威廉姆斯辩护律师**：现在把武藤富男证人的宣誓证词、辩方文件第957号作为证据提交。

**韦伯庭长**：奎廉检察官。

**奎廉检察官**：现在检方希望提出一项动议，在宣读这份宣誓证词之前，删除其中的10小节。

**韦伯庭长**：现在副本还没有发到其他各位法官的手上。我现在只有几天前呈递给法官的一份副本。

**奎廉检察官**：检方认为，以下几处没有关联性：

首先是第3节，该部分是关于"满洲国"司法制度的改革；

第3节的A部分涉及立法的统一；

第4节，涉及法院的整编、重组；

第5节，关于司法独立；

第6节，第二回的立法统一；

第7节，再次涉及法院重组；

第8节，监狱制度的改革；

第9节，律师地位的改革。

检方认为，以上各节适用于之前法庭对教育、司法制度等相关文件所下达的裁决。以上各节即使陈述的内容是真实的，也对本案审理没有任何帮助。且各节之中也没有一处内容可以适用于本案的证据。

另外检方要对第10、第11、第12页中的第13以及第14节提出异议。该部分涉及满洲重工业开发株式会社设立的目的,但是我们认为这两节并没有什么证明能力,只是单纯地记述了这件事情发生几年之后证人所听到的传闻而已。很难概括出这两节中非常抽象的一般性陈述,只是似乎是要表达该株式会社成立的目的是为了要借用美国的资本以及技术来发展"满洲国"的工业。

因此我们认为这两节除了没有证明能力之外,也没有任何的关联性。考虑到它所涉及的是满洲重工业开发株式会社的相关事项,这只会给审理带来混乱而已。

**韦伯庭长:** 第7页中证人提到基督教传教士进行传教的内容,你们对此没有异议,对吗?但是有一位法官认为这份宣誓证词整体虽很有趣,但是没有什么关联性。

**奎廉检察官:** 在决定应该反对哪些章节时,我只是选出了那些最明显应当反对的部分,或者是特别抽出了那些没有关联性的部分。剩下的其余部分,虽然大体上还有很多需要提出异议的部分,但是考虑到或许有些事实具备关联性,所以没有提出异议。

本来希望法庭能够删除这些简单短小的段落,但是我们考虑到有一定难度。虽然对该部分我们不提出异议,但是想请辩方注意,在将该文件提交法庭之前最好先研究一下这部分内容。

**威廉姆斯辩护律师:** 刚才提到的传教内容的问题,我们当然也同意认为它并没有关联性。我们认为没有宣读的必要,也并不打算这么做。但是总体上关于宗教问题,我记得上星期五法庭已经进行了讨论,关于1940年以前宗教压迫的讨论。

**韦伯庭长:** 你可以在下午的审理中继续进行讨论。现在休庭,下午13:30开庭。

(12:00休庭)


(13:30重新开庭)

**法庭执行官：** 远东国际军事法庭现在开始下午的审理。

**韦伯庭长：** 威廉姆斯辩护律师。

**威廉姆斯辩护律师：** 中午休息之前我们讨论了检方提出异议的武藤富男证人宣誓证词中一部分的关联性。之前也提到过 1940 年间或之后的宗教问题的关联性，其已经由溥仪证人的证词和涉及一些文件所证实。这一点我们看一下法庭记录就会清楚，我特别想请法庭注意法庭速记记录中第 4007 和 4008 页及之后关于这一点的记录。

**韦伯庭长：** 你应该附上法庭速记记录中以上页码的内容。

**威廉姆斯辩护律师：** 另外，关于法制及法院改革的问题，法庭记录第 4045 页中记录了以下问答：

> 问：谁掌控了"满洲国"的法院？谁掌握了法院的管制权？
> 答：所有这些都掌握在关东军以及总务厅的手中。

另外关于宗教问题的关联性，我想补充的另外一点是证人武藤富男作为"满洲国"政府的官员，被允许在基督教教堂中进行布道。这个事实直接反驳了溥仪证人所说的日本为了强化对"满洲国"的掌控，只允许使用日本的宗教，强行推行神道教，这记录在法庭速记记录第 4014 页之中。

至于宣誓证词中一位"满洲国"实业家供述的那部分，我们认为这部分与"满洲国"工业开发株式会社建立的目的有明确的联系，而这是检方所着重强调的"满洲国"五年开发计划中重要的一项。重要的不仅仅是该实业家陈述的内容，更重要的是他进行陈述这件事本身。但是我们辩方并没有打算宣读这份宣誓证词的全部内容，特别是中午休息之前指出的那些关于证人传教的没有关联的部分。

**韦伯庭长：** 溥仪并没有说基督教被压制，但是他确实作证说神道教被强制信奉。那也许会涉及基督教的问题，但是我个人并不这么认为。因为大体上你可以信仰一个宗教而同时忍受另外一个。

**威廉姆斯辩护律师：** 另外追加一点，在法庭记录第 4014 页。

问：根据日满议定书及与其他国家的协定，"满洲国"被承认是一个独立自主的国家。而你作为"满洲国"的皇帝，你是否认为自己被禁止了信奉自己的宗教且被强行信奉日本的神道教？

答：是的。我们完全没有宗教信仰的自由。

**韦伯庭长：** 这是你的回答吗？威廉姆斯辩护律师。根据法庭多数决议，支持异议，驳回第 3、3A、4、6、7、8、9、13、14 节的受理。我要做一些修正，根据法庭多数决议受理第 5 节。所以我们只对一部分异议给予了支持。以下章节在按照惯例下予以接受：第 5、10、11、12 节以及第 1、2 还有第 15 节。

**法庭书记官：** 辩方文件第 957 号接受为法庭证据第 2466 号。

**威廉姆斯辩护律师：** 我开始宣读接受为证据的部分。

**韦伯庭长：** 受理的部分是第 1、2、5、10、11、12、15 节。

**威廉姆斯辩护律师：** 据我的理解，检方对第 4 页第 9 节中的一部分并没有提出异议。

**奎廉检察官：** 我们要对该宣誓证词提出异议的一个因素就是无法判断一节的开头和结尾到底在哪里。我认为第 9 节只是开头那一小段，接下来那些没有编号的部分是第 10 节。

**韦伯庭长：** 我们认为第 4 页中没有属于第 9 节的部分，同样第 10、11 以及 12 节也未出现，但是我们估计它们包含在第 4 至第 9 页，以及第 10 页的前半部分。可能有人把号码弄错了。

**威廉姆斯辩护律师：**（宣读）

## 十二、"满洲国"新体制改革

1. 我叫武藤富男,现住在东京都世田谷区玉川奥泽町三丁目一五七番地。

2. 我 1927 年毕业于东京帝国大学法学部。毕业后在横滨任见习法官,1929 年成为正式法官。之后被任命为东京地方法院法官,其中一度调职至长野县,但是到 1934 年为止基本上在东京地方法院任职。1934 年 4 月我从法院离职,成为"满洲国"政府的一名官员。1935 年 3 月为止担任刑事司第一课长,之后转任法制局参事官。之后在政府改革时法制局改组成为总务厅法制处,我也作为法制处参事官继续任职至 1938 年 4 月。1938 年 4 月我转任宣传处参事官,1939 年 3 月开始担任总务厅宣传处处长,直至 1943 年 4 月为止。1943 年 5 月回国担任日本政府情报局第一部长至 1944 年 11 月,该月又被任命为审议室下的敕任参事官,直到 1945 年 6 月末退职。

接下来跳至第 4 页。

**韦伯庭长**：第 2 页。

**威廉姆斯辩护律师**：是的,第 2 页第 5 段。（宣读）

5. 为了防止上述的司法腐败,首先司法必须独立。为了达到这个目的,首先要将各省的行政与司法分离,设置独立的法院,同时配备优秀的法官。所以这就需要培养法官。司法的工作因为语言的缘故必须要由满族人来担任。如果不是满族人就无法进行审判。所以在司法制度改良以及运行上以满族为主,日本人提供协助。于是在康德元年(1934 年)司法部决定建立司法部法学校,开始培养新的法官和检察官。有很多优秀的学生涌向该学校,平均 50 人报考只有一人合格。经过一次严格的考试之后,有 200 名被认为是不亚于日本大学生的学生被录取。

**韦伯庭长：** 第 3 页第 5 节的最后的部分没有读。

**威廉姆斯辩护律师：** 抱歉。（宣读）

他们是"满洲国"早期的司法人员。这些人每年毕业后都会进入法院和检察院，使得司法制度得以改进。

接下来是第 4 页。

10. 我作为法制处参事官，经常出席国务院会议和参议府会议。我在张景惠内阁中任职，当时的"满洲国"总理及各部大臣都是在国家和民众中拥有很大影响力的政治家，所以每当一些特别是事关土地、粮食以及国内资本的法案或重要政策提交内阁审议时，国务院会议上便会进行热烈讨论与交换意见，有时会因这些大臣的反对而使议案流产。比如说在我任宣传处长期间，提交国务院会议的未利用土地征收法案就因为反对的气氛强烈遂不得不撤回。该法案原本决定只购买未开垦土地提供给日本开拓民，但实际中有时既耕地与未开垦地处于不可分割的状态（比如广袤的未开垦地周围围绕着小面积的既耕地），此时无法将其分离，所以这种情况下该法案的附加条款规定可以征用既耕地。这个法案由农林部大臣提出，但是在国务院会议上不赞成的气氛浓烈导致最后该法案撤销。

我担任法制处参事官的时候，参议府的构成人员中满系参议员占 7 人，日系占 3 人，议长是臧式毅。而表决采取多数决议，在参议府会议上关于重要的法案满系议员会积极地开陈自己的意见，经常导致政府议案很难通过。我记得制定刑法的时候提出了弑父母者的处罚问题，国务院已经通过的原案中规定对此要判处死刑或无期徒刑，而参议府的意见是只能判处死刑，意见更为强硬。特别是胡志远、曾思、陈瑞邻等清朝的遗老议员持强硬态度。满系议员认为弑亲者只判处无期徒刑有违道义。最后这个问题在御前会议上讨论，结果决定只有在弑亲的动机情有可原时才可以判处无期徒刑。

11. 我在宣传处处长任中，建国神庙建了起来。建国神庙创建的声明发表于1940年7月15日，7月13日时国务院会议正式决定，并向我传达了宣传要领。我和同僚们根据这份决议进行了宣传部署，该决定主旨如下：

（1）建国神庙乃是"满洲国"皇帝为了深化与日本皇室的亲睦关系、与天皇陛下精神一体化的结果，是祭祀日本皇室先祖之地，皇帝及其子孙要供奉之。

（2）建国神庙的供奉并不强迫国民进行。但是皇帝若供奉该神庙，其恩德施及百姓时，任何希望祭祀建国神庙的百姓都不得被阻止。

（3）因此，建国神庙与既存的宗教不会有任何抵触。

（4）宣传应当根据以上要领进行。

我作为宣传处处长，按照这些原则不仅做了公告，且之后的宣传政策也是照此规则制定。建国神庙建立后，省、县等地方上屡屡要求建立分庙。但是中央并未批准，因为中央考虑如果建立地方分庙的话会给民众带来强制供奉的不适感。

12. 由此，建国神庙与所谓的宗教有所不同，其与国民的个人生活没有任何关系。"满洲国"从建国之初宗教就是自由开放的。我是基督教徒，从我早年到满洲赴任到回国之前，一直在新京中央大道的日本基督教教会中担任长老。任宣传处处长时也经常在牧师不在的时候去教堂中布道。我是一名官员，同时也是教会的长老，两者之间没有任何的冲突。建国神庙建好之后我也经常去满洲人的教堂。新京的五马路上建了瑞典的长老会教堂，我还去过那儿给满洲人的信徒进行演讲。此外我还受该教堂的长老王荆山之托在该教堂建立六十周年纪念礼拜上布道。会上我对从全国来的长老会的牧师谈及了"基督教"的精神与"满洲国"的精神。

13. 本来宣传处处长一职应当由满系人员担任，其职位也是为满系而设置的，但是从满洲的实际情况来看，满族人担任该职有不便的地方，那是因为与关东军报道部、满铁宣传课之间的关系缘故。关东军为了做军事报道而设置了报道部，而政府的报道与此相关，所以关东军与政府之间信息的联络与调整就变得非常重要。同样满铁也设置了宣传课，以大连为中心，不仅仅是报道铁道业务，而且还负责对外宣传及其他一般的满洲宣传事务。因此政府同样要与满铁宣传课保持紧密联系。

宣传处长因此需要负责与关东军、满铁等外部的交涉谈判，而"满洲国"国内的报道宣传则交给满系官员负责。我有一名得力部下，一名名叫庄开永的首席参事官，他除了负责起草宣传政策之外还负责草拟政府声明、国务总理大臣谈话的原稿，万事与国务总理大臣进行商讨并做出决定。此外在他之下还有其他几位年轻的满系优秀年轻官员，比如刘盛源、苏正心等主持了国内宣传的指导与实施工作。除了满系官员以外没有人能够向满洲4 000万居民进行宣传工作。向满洲一般民众的宣传工作之中，满系参事官和事务官扮演了最积极的角色。而我虽然是宣传处长，但更像是一名机器人。

就我的场合而言，事务执行上没有所谓满族人与日裔人之间的差别。决定宣传政策并付诸实践时我们的做法是官员全体相互之间开诚布公地进行陈述和讨论之后再做决定，最后再实施。我们谈话、讨论和辩论时使用的语言有时是满语，有时是日语，有时混杂两种语言进行。通过日常的工作，我们已经不再意识到谁是满族人谁是日本人,已经融为一体。当我们在开会时如果刚好有一位从日本来的人,看到了会场的场景之后我会问他现在正在会场上讨论的人中,你是否能够分辨出谁是满族人,谁是日本人?他通常会回答说大家看起来都像日本人,同时也都像满洲人,我没有办法分辨。

其他的政府部局中虽然有程度上的差别,但是都差不多。特别是地方政府中日系满系已经完全融合到了难以辨别的程度。

接着是第 12 页的第 15 段。

15."满洲国"建国当时,日本政府的官员如果达到 30 岁左右,会辞去其职务而成为"满洲国"国民,作为"满洲国"的官员继续接连担任新的职务。我也是其中一人,那里俊杰辈出是因为满洲那里有东西吸引着他们。建设理想国家、实现乌托邦等理想燃烧了年轻人的热情。而"满洲国"的成立便是该理想的实现。那里有道义与光明,建立在所谓的"人本主义"基础之上。

1937 年 7 月卢沟桥事变发生了之后,"满洲国"的官员感到"大事不妙"了,因为他们担心这场事变可能会给满洲建国的理想实现带来障碍。"大事不妙"指的就是这个意思。

武藤富男　签名

**威廉姆斯辩护律师(继续对武藤富男证人进行直接询问)**

问:有人要求我关于该《"满洲国"年鉴》内容的可靠性追加问一两个问题。《"满洲国"年鉴》每年所公布的这些数据的根据是什么?证人如果知道的话请你告诉我。

答:《"满洲国"年鉴》由志波东吾(音译)这个人编辑出版,我还在担任宣传处长时,他每年都会来拜访我,那时宣传处都会给他提供一些他所需要的资料。如果一些资料是宣传处没有的,志波便会自己拜访其他政府部门比如外交部来获取这些信息。

**问:** 我们是否可以认为这些统计表原本都是根据政府各部门的资料编撰而成的吗?

**答:** 我估计偶尔也会参考一些特殊公司的资料。因此我认为《"满洲国"年鉴》数据来源是政府部门与特殊公司的资料。

**威廉姆斯辩护律师:** 检方可以开始交叉询问了。

**韦伯庭长:** 奎廉检察官。

**奎廉检察官:** 我们不打算进行交叉询问。

**韦伯庭长:** 按照惯例,允许证人退庭。

(武藤富男证人退庭)

# 十三、"满洲国"经济活动发展与五年计划

**布雷克尼辩护律师**：为了反驳起诉书附录A第3节中所陈述的理由，现在将1934年"满洲国"国务院公布的《施政大纲》作为识别证据提交。另外将该《施政大纲》的摘要、辩方文件第991A号作为证据提交，该文件显示了"满洲国"民众租税负担的平均化。

**韦伯庭长**：奎廉检察官。

**奎廉检察官**：我们对该书的摘要即辩方文件第991A号提交接受为证据表示异议。我们认为这份文件完全不具备证据能力，也没有证明力，此外也没有关联性。将其作为有可靠性的文件受理而言，这一点过于不明确。文件中也缺少日期等其他明确的信息，关于减税的信息也未给出详细的内容。

**韦伯庭长**：如果我们法官手中有了该文件的副本，就可以继续进行这场讨论。而现在我们并不清楚其内容，无法判断。

（向法官呈递文件）

**韦伯庭长**：我们现在手头有了该文件的出处证明书的副本，但是还没有经济与产业这一章的翻译本。

（向法官呈递文件）

**韦伯庭长**：现在我们已经有了《施政大纲》了。

**布雷克尼辩护律师**：我想这份翻译件它是从《施政大纲》一书中抽取的关于经济与产业的一章。

**奎廉检察官**：我提出异议的文件是辩方第991A号文件、名称是"施政大纲"。而正如我刚才指出的那样，我们认为由于它缺乏详细的

内容，这使得该文件的内容与我们正在讨论的案件的问题无法产生联系。所谓的减税，也可能是以牺牲满洲来使日本资本家与实业家获利为目的的，而这一点却无法证实。另外增税的幅度也有可能超过了减税，但是本文件却没有给我们提供更多信息。因此，这意味着这份文件对我们审理的目的而言没有任何价值。

**韦伯庭长**：但是里面写了对罂粟栽培减税，这会鼓励栽培罂粟，布雷克尼辩护律师。

**布雷克尼辩护律师**：关于韦伯庭长现在指出的罂粟栽培税减免的问题，已经由难波经一证人加以佐证。正如奎廉检察官指出的那样，这份文件中并没有标注具体日期，但是参照原文便会知道其日期是1934年。另外关于各种税削减的详细内容，如检察官所说确实没有记录，但是却记录了总额。请参考检方提交的文件法庭证据第57号、《李顿调查团的报告》的第106页。其中指出"满洲国"政府无法实施广泛的改革。而我现在要提交的这份文件可以举证"满洲国"政府可以进行改革，以及它确确实实进行了这些相关改革，因此我们认为它具备关联性。

**韦伯庭长**：对实施改革来说减税不是必需的。但如果本来税负很重的话，确实有这个可能。

**布雷克尼辩护律师**：请看一下《李顿调查团报告》第106页的上方，上面说到减税是一项受到期待的改革。

**韦伯庭长**：如果你是打算回应《李顿调查团报告》的话，那么根据法庭多数决议我们支持受理这份文件。

**法庭书记官**：辩方文件第991号添加识别编号第2467号，该文件的摘要991A号接受为法庭证据第2467A号。另外，辩方文件第991A～D号，作为以上摘要的证明书，统一接受为法庭证据第2467B号。

**布雷克尼辩护律师**：（宣读）

施政大纲

三、税收的公正化

国内赋税的修订、废除与调整

随着国家岁入的增长,反映了公共福利的增进。从随之而来的经济产业的发展以及社会、产业政策的见地出发开展了税种的改废、税率的调整统一工作。在减轻负担、谋求公正的方针下,鉴于岁入良好的状况,下述税负将被减免或修正,其总金额达2 376.8万元。

(1) 奉天省营业税减税税率统一;

(2) 热河卷烟税税率下降;

(3) 热河禁烟特别税减半;

(4) 生产税与牲畜税的重复课税废止;

(5) 票证费废止;

(6) 热河货物税以及牲畜税中的过路税和附加税废止;

(7) 哈尔滨每月卷烟杂税废止;

(8) 粮食生产税的减税调整以及吉林粮食市场税、粮食斗税废止;

(9) 原热河旧制度下的征收的家庭食盐及主食税、禁烟罚款免除;

(10) 热河及兴安分省的滞纳田赋及附加杂款免除;

(11) 黑龙江营业税税率下降;

(12) 盐税率下降;中国的盐价是世界上最高的,极大地压迫了民众的生活,且奉天与吉黑两省盐价有所差别,因此眼下燃眉之急便是减轻盐价负担和实现公正化。考虑到财政的现状,1934年3月1日开始盐税每担减少三角,同时大幅降低吉黑两省的专卖价格。政府的政策是随着国内税及其他一般岁入的增加而减轻民众的根本负担。同时,依据盐税和食盐专卖所得的岁入定在2 500万日元，超过这个额度的收入则用于充抵降低盐价；

（13）卷烟消费税检查执照的制定；

（14）杂税印花票发行；

（15）吉林及热河实行三种消费税；

（16）暂行粮商营业税法的制定。

为了对行政改革和税制调整做一项基本调查，从1933年7月开始至次年2月，42个税务局对本辖区所管的地方上对社会、经济以及财务情况做了调查研究，政府希望借此实现税负的公平负担。

为了举证政府的食盐专卖政策目的是为了降低这个民众必需品的价格，我现在把辩方文件第991C号、《"满洲国"施政大纲》的另一份摘要作为证据提交。

**韦伯庭长**：按照惯例，予以接受。

**法庭书记官**：辩方文件第991C号现接受为法庭证据第2467C号。

**布雷克尼辩护律师**：我需要指出这份文件依然是关于鸦片问题的。（宣读）

三、专卖

1. 盐价降低

甲、鉴于间岛地区盐价处于国内最高水平且与朝鲜接壤国境上走私进口较多，1933年9月开始盐价每担下降2日元20钱至3日元55钱不等，一来为了减轻民众生活负担，二来为了防止走私进口；

乙、盐价下降政策的第一步是从本年度3月1日起吉黑两省运输署施行盐价下降，与盐税税率下降三角一起合计降低一元，专卖收益计减少110万日元。

2. 鸦片专营的实施

从鸦片政策的见地出发，鸦片施行专卖。其目的是防止鸦片的非法交易和减少罂粟栽培，最终铲除鸦片吸食的恶习。随着本专卖制度的实现和卫生警察的完备，政府希望借此达成以上目标。另外确定方针决定鸦片专卖所得不再用于一般开销，而是用于充当鸦片政策实施过程中的管制、救助以及教育等其他经费的开支。

现在把辩方文件第991D号、《"满洲国"施政大纲》的摘要作为证据提交。该文件记载了政府改善通信和降低邮税的实施计划。

**韦伯庭长**：奎廉检察官。

**奎廉检察官**：检方对本文件作为证据提交表示异议。该文件与今天早上提出并被驳回的文件属于同样的性质，并不具备关联性，因此检方表示反对。我们认为，本法庭并不关心航空邮费从三钱涨至五钱等其他类似的问题。

**布雷克尼辩护律师**：交通通信的改善是另一个与李顿调查团有关联的方面，他们怀疑这项改善是否能够真正实现。而本文件展示了究竟提出了什么改善方案，下一份文件则展示这些方案执行到什么程度。

**韦伯庭长**：支持异议，驳回文件接受。

**布雷克尼辩护律师**：现在把1937年"满洲国"总务厅统计处公布的国家财政状况作为识别证据提交。其摘要、辩方文件第992号作为证据提交。本文件比较了新政权与张作霖时代的国防与维持治安的经费开支。

**韦伯庭长**：按照惯例，予以接受。

**法庭书记官**：辩方文件第992号现添加识别编号为第2468号，其摘要接受为法庭证据第2468A号。

**布雷克尼辩护律师：**我不打算宣读这份文件，但是想请法庭注意该文件的第三项，即旧政权下出于该目的而使用的经费超过80%，而与之相对新政权下仅为34.9%这一点。这在《李顿调查团报告》英文版第31页中也有记录。

为了进一步说明这一点，我现在把辩方文件第993、994号，即上述文件的1938年和1939年的国家财政状况的摘要作为证据提交。

**韦伯庭长：**按照惯例，予以接受。

**法庭书记官：**辩方文件第993号现添加识别编号为第2469号，其摘要接受为法庭证据第2469A号。辩方文件第994号现添加识别编号为第2470号，其摘要接受为法庭证据第2470A号。

**布雷克尼辩护律师：**在法庭证据第2469A号中，我想请法庭注意的一点是其第3、第4条指出国防和保安的经费开支分别占25.4%和4.1%，合计29.5%。在法庭证据第2470A中我需要指出其第三项显示其防卫开支进一步缩减至28.3%。我要说的就是以上这些。

**韦伯庭长：**这些数字的单位都是千，而不是百。我想没有太大差别。

**布雷克尼辩护律师：**我现在把1938年6月"满洲国"总务厅刊行的《"满洲国"年鉴》第3号作为识别证据提交，其说明了为改善农民的状态而进行的援助农业经济的尝试。另外将该年鉴的摘要、辩方文件第995号作为证据提交。

**韦伯庭长：**奎廉检察官。

**奎廉检察官：**检方对本文件作为证据提交表示异议。我们不想在这里一再重复我们的主张，但是我想只需指出这份文件与今天早上提交的卫生或医疗设备相关文件属于同样的范畴足矣。该文件只是陈述了"满洲国"的合作金融机构的某些细节，而本法庭并不对这些内容给予关注。

**布雷克尼辩护律师：**溥仪的证词相当详细地回答了这些问题。他说从本地农民那里拿到的钱都借给了日本人而不是"满洲国人"。

**韦伯庭长：**这份文件可以反驳溥仪的证词吗？

**布雷克尼辩护律师：**是的，它很明显有这个倾向。

**韦伯庭长：**考虑到该文件内容的价值，根据法官多数决议，按惯例，予以接受。

**法庭书记官：**辩方文件第 995 号添加识别编号为第 2471 号。其摘要接受为法庭证据第 2471A 号。

**韦伯庭长：**现在休庭 15 分钟。

（14：45 休庭）


（15：00 重新开庭）

**法庭执行官：**远东国际军事法庭现在继续进行审理。

**韦伯庭长：**布雷克尼辩护律师。

**布雷克尼辩护律师：**现在开始宣读法庭证据第 2471A 号。（宣读）

  鉴于农村地区没有健全的金融机构，奉天省政府于 1932 年计划在其管辖区域内设立金融合作组织。1933 年 3 月 27 日首先成立了奉天金融合作社，其次在当年的 5 月 5 日又成立了金融合作社，取得了极其优异的成绩。它们表明合作制度适合我国的国情。

  1933 年以后财政部开始直接对合作社进行监督指导，合作社的数量每年都在增加。1933 年有 11 所，1934 年有 39 所，1935 年有 32 所，到了 1935 年底总数达到了 82 所。组建合作社时，以每个省为一个单位，全"满洲国"16 省 30 旗中有将近 42% 的地区建立了自己的金融合作社。

  这些经济合作一方面培养了农民之间自治自助的精神，另一方面则使过去很少顾及的农村金融得以顺利发展,因此让地方农民感到王道政治的恩泽。

金融合作社借贷清单

总额:6 334 596元 其中用于农业资金:5 665 957元。

现在从法庭证据第450号第3页第2行宣读,这是关于"满洲国"实现的众多改善的综合性统计数据报告。

铁道延长:1932年4 000公里→1941年10 500公里;

公路:3 000公里→60 000公里;

铁道乘客数:800万人→8 360万人;

邮政局(包括办事处):1 600所→2 100所;

邮局办事员:3 200人→12 000人;

电报局:360所(包括日方的)→790所;

电话使用者:35 000人→100 000人;

广播收听者:3 000人→40万人;

电灯数:120万盏→330万盏;

自来水使用者:8万户→20万户;

小学:9 000所→21 500所;

小学生人数:50万人→180万人;

大学:1所→16所;

大学生人数:300人→3 500人;

鸦片上瘾患者和康复院的数量已经读过了;

邮政储蓄账户:10 600户→143万户;

邮政储蓄平均每户金额:19元→89元;

电影院:30所→150所;

电影院观众:50万人→400万人;

食盐消费量：380万担→750万担；

砂糖消费量：135万担→200万担；

匪贼：30万人→1 300人。

为了反驳起诉书中起诉原因第6条至第17条中所列举的谋划侵略战争，我们现在传唤辩护方下一个证人奥村慎次，根据他的宣誓证词、辩方文件第1160号由威廉姆斯辩护律师进行询问，举证"满洲国"五年计划乃是从满铁的业务开始实施，而不是军部的计划。

（奥村慎次证人登上证人席）

（证人宣誓）

### 直接询问（由威廉姆斯辩护律师询问奥村慎次证人）

问：证人，请告诉我你的姓名和住址。

答：我叫奥村慎次，现住在东京都杉并区久我山三丁目一〇八番地。

**威廉姆斯辩护律师**：请向证人呈示辩方文件第1160号。

（向证人递交文件）

问：证人请看一下你手里的文件，并确认这是不是你的宣誓证词。

答：是我的宣誓证词。

问：其内容真实无误吗？

答：是的，没错。

**威廉姆斯辩护律师**：现在把辩方文件1160号奥村慎次证人的宣誓证词作为证据提交。

**韦伯庭长**：按惯例，予以接受。

**法庭书记官**：辩方文件第1160号现接受为法庭证据第2472号。

**威廉姆斯辩护律师**：（宣读）

我叫奥村慎次，1894年出生于日本神奈川县，1920年从东京帝国大学法学部毕业之后立即进入了满铁就职。1932年1月就任该公司经济调查会第二部调查主任，1936年9月再次升任该会副委员长兼产业部次长。1937年12月被选为满洲重工业开发株式会社的理事从而辞去了满铁的工作。

　　1942年5月再次被选为华北制铁株式会社的总裁而从满洲重工业开发株式会社辞职。1944年6月又重新选任为满洲重工业开发株式会社的理事，之后一直担任该职到战争结束为止。

　　满铁从创立之初便有意发展铁道，对调查满洲经济情况持有非常大的兴趣。因此在总社中设置了调查课，众所周知，以此为中心满铁研究了各种产业开发方案，并且满铁以其财力和技术为支撑，下了很大力气去促进矿、工、农、畜等各领域的开发。

　　其后因为九一八事变的突然爆发，为了应对激荡的满洲客观形势，满铁于1932年1月新组织成立了经济调查会这个综合性的大型调查机构，关于满洲经济建设所必需的产业、交通、通信、金融以及贸易等各部门进行系统性的调查研究并制定方案。我当时隶属于该调查会，并且负责产业部门。

　　其他方面，为了完全掌握产业政策的基本资料，"满洲国"新政府于1934年设置了临时产业调查局这个机构，开始了"满洲国"产业、经济基本调查的三年计划。并且不仅仅是铁道沿线，调查员还被派遣至内陆地区，遍及矿、工、农、林等各领域进行调查。例如松花江的水力发电的地点就是当时通过调查后发现的。

　　这样，将"满洲国"临时产业调查局与满铁经济调查会双方的资源调查成果合并之后，全满洲的资源总体情况调查就完成了，满铁方面调查中所不完备的资料也逐渐得到完善。1936年夏天政府和满铁进行了讨论，在这些资料的基础之上提出了议案，希望建立一项新国家产业经济开发的基本长期计划。并且当时苏联第二个五年计划正在进行之中,传来了苏方成功的消息,因此"满洲国"政府与满铁的职员对于计划经济的关注与兴趣与日俱增,此事也成为提起该议案的发端。

关东军也赞成这个想法,在从前相互沟通并不充分的"满洲国"政府与满铁之间充当了斡旋的角色,希望这项工作使得两者携手合作的计划提案能够顺利进行。于是首先从政府和满铁中选出数名负责各部门的胜任者,让他们对原材料的初步生产计划做总体研究。而我就是被选出的各部门的负责人之一,负责产业部门的总体工作。

之后上述研究暂且得出了结论,为了公布该结果并对产业开发问题进行讨论,1936年10月,除了上述直接参与生产目标研究的人员之外,关东军、政府以及满铁的相关人员举行了会议,会议制定了一个产业发展计划的大致框架。在这个计划的基础之上,其后两个月时间就更为具体的内容进行了研究,同年11月时制订出了一份具体的计划。这便是所谓的产业开发第一个五年计划。

下一步,"满洲国"政府为了从日本获得实现该计划所必需的资金以及物资援助,于是把制订该计划的数名相关者派往日本,向日本政府说明该计划并获得日本的了解与援助。我作为其中一员被派遣同行去了日本。我们于1936年12月中旬在东京的对满事务局中举行了与各省相关官员的会谈,向他们说明了此次的计划并希望获得他们的了解和支持,当然各省相关官员之中也有陆军省的代表。除此之外我们完全没有听说过陆军省还有另外一个类似的计划。但是,日方当时的态度甚是消极,只是单单听了满洲方面的说明以及希望而已。然而"满洲国"政府却根据既定的方针着手实施该计划,并将1937年作为实施开始的第一年。

产业开发五年计划的目标是综合开发的满洲产业和交通，为其后的经济发展打下基础。如果停留在原来的原始殖民地状态，则无论是国力增强还是民生改善都不可能，因此政府考虑到快速提高"满洲国"工业化水平并将满洲的经济提升至世界水平。

至于五年计划的内容，其重点是满洲基础产业的开发和扩充，同时对矿工业的开发和农畜饲养、交通、通信的发展等给予同等程度的关注。在矿工业部门的计划中虽然包含了军需品的扩充和军用飞机等产业，但是与全体比较而言只占了极少的一部分。从资金面来说，整个五年计划所需的计划总资金为25亿元，而以上兵器（包括坦克和飞机的制造等）所需的资金仅为1.3亿元，占全体的5%左右。

当然，这个计划可能被认为是要发展国防，但同时它也被认为是改善民生的必要的一环。

这个计划开始实施后不久就爆发了卢沟桥事变，这是完全没有预料到的，因此获得实施计划所需的资金与物资等就遇到了麻烦，而我们参与计划的当事人感到很烦恼，希望此事能尽快解决。因为这个发展基础产业的五年计划实施前提就是存在一个和平的环境，使得该综合计划得以集中国家的力量进行。我们在策划时无论如何都未曾想到不久的将来会发生战争，所以卢沟桥事变的爆发给满洲五年计划的实施带来了重大障碍。举一个我身边的例子来说，满洲产业开发必要的劳动力主要依靠的是来自华北的劳动力，仅从这一点来说就给计划的实施造成了巨大的困难。但是，与我们的期待相反，事态反而扩大了。

1937年12月满洲重工业开发株式会社设立之际，我就任该公司的理事一职。1938年初"满洲国"政府对该五年计划做了修正，要求满洲重工业开发公司协助实施该修正计划。据我所知，当时日本因为没有意料到事态的扩大而感到物资紧缺,同时由于国际形势上日满两国从外国进口物资也逐渐趋于困难,因而痛感必须要尽其所能开发两国的资源、强化基础物资的供给、巩固经济以及国防的基础。因此,日方希望满洲能够增加煤炭、铁、电力等基础物资的生产,决定逐渐增加资金和物资方面的支援。

除了这些要求之外,"满洲国"政府和满铁还在第一个五年计划确立之后继续对资源进行调查,然后发现了新的资源,如东边道的铁、煤炭、水力发电等。为了开发这些资源,政府修正了五年计划,扩大了生产目标。

奥村慎次

**韦伯庭长**:奎廉检察官。

**奎廉检察官**:检方不对该证人进行交叉询问。

**韦伯庭长**:按照惯例,允许证人退庭。

(奥村慎次证人退庭)

**布雷克尼辩护律师**:冈田启介以及奥村慎次两位证人已经关于苏联第二个五年计划与"满洲国"的五年计划之间的因果关系做了证言。为了进一步证明两者间相似的关系以及"满洲国"的五年计划是正当的自卫手段,我现在将收录了苏联领导人的演说以及1934年召开的苏共十七大会议决议、名为《社会主义的胜利》的一书作为识别证据提交,同时将该书的摘要即辩方文件第537号作为证据提交。

**韦伯庭长**:奎廉检察官。

**奎廉检察官**:检方对本文件的提交表示异议。该文件只是演说集的摘要,无法实现我的辩护律师朋友所说的那些目的。这本书中所收录的演说回顾了15年来共产国际的活动,并部分提到了无产阶级革命和共产主义。但是无论是这些内容还是书中的其他内容我们认为都与本审判的案件毫无关联。日本在满洲所做的任何计划,或在满洲、中国等其他地区所实施的战争都不能以这种类型的演说证明是合理的。另外，苏联的五年计划，与法庭所关心的"满洲国"的五年计划没有任何关联性可言。因此，我们认为这份文件不具备关联性，也没有证明能力。

**韦伯庭长**：布雷克尼辩护律师，他们之间的关联性在什么地方？

**布雷克尼辩护律师**：起诉书附录A第三部中明确指控日本利用满洲开发为自己提供财源与武器用于战争。当然，如果日本发现他的邻国声称要对他发动战争并且在做军事准备，则日本很自然地为了自卫而需要采取一些武装对抗政策。看一下我们原本打算宣读的这份文件后可以知道，在它一开始提到了苏联的国力之后，还提及了无产阶级的联合，并且在共产党的领导下如果与苏联以及中华苏维埃联合的话，就会对资本主义国家来说形成一股所向披靡的力量。我们还未提交、但接下来将要提交的一份文件详细地记述了苏联在远东离日本最近的地区的军备扩张。我认为这涉及了一个基本的问题，即日本到底是企图侵略还是自卫行动，所以非常具备关联性。

**韦伯庭长**：支持异议，驳回文件接受。

**布雷克尼辩护律师**：因为我并不清楚这项裁定范围有多宽，所以暂且提交下一份文件留入法庭记录。现在提交辩方文件第538号。该文件重点展示了苏联通过五年计划实现了其重工业和兵器的发展，特别是实现了远东地区快速的工业化。

**韦伯庭长**：奎廉检察官。

**奎廉检察官**：我们检方认为与之前文件被驳回的理由一样，要求驳回这份文件。莫洛托夫这份演讲稿中所提到的工业发展的详细内容对于日本和世界其他各国来说都同样没有什么关联。我们认为这与之前被驳回的文件一样属于同样的范畴之中。

**布雷克尼辩护律师**：因为苏联存在对世界各国的威胁，所以日本不得不为了自卫而做准备。而且本文件的内容也并不是检察官刚才说的那样。

**韦伯庭长**：它有没有涉及武器增产？

**布雷克尼辩护律师**：第 7 页第 2 段中提到了重工业生产的一般项目。其中涉及了坦克、机关枪、飞机以及细节没有公布的其他项目。并且说得很清楚，如果有必要的话苏联可以将全部工业为了武装军队而动员起来。

**韦伯庭长**：除了第 7 页第 1 节、第 2 节之外，根据法庭多数决议，支持异议。即按照惯例，仅受理本文件的第 1 节和第 2 节，从"按照这个进度"开始一直至"完成这项任务（鼓掌）"该地方为止。

**法庭书记官**：辩方文件第 537 号添加识别编号第 2473 号，其摘要、辩方文件第 538 号接受为法庭证据第 2473A 号。

**布雷克尼辩护律师**：我现在宣读被接受的两段文字。（宣读）

按照这个进度，国家的国防问题可以解决。我在这里不说国防，也不引用任何数据。我只想说 1930 年不能与今年相提并论。我可以告诉你我们究竟造了多少坦克、多少机关枪、多少飞机或多少其他的东西，但是在这里我只想说去年我们为炮兵部队提供的补给，远比 1932 年度完成得更好。

如果这些猪鼻迫使我们动员全部工业来武装红军，那我相信我们能够像以往那样完美地完成这项任务。（鼓掌）

为了举证五年计划是一个为了满足各项要求而发展国家经济的手段，而不是检方主张的那样是侵略战争的准备工作，我现在把辩方文件第 558 号作为证据提交。该文件的内容是前"满洲国"产业部次长岸信介的演说。

**韦伯庭长**：按照惯例，予以接受。

**法庭书记官**：辩方文件第 558 号现接受为法庭证据第 2474 号。

**布雷克尼辩护律师**：宣读之前我要补充说一句，提交这份文件也是为了举证五年计划与卢沟桥事变之间没有联系，该事变对于"满洲国"来说无异于晴天霹雳。同时也是反驳起诉书特别是起诉原因第19条所陈述的共谋指控。（宣读）

岸信介演讲

发表于1938年11月26日在大阪举办的日、满、中经济讨论会之上。

众所周知，满洲建国以来已经过了7年。此间国家最重要的建设工作：维持良好的治安与扫除旧政权时代开始就存在的各种宿弊，已经基本完成。而产业开发所必需的基础调查也已经进行得很充分，我们现在面临的问题是如何利用最合理的方法快速开发这些非常丰富的资源。

关于这一点，前年秋天时制定了"'满洲国'产业开发五年计划"，当时我也带着这份方案去了日本寻求相关各方面的理解，希望获得实施所必要的援助。因此，从去年1月1日开始进入实施该五年计划的第一个年度以来到现在已经快过了两年。我想通过新闻或其他途径你们已经大致了解了第一年中所取得的成绩，但是第一年刚好过了一半的时候卢沟桥事变爆发了。之后正如你们所见，事态发展到了今天这个地步。这是我们当初制订五年计划的时候完全没有料想到的，而我们参与该计划的官员必须面对很多没有预料到的难题。

但是幸运的是由于得到了各方面的援助和协助，总体而言第一年我们在经济方面，例如电气、制铁、煤炭以及其他我们认为在五年计划中特别重要的产业领域方面取得了成功。至于其他的项目，我们计划缩短了分配给它们的年限，且考虑到后来的事态，可以说我们取得了比原先计划更好的结果。另外你们也知道产业发展五年计划执行起来非常困难，仔细研究每一个部门就会发现有很多地方没有达到我们的预期。

特别是农业方面，因为去年的气候和其他因素的影响，虽然播种和种植方面大体上和我们预想的比较接近，但是收获时则与预期相去甚远。在工业方面，例如煤炭，在技术和使用上也遇到了很多困难。但是回顾过去一年取得的实际成绩并设想一下之后发展的新事态，这个五年计划所定的目标已经变得非常渺小以至于不再能决定满洲产业未来发展的道路，虽然这个计划刚制订出来时很多人认为它非常庞大，虽然它才刚刚执行了只有一年的时间。

站在现在的立场来看我们的目标不能定得太低，如果目标不定高一些的话就无法适应新时代的要求。因此考虑到这涉及日满双方，且幸运的是从满洲的资源以及其后开发的状况来看进一步扩大开发并非不可能，所以我们在今年早些时候制订了所谓的"修订五年计划"且尽力立即开始执行。我不再深入说明这个计划，但是为了给你们一个关于这个计划的总体印象，我可以说包括了所有的项目之后，最初原计划的资金规模是25亿至30亿日元之间。

但是修正后的计划实施之后所需的资金约是原计划的两倍，达到50亿至60亿日元。当然这也可归因于后来原材料等物资的价格上涨，但是简单说来是因为扩大的规模都是在工业领域范围之内，并不包括农畜产业。所以从这个意义上说有些原料价格上涨了两倍，有些如钢铁、煤炭以及液体燃料等，电力、国防上所需的汽车、飞机产业等都以这些原料为核心动力源，所以该计划所需的资金便从25亿至30亿日元上升为50亿至60亿日元。从那时起，我们就一直在致力于实施该五年计划。在我解决原先预想的问题时若是遇到了什么困难，我们常常向日本的有影响力的人士通告我们的困难并寻求他们的帮助。所幸的是，该计划今年已经可以给出一部分成果数据，这是一件值得高兴的事情。

接下来是法庭证据第 445 号，"第一期五年施政成果，第二期建设案大纲"。除了检方已经宣读的部分之外，宣读剩余所有内容。

首先回顾到今年秋天为止过去五年间的施政成绩，检视一下在建国之初政府所做的承诺和宣布的政策到底实施得如何，换句话说就是建国宣言以及经济建设纲要到底被执行到何种程度。

第一，建国宣言中承诺的政策

建国宣言中公布的政策如下：

(1) 施政必须依据真正的民意。

(2) 没有种族歧视，不分尊卑。

(3) 铲除黑暗政治。

(4) 修订法律。

(5) 鼓励地方自治。

(6) 广收人才，启用俊贤。

(7) 奖励实业，开拓自然资源。

(8) 统一货币市场。

(9) 训练警察与军队，肃清匪患。

(10) 普及教育，尊崇礼教。

其最终目的是"实行王道主义，开化境内百姓，维持东亚永久和平，树立世界政治典范"。

1. 施政必依民意

建国以来，政府为了免于陷入专制政治之弊，实现民族和谐、真正反映民意的官民一体的独创性王道政治，1932 年 7 月 25 日成立了"满洲国"协和会。"满洲国"协和会作为一个宣德达情的机构,其主要任务是上意下达和下意上达。每年县、省、中央各级都会召开联合协议会。1946年7月协和会实行了改组,于同年9月18日阐明了其根本精神,作为一个政治实践体开始积极地展开活动。

(我想上面有一处错误,应该是1936年而不是1946年)

2. 没有种族歧视,不分尊卑

1932年4月1日,教令第二号公布的人权保障法第三条中规定"'满洲国'人民无论种族一律享受国家平等的保护",住在"满洲国"内的所有国民都得到平等的待遇和保护。而从旧政权时代开始日本人一直在满洲享有治外法权,但是1936年6月日满双方签署了废除治外法权和调整、移交满铁附属地带的行政权的协议,从当年7月1日开始住在"满洲国"的日本国民开始适用新的租税法规,并于近期全面废除治外法权。而日本人,作为满洲五族的领导成分,则与其他族群一样必须服从"满洲国"的法律命令进行活动,因此这是一个废除拥有治外法权的第三国人民历来具有的优越地位的极好契机。

建国宣言中所说的"在领土内居住的居民,原有的五族人民自不必说,其他国家的人民若是希望永久居住在本国者,亦可享受到平等的待遇,保障其应有的权利丝毫不受损害",如实得到了实践。因此以"满洲国"的官员为首,各行各业的人均没有任何区别对待。这一点就如同旧军阀时代没有民族的差别一样。

3. 铲除黑暗政治

1932年4月1日,人权保障法公布,其中规定"统治'满洲国'的皇帝除了战时和非常情况之外,要依据本法保障人民的自由和权利,并且依照现行法律各条款公正地掌管国家事务"(后于1934年3月1日敕令第12号前文修正)。所以人民"身体的自由"、"财产权"、"信教"等相关权利已经得到确立,法治国家的基础也牢牢树立。因此过去掌握在军阀手中的生杀予夺大权已经消失,滋生邪恶的契约制度也被废除。另外设置了监察院,监察部负责监察违法行为,审计部负责监察会计,防止非法行为,施行阳光政治。

### 4. 修订法律

建国以来,为了尽快废除治外法权,国家对司法制度的改革给予了特别关注,制定了法制重整、改善审判机构、确立司法警察和检察制度、刑事制度的改善等事项的大纲之后,政府当局便开始接连实施这些计划;另一方面,提升法官的素质,任用优秀的日本法官已经取得了良好的成果。而司法部设立法学校作为训练满洲本地法官的机构,以及派遣留学生去日本学习法学同样也取得了瞩目的成就。

为了防止司法权受到行政权的压迫而产生扭曲这种弊害、保证法律尊严,政府使司法权从行政权独立的同时也扫除轻视法官的恶习,保障法官的生活,但是对于他们的罪行则绝不留情一律铲除,以便深化人民对于法律和法官的信任感。除此之外,作为改善刑罚制度的手段之一,在人和设备的方面都做了改良,设置了狱政训练所和刑务官训练所。

法典之中的民法、商法、刑法、民事诉讼法、刑事诉讼法等,政府设想从1935年开始三年之内完成这些重要法令的制定。刑法于本年度1月7日公布,同年3月1日开始实施。刑事诉讼法将于近期公布,其他的如民法、商法、民事诉讼法等也至今年7月为止陆续公布。

法院组织法于1936年1月4日公布,同实施法于同年5月21日公布,自7月1日实施。

### 5. 鼓励地方自治

中央政府机构牢固确立的同时也致力于建立牢固的地方行政

制度。以中央集权制为根本方针，颁布了政府组织及其他法令，或进行了修正。即：

甲、省制改革。1934年12月施行省制改革以来，废除了原来的省即独立的省制，成为国家行政区划中的一部分。为了配合这个法律的实施，进一步制定了省地方开支体系，使其面目一新。

乙、特别市制度以及普通市制度的制定。

丙、废除北满特别区（1936年1月1日开始）。

丁、确立县制。废除县政府的各局分立制，所有各局统一管理，废除县的承包制，希望实现财务上的公平。

戊、街道村镇制度确立的准备。县以下的地方行政机构——街道和村镇制度当前正在研究之中，近期可以确定。

己、实施保甲制度（1934年1月开始实施）。保甲制度以邻里友好为主旨，作为警察的辅助机构而设立。在地方制度还未完善的今天，保甲制度作为地方制度的基础发挥着重要的作用。

**韦伯庭长**：你还要读更多的内容吗？

**布雷克尼辩护律师**：还有很多。

**韦伯庭长**：辩方开始这个阶段时我听说需要大概两个半月时间。后来我又听说需要三个半月的时间。我想知道最长的打算需要多少时间，请明天早上给我答复。现在休庭，明天早上9:30开庭。

（16:00休庭）

# 十四、"满洲国"经济基础的发展

1947年4月22日,星期二
日本东京都旧陆军省大楼内远东国际军事法庭

(9:30重新开庭)

**法庭执行官**:现在开始进行远东国际军事审判的审理。

**韦伯庭长**:除了东乡茂德以及平沼骐一郎被告以外,全体被告均已出席。缺席被告由各自辩护律师代理。根据巢鸭监狱医师出具的证明,两名缺席被告因为生病无法出席本日审理。该证明已记录在案,编入法庭记录。布雷克尼辩护律师。

**布雷克尼辩护律师**:昨天休庭之前,韦伯庭长要求我估算正在进行的一般阶段到结束为止最长还需多少时间。鉴于去年检方的同样阶段意外地延长了很长时间,所以我们辩方不敢武断地做出估算。而且我想法庭肯定知道对此做出准确的估计会有很大困难。但是,我向那些可以征求他们意见的同僚询问了他们大体的意见,试图获得一个平均值。结果显示需要3个月10天至3个半月左右。

**韦伯庭长**:从现在开始算起吗?布雷克尼辩护律师。

**布雷克尼辩护律师**:是从现在开始算接下来完成整个一般阶段、我们处理所有剩余事项所需要的时间。

**韦伯庭长**:你有没有估算过接下来辩方为被告辩护的全部阶段需要花多少时间?

**布雷克尼辩护律师**:关于这一点我们辩护律师还没有讨论过。

**韦伯庭长**：但是我们法庭所代表的各国政府和各国的法院对于这一个问题非常关心。当然，我并没有威胁你的意思。

**布雷克尼辩护律师**：我也同样，我的这个估算同样没有威胁法庭的意思。

**韦伯庭长**：谢谢。

**布雷克尼辩护律师**：我想宣读昨天审理当中的检方文件第 445 号。

**韦伯庭长**：我首先要做一个修正。法庭速记记录第 20384 页第 11 行以及第 12 行中，将从"yet（但是）"至"another（另外）"的一段删除，代之以"通常你被迫去信仰一个宗教而发誓放弃另外一个"这一句。

**布雷克尼辩护律师**：我要宣读的书证第 445 号的摘要中还剩几段，大多都非常简短。

**韦伯庭长**：我想你已经确实了解法庭要求你缩短一般阶段的时间并非是要求你省略那些必要的、有关联性的内容。法庭条例规定被告要得到充分、公正的审判。布雷克尼辩护律师。

**布雷克尼辩护律师**：我从第 12 页第 2 段开始宣读。（宣读）

哈尔滨、奉天、吉林、齐齐哈尔等作为"满洲国"的重要都市，在现代化都市计划的实施过程中，不久的将来会显现出气派的现代都市的样貌。

二、农业的开发

农业是我国国民经济的基础，而农业开发的方针则是"在谋求依赖外国进口的农产品实现自给的同时，致力于出口一般农产品增进农民大众的利益，改善其生活水平"。

稍微跳跃一些，宣读第 13 页的末尾部分。

3. 林业

林业的主要目标是控制森林的乱砍滥伐,对森林进行保护和增进培育树木,通过合理经营的方式维持森林的生产能力","调整现有的林场权,实现国有林场的国营化"。

接下来是第15页第1段的"5. 土地"。

5. 土地

迅速开始着手调查土地,确立土地制度,防止土地兼并之弊。

接下来是第20页第3段。

关税政策以振兴贸易为宗旨,促进国际贸易的发展。

**韦伯庭长**：检方已经读过这些了,不是吗？我手上的副本中做了标记,他们已经读过了。

**布雷克尼辩护律师**：可能是的。下面我要宣读第21页检方没有宣读过的第6节的全部。（宣读）

六、促进私有经济

政府希望改善国内的私有经济,将不会允许游手好闲之辈的存在。并且为了培育自立与相互扶助的美德,政府决定实施以下方法：

（1）采取一切有效的手段保护人民的生命与财产安全。

（2）官民协力采取适当的措施以备饥荒和天灾时之需,防止途有饿殍之现象。

（3）调整税制,使负担均衡化、减轻民众负担,以期增长国力。

（4）向国民大众低价提供生活必需品。

（5）促进各种产业组织和金融组织健全的发展,确保相互扶助的成果。

（6）采取手段向一般失业者提供工作。

过去的5年里,政府想尽了所有方法来实现以上目标。建国以来,相继发生了很多天灾人祸匪患等,而政府同样对此尽了最大努力以期不留遗憾。凶年救灾粮制度、拍卖制度、税制改正、农村金融、同济会等制度的设立也都是其例证。

如上所述,"满洲国"忠实地实行了建国宣言和经济建设纲要中的承诺,并且取得了辉煌的结果,总体成绩达到预期以上。比较一下李顿调查团和巴恩比[1]调查团的报告,你就可以很容易得出你的结论。

将以上成果和苏联与中华民国相比较,并调查一下他们所承诺的政策到底在多大程度上得到执行,你会发现我们的成就是令人瞩目的。

**韦伯庭长：**以上内容检察方未曾宣读。

**布雷克尼辩护律师：**是的。接着是第32页的"四、货币市场"这一段。（宣读）

四、货币市场

同时政府进一步计划重整和强化地方普通银行、增加农村金融合作社、新设城市金融合作社以及设法使这些机构充分运作、降低利息以帮助中小企业者、工商业者以及农民参与金融活动。

---

[1] 日文版为「バーンビ」,英文版为"Barnby"

文件宣读到此结束。接下来宣读法庭证据第 446 号，进一步举证"满洲国"引进外资的努力。英文版第 54 页下方的表格显示了日本以外诸国在"满洲国"五年计划的投资额占总额的 27%，相当于日本总投资额的 30%。

现在从英文版第 56 页下方第 2 节开始宣读：

1. 在汽车和飞机制造产业领域引入外资额为：3.4 亿日元。

为了举证"满洲国"以及关东军完全没有策划发动侵略战争，现在将辩护方文件第 569 号作为证据提交，我相信它能起到一些作用。该文件是 1938 年美国工业公司对"满洲国"的龙头重工业企业——昭和制铁工厂所做的纵览性调查。

**韦伯庭长**：奎廉检察官，我们得到这份文件之后会听取你的异议。这样我们可以更容易听懂。

**奎廉检察官**：检方认为无论使用什么样的方法，刚才提交的书证对决定日本的行为是否是侵略战争都没有任何帮助。我们认为这份文件不具备证据价值和关联性，这是我们反对的理由。这是一封来自一家公司工程师的信。信中只是提到这些工程师认为满洲某家钢铁工厂有能力进行扩张。简而言之这封信只是提及那份没有提交的报告而已。基于这些原因，我们主张这份文件对于法庭的审理没有任何帮助。

**韦伯庭长**：布雷克尼辩护律师。

**布雷克尼辩护律师**：我想检方的意思是这份文件是传闻证据，但实际上并非如此。

**韦伯庭长**：这不构成抗议。其关联性体现在什么地方呢？

**布雷克尼辩护律师**：我们辩方并不关心那份报告的内容或它的性质。

**韦伯庭长**：布雷克尼辩护律师，我想这与我们正在争论的话题没有什么关系。

**布雷克尼辩护律师：**因为有指控认为日本出于自己的目的而对满洲进行彻底的压榨，并将其他国家排除在外，并试图在满洲建造自己的兵工厂。

我的同僚刚才提醒我，我们和各位法官在看的文件不是同一份。

**韦伯庭长：**是吗？

**布雷克尼辩护律师：**您手上那份我刚刚提交的正确的书证，其证据价值体现在根据这份文件，满洲重工业开发株式会社十分愿意邀请美国工程师对满洲重工业开发株式会社旗下的所谓的兵工厂、特别是对昭和制铁株式会社进行充分的调查。根据以上理由，我们认为这份文件展示了满洲相关人员的意图，从而显示了其作为佐证的价值。

**韦伯庭长：**法庭认可检方的异议，驳回该书证。

**布雷克尼辩护律师：**为了证明侵略战争计划的指控缺乏事实根据，现在把辩方文件第 566 号作为证据提交。该文件是美国矿物学家贝恩·H·福斯特于 1938 年在纽约市关于满洲重工业开发株式会社所做的一份题为《满洲工业的基础：矿物资源》的报告。

**韦伯庭长：**奎廉检察官。

**奎廉检察官：**我们同样反对提交这份文件。这份文件只是介绍这份报告，根据这份报告，满洲有未开发的矿产。检方无法、也不打算对这一点进行反驳；也无法否认日本急于开发满洲的埋藏矿物资源。不难理解，来自国外的帮助，特别是美国的协助，对于矿产的开发是有帮助的。但是对于为什么日本要急于开发满洲矿产资源的原因，而这份文件中无论是直接还是间接都没有提到这一点。

**布雷克尼辩护律师：**日本希望开发满洲矿物资源的原因，正如奎廉检察官所说，现在确实是争论点。但是我想，关于日本是否有发动侵略战争意图这一问题，1938 年日本邀请外国专家与技术人员参观和检查满洲一事可以作为重要参考。

**韦伯庭长**：法庭支持检方异议，驳回该文件。

**布雷克尼辩护律师**：现在传唤辩方证人田中恭，他的相关证据是辩方文件第 1005 号。该证人将由威廉姆斯辩护律师进行询问。

（田中恭证人登上证人席）

（证人宣誓）

### 直接询问（由威廉姆斯辩护律师询问田中恭证人）

问：证人，请告诉法庭你的名字和住址。

答：我叫田中恭，家住在东京都港区麻布中町二一番地。

**威廉姆斯辩护律师**：请向证人呈示辩方文件第 1005 号。

（向证人递交文件）

问：证人请确认一下你手头的文件，并告诉法庭这是不是你的宣誓证词。

答：没错，是我的。

问：这份宣誓证词的内容真实无误吗？

答：我发现有一个地方是我记错了，希望可以订正。

**威廉姆斯辩护律师**：那处错误在什么地方？

答：在日文版倒数第 3 页上，上面写的是"纽约的贝恩·H·福斯特先生"，他应该是芝加哥的。所以"纽约 Brassert 公司"，实际上应该是"芝加哥 Brassert 公司"。

问：除此之外还有什么需要更改的地方吗？

答：没有了。

**威廉姆斯辩护律师**：现在把田中恭证人的宣誓证词、即辩方文件第 1005 号作为证据提交。

**韦伯庭长**：按照惯例，予以接受。

**法庭书记官**：辩方文件第 1005 号现接受为法庭证据第 2475 号。

**威廉姆斯辩护律师**：（宣读）

我叫田中恭，在此宣誓：以下内容都是遵从自己的良心、尽自己所知与信念所做的陈述。

1923年4月我从东京帝国大学毕业后进入大藏省，1932年7月我被选为赴"满洲国"政府任职的数名日本官员中的一员，于同年7月17日抵达新京并获得了新职位。从那时起我一直在"满洲国"财政部（后改称经济部）工作，直到1937年年末我担任新成立的满洲重工业开发公司的理事为止。1944年10月被任命为满洲制铁株式会社理事，一直到战争结束。

"满洲国"建国当时，虽然建立财政部和统一货币是新国家最基本的重要问题，但是"满洲国"当地并没有能够承担此种行政的适合人才，所以"满洲国"政府就向日本政府提出请求，希望日本能够向满洲派遣财政金融方面的专家，于是当时的大藏大臣高桥是清以及大藏省秘书课长大野龙太便选中了我和星野直树等人。当我们得知我们要去一个所知甚少的遥远国度时，我们全体特别是星野直树都拒绝了这一任命。但是后来在他们的劝诱下，并且考虑到无论如何都要有人去的时候我们便接受了。

我记得在我们出发前斋藤实首相告诫我们不是作为日本的官员前往满洲，而是作为独立国家"满洲国"的一名官员，在"满洲国"的任职期间要牢记这一点。

抵达新京以后，星野直树被任命为财政部总务司长，我则被任命为理财司长。当时财政部总长是熙洽，次长是孙其昌。熙洽离职以后，孙其昌继任财政部总长，洪维国担任次长。财政部当时由总务、理财和税务三司构成，理财司主管银行、货币相关事务，税务司负责税务以及关税相关事务。总务司长则负责维持其他各司之间的联络，保持统一，但是并不拥有次长可以指挥各司长的权利。由于在执行任务的实际过程中屡屡遇到困难，于是在之后的各部机构改革时总务司就被废除了。

我们抵达满洲担任新职位之前恰好"满洲国"政府相继接收了吉黑盐务专卖局、辽宁盐务稽核处以及海关的营运权，并将其从各省政府的财政厅中分离出来置于财政部的管辖之下，食盐专卖收益、盐税、关税以及国内税收开始集中到财政部。然而，由于还未能准确估计这些收入，所以政府只能制定极具部分性质的每月预算。在这种情况下，我们首先被命令在尽可能短的时间内完成对全年收支的估算。

另一方面，1932年7月1日"满洲国"中央银行开始运作，立即着手用新发行的新纸币来回收统一原旧纸币的工作。当时政府面临最重要的一个问题是维持新货币的价值，所以必须要极力避免财政收支不平衡与中央银行向政府的借贷。但是由于国内治安状况并不尽如人意、收入预期比较悲观，再加上由于华北水灾重建工作需要增加开支，因此政府打算向日本进行借贷以维持新货币的价值。于是同年10月"满洲国"政府便派遣了政府中负责国债事务的财政部总务司司长星野直树以及中央银行副总裁山成乔六前往日本进行借贷交涉。

在我的记忆中，不久之后就收到他们从东京发来的报告说东京银行业人员间认为"满洲国"公债筹集进行市场化的可能性很小，从而东京方面面露难色。即便他们同意了此次借贷，他们也会像给中国提供的借款一样要求提供担保。

经过政府慎重考虑之后认为以税收和关税来实现这个目的并不合适，遂决定以鸦片和食盐专卖所获得的收益作为担保，但同时决定要在保留"满洲国"政府根据必要自由变更专卖制度这个条件之下，向山成乔六、星野直树两位传达了这个宗旨。之后进一步接到他们的消息，称在大藏大臣高桥是清的斡旋下交涉向有利方向展开，按照预期可筹集到3 000万元的借款，政府于是着手办理实施借款的必要手续。新京于1932年11月16日公布了建国公债条例,同时当月19日星野直树和山成乔六代表"满洲国"政府与日本财团代表在东京签署了公债筹集的协议。根据这份协议,公债可在7年之内进行偿还。

"满洲国"最初的年度预算于1932年10月制作完毕。这份预算将从央行的借贷限制在了1 000万元,只维持最小限度的开支。与此同时成功地实现了将从前分散在各地方政府的资源完全集中到了中央政府手中。这样一来,年度预算制度便可以在1933年度健全的财政基础之上建立起来。

如上所述,新政府最重要的任务之一是维持新货币的稳定与价值,而该任务主要是财政部理财司司长我的职责。当我抵达新京时政府已经开始进行统一币制的工作,旧货币整理条例已于1932年6月颁布,旧纸币回收工作正在进行之中。然而这些旧货币大部分仍然处于流通之中,需要进行回收。旧政权之下各地方银行发行的币种约有15种之多,并且币值经常变动,人民深受其苦。而新政府的统一货币工作于1935年8月完成。

"满洲国"政府根据1932年货币法的规定,新货币采用银本位,努力将其价值维持在与23.91克银等价的水平上。新货币受到满洲人民的欢迎,因为他们已经习惯了使用银元。而随着国家整体财政状况的迅速好转,以及国际收支令人满意,这都使我们得以维持新货币的稳定。

我们一直采取这项新货币银本位政策到1935年,但为了避免因当年银市场的形势而导致经济发生困难,我们不得不放弃了银本位制度,将货币与银分离。

与货币统一相关、必须要完成一项重要的工作就是策划朝鲜银行券从"满洲国"撤离。以前朝鲜银行被允许在"满洲国"国内发行其银行券,并且该银行券在满铁附属地带内以及"满洲国"内日本人之间拥有作为法币的强制流通力。该券在"满洲国"内流通着相当大的数额，没有人能够准确地估计这个数字。从货币统一的观点出发，这种状态让人非常不满意，应尽快加以纠正。1935年11月，日本政府照会"满洲国"政府，称日本政府对停止该纸币的流通表示理解。次年8月我被派遣至东京与大藏省关于该协议的施行上，以及伴随这项协议应该被停止的业务的清算上对必要的具体手续进行交涉。此次交涉的结果是朝鲜银行券于1937年1月开始停止流通。这份协议对于"满洲国"经济和财政的独立和完整都有很大帮助。

"满洲国"坚持的方针是在经济、产业等活动中对于任何国民都平等地对待，不给予任何人优先权。"满洲国"有为数众多的公司，包括半官方性质的和普通的公司。满洲人和其他公民一样拥有向这些公司投资的机会，绝对没有被禁止从事投资工作。甚至政府还想方设法鼓励满洲人投资如满洲电力株式会社这种被认为是有前途的公司，但是满洲人极少响应。一般说来，满洲人对于投资株式会社一事没有展现出任何兴趣。后来政府在哈尔滨设立了面向满洲人的股票交易所，为此，交易所中所有交易员都是满洲人。但是对于这种处心积虑的安排，满人并没有如期加以利用。

1937年12月满洲重工业开发株式会社成立之际，我被选为该公司的理事之一。其总裁是鲇川义介，副总裁是满洲人冯涵清，此外还有6名理事，其中1名是满洲人。鲇川总裁认为应该采取综合性的计划和美国那种高度且大规模的方法来开发满洲，为此痛感有必要引入美国的资本与产业技术。我们几位理事则协助鲇川义介总裁实施该计划。公司为了彻底调查满洲的矿物资源而聘请了芝加哥的贝恩·H·福斯特先生，并且委托芝加哥的Brassert公司为鞍山钢铁厂设计扩张计划，其将成为东洋首屈一指的钢铁厂。

另外浅原源七、山本惣次、矢野美章等人也相继被派往美国以便获得美国企业家的投资及其他帮助。

经过努力,他们成功获得了宾夕法尼亚州匹兹堡市Mesta机械公司的投资与协助。然而不幸的是,未预料到1937年及之后卢沟桥事变事态扩大,从而给完成这项工作带来了困难。国外的舆论,尤其是在美国逐渐变得不利于这项工作的实施。鲇川总裁和我们这些相关人员都很担忧这种形势,但是情况却日益恶化。

由于满重的使命与理想都已经丧失,所以在总裁任期第一期期满后,鲇川总裁立即离开了满洲。满重的目标是和平开发满洲,将这个国家提升为世界现代工业国家中的一员。

签名:田中恭

检方可以开始交叉询问。

**奎廉检察官**:检察方不打算进行交叉询问。

**布雷克尼辩护律师**:请按照惯例,允许证人退庭。

(田中恭证人退庭)

……

# 索　引

## A

安达谦藏　48
安藤　88
安藤利吉　65
岸信介　343,344
奥村慎次　337,338,341

## B

巴恩比调查团　353
白川义则　175
白鸟敏夫　79,80
板垣征四郎　85,86,88,97,106,108,133,156,175,181,213
邦交敦睦令　49
鲍威尔　240
北京　5,139－141
北京条约　167
北满　112,115,117,125,200
北满特别区　349
贝恩·H·福斯特　356,360
本庄　43,44,47,66,85,86,89,106－108,111,116,173,175
币原喜重郎　7,43,60,63－65,68,80,86,87,90,91,96－98,101,103,174－177
宾夕法尼亚州匹兹堡市　361
滨口雄幸内阁　42,58
布鲁伊特　31,32
布雷克尼　52,194－196,201,202,211,213－215,224,228,229,231,232,234,236－253,255,256,259－262,265－269,271,273,276－278,280,283,286,293,298,310－312,314,317,318,329,330,332－335,341－343,349－356,361
布鲁克斯　1,20－23,28－30,35－42,45,46,50－55,59,61,62,64,68,74－77,80,81,84,85,95,104,105,113,114,120－122,129,153,166,169－171,194,201,202,211

## C

蔡法平　253
巢鸭监狱　30,72,110,148,181,185,234,293,350
朝鲜　10,42,44,49,50,57－60,72,73,74,82－84,117,150,151,153－158,163,174,175,182－184,199,200,220,267,295,332,359,360

朝鲜军　42,44,50,72-76,84,137,156,157,174,183

## D

大阪　344
大东亚共荣圈　164,165,169,170
大东亚省　50,158-160,162
大分县日出町　42
大栗子　254
大连　102-104,140,156,277,326
大辽河　47,67
大日本政治会　50,51,162-165,184,186
大同学院　216,221
大野龙太　357
大政翼赞会　163,164
德国　16,156
德王　49,143,144,209,210
地方自治指导部　90,97
帝国大学法学部　287
帝国酒店　45
东北行政委员会　1,3
东北四省　3
东京　1,3,17,30,44,47,49,51,54,57,61,72,73,87,110,115,125,145,148,182,185,208,215,228-230,234,245,246,292,299,310,323,339,350,358-360
东京帝国大学　357
东京帝国大学法学部　216,323,338
东京都港区麻布中町　356
东京都涩谷区千駄谷町　228

东京都杉并区久我山　337
东京都世田谷区上马町　244
东京都世田谷区深泽町　215
东京都世田谷区宇奈根町　250
东京都世田谷区玉川奥泽町　318,323
东京都新宿区本盐町　287
东京神田　241
东三省　178
东省特别区　10
东条英机　31,32,159,161,162,169
东条英机内阁　160,161
东乡茂德　30,72,110,148,185,234,293,350
东洋　58,146,166,233,265,360
毒品取缔法　277,283,285,298
独立促进指导委员会　91
独立运动　45,69,92,93,99,100,107,116,169,178
多米尼加共和国　48
多田骏　140

## E

俄国　44,167,172
二宫治重　43,56,175

## F

法国　256,257
法政大学　221
法制整顿委员会　224
菲律宾　92,164,259
废除治外法权　14,198,226,309,

347,348

冯涵清　360

奉天　6,10,43,46,60,61,63－65,86－90,93,96,140,177,178,254,291,297,331,351

奉天金融合作社　335

奉天省政府　335

奉天事变　22,66

福尼斯　86

## G

冈本敏男　1－9,11,13－19,168,171,172,177,182,183,185－187

冈田启介　48,137,341

冈田启介内阁　48,198,201

高村岩　228,234－236

高桥是清　48,357,358

高桥坦　183,184

戈林　35,37

戈特　124

工藤忠　253

共产国际　341

共产主义　199,239,341

古庄干郎　145

关东军　44－49,60,61,64－68,72－74,83,85－88,93,94,96,97,100,102,103,105－107,116－118,123,125－129,131－138,140,144,146,147,151,155,166,167,172－175,177,180－182,186,187,196－199,201,204－208,211－213,218,238,245,300－302,307,321,326,339,354

关东州租借地　15,259,267,270,295

广田弘毅　19,48,131,133,134

广州湾　270

国际联盟　7,8,13,23,46,69,70,72,79－82,84,174,265－267,272,273,277

国际联盟理事会　7,80

国际联盟调查委员会　256,265－267,269,271,286

国际联盟鸦片问题调查委员会　266

国际联盟远东鸦片吸食控制调查委员会　258

国际鸦片条约　256,257

国际鸦片条约缔结补充协定　257

国民党政府　2,3,208

## H

哈尔滨　8,47,116,331,351,360

汉口　153,154

航海相关协定　15

河北　12,140,145

荷兰　256,257

荷属东印度　164,271

贺来佐贺太郎　264

赫尔利·帕特里克　92

黑龙江　10,294,331

亨利·溥仪　41

横滨　323

横须贺　288

洪维国　357

胡佛　92

胡志远 325

花谷正 86

华北 12,49,137,139,141,143-146,151,153,155,203,208,209,253,295,298,338,340,358

华北派遣军 140

华北新政权 207,208

华北新政权建立运动 202

华北制铁株式会社 338

华北驻屯军 47,100,140-142

华北自治 145

华北自治政权 146

华盛顿 52,53

华盛顿会议 42

华中 203,204

荒木贞夫 39,110,111,192-194

皇帝 6,98-100,106,170,178,199,216,217,219,220,222,223,233,238,240,245,246,250,251,253,254,322,325,347

会宁 117

## J

矶谷廉介 142

吉冈安直 199,245

吉黑盐务专卖局 358

吉会铁道 112,115,117,118

吉林 10,67,116,117,331,332,351

吉林省东北部 293

吉林省桦甸县 314

即位诏书 6

季南 41,42,247

冀察政权 49,144

冀东政权 145

加藤高明内阁 42

间岛 79,82-84,174,175,332

建川美次 56,60-62,64,65

建国大学 221

建国功劳公债券 223

建国神庙 244-246,325

建国宣言 199,220,346,347,353

江木翼 62,63,69

姜恩 288

蒋介石 18,48,49,133,242

蒋政权 153,207

金谷范三 43,56

锦州 47,67-70,107,110,111,192,193

锦州轰炸事件 107

近卫首相声明 207

近卫文麿 151,155,156,202,205

近卫文麿内阁 50,162

经济建设纲要 346,353

井上准之助 63

井原润次郎 156-158,183,184

靖国神社 246

静冈县榛原郡相良町 237

九国公约 91,92

九一八事变 338

九州 47

酒井隆 142

军人敕谕案 254

军政府组织案 209

## K

坎宁安　34,35
开拓政策　197,199
柯明斯-卡尔　16,17,41,45,46,52-54,59,61-63,67,68,72,74,77-80,82,84-86,90,91,94-96,98,100-106,108,110,112,114,120,121,127,137,138,148,150-153,156,158,160,166,173,176,178,179,182-185,189-193,202-204,206,207,211,213,239
奎廉　224,250,251,253,255,264,266,267,298,300,301,304-309,311,312,319,320,322,328-330,333,334,341,342,354,355,361

## L

拉扎勒斯　25,27
李顿调查团　2,7,12,330,333,353
《李顿调查团报告》　2,4-7,12,13,224,310,330,334
笠木良明　97
笠原幸雄　122
联合协议会　199,224,347
联盟会议　80
辽东半岛　167
辽河　69
林久治郎　63-65,90,93,106,116,117
林赖三郎　161
林森　49
林铣十郎　44,73,74,78
林逸郎　1
铃木贯太郎　159
菱刈隆　48
刘盛源　326
柳条沟　93
龙江县　294
卢沟桥事变　91,153,200,201,205,207,211,327,340,344,361
鹿儿岛虎雄　244-246
伦敦　313
罗马尼亚王国　17
罗斯福　18
洛根　24,26-28,36,187-191,247
旅顺　43,88,254
旅顺港　87,88

## M

马占山　47
麦克马纳斯　191-194
满蒙　9,10,43,70,112,189
满蒙新国家独立宣言　1-3
满铁　14,43,56,57,65,86,326,337-339,341
满铁附属地带　14,15,19,64,347,359
满铁经济调查会　338
"满洲国"新体制改革　310
满洲　6,7,12,14,16,38,44,45,47-49,54-61,63-66,69,70,73,74,82,83,86-93,96,98-100,102-106,110-112,115-118,123-

127,130-134,136,141-143,167,169,172,174-177,181,195-201,204,211,213,214,222,226,227,233,238,242,243,245,246,248,249,251,260,261,265,266,288-292,299,301,306,307,309-311,313,318,325-327,330,335,338-342,344,345,347,348,354,355,357-361

满洲电力株式会社  360

"满洲国"  1,2,4,7,8,10,11,14-19,45,48,49,55,115,119,123,126,128-132,134-137,139,141,165-167,176,178-181,195-201,207,209,210,212,214,216,217,219-221,223,224,226-228,230,238,243-249,252-254,256,257,260-262,265,266,268,277,283,285-291,294-303,309,311-313,316,318-322,324-327,329,332-338,340-344,347,350,351,353,354,357-360

"满洲国"产业开发五年计划  200

"满洲国"工业开发株式会社  321

"满洲国"共和会中央本部  2

"满洲国"国军  199

"满洲国"哈尔滨航行局  15

"满洲国"皇帝  48,49,178,198,199,216,245,246,251,325

"满洲国"建国宣言  8,9

《"满洲国"年鉴》  260,282,310-312,318,327,328,334

《"满洲国"施政大纲》  332,333

"满洲国"五年开发计划  321

"满洲国"宪法  217

"满洲国"协和会  179,199,211,213,224,346

"满洲国"鸦片专卖制度  260

"满洲国"政府  10,125-129,135,136,197-200,216,224,248,256,260,261,288,296,298,301,302,307,310,315,316,321,323,330,339-341,357-360

"满洲国"中央银行  226,312,358

"满洲国"宗教问题  228

满洲开拓委员会  197

满洲事变  61,73,78,83,87,91-93,99,100,107,137,140,173,176,177,239

满洲新国家治外法权的政策  13

满洲制铁株式会社  357

满洲治外法权  198,201

满洲重工业开发株式会社  200,320,338,340,355,360

梅津-何应钦协定  138,142

美国  18,23,24,52,53,80,92,104,105,114,129,171,200,313,320,354,355,360,361

美国政府  18,127

梅津美治郎  127,140-142,205

蒙古  3,58,63,70,208,209

蒙古各盟旗  10

蒙古国会案  209

蒙疆  203,208,210

缅甸　164,271
缅甸政府　271
民政党　42,47,50,163
名波敏郎　237,238
摩尔　205,261,262
莫洛托夫　342
木村兵太郎　156,157
木户侯爵日记　112
木户幸一　111,113-116,118,119,187-191

# N

南次郎　7,21,22,40-42,51,54,62,68,72,82,85,90,96,100,101,110,114,120,121,127,137,138,148,150,153,160,171,177,185,186,188,192
南弘　161,170
南京暴行事件　154
南满　117
南满洲铁道株式会社（南满洲铁道）　65,117,200,216,277
南美　112
难波经一　286,287,293,298,304,309,330
内蒙古　49,143,144,146,208,210
嫩江　47
尼港　44
尼港事件　44
鲇川义介　360
纽伦堡法庭　34,35,37,39
纽伦堡审判　35,36,38,39

纽约　355,356
诺兰　1,4,5,7,13,15,16,236,238,240-243,246,248
诺门坎事件　212
诺斯克罗夫特　234

# O

欧洲战争　70

# P

炮击事件　87
平沼骐一郎　185,234,293,350
婆罗洲　271
葡萄牙　256,257
朴茨茅斯条约　167,169,172
溥仪　6,41,45,46,52,53,88,89,99,100,102-106,178,197,199,228,230,233,235,236,238-244,247,248,250,251,253,254,261,262,321,335

# Q

齐齐哈尔　47,68,351
浅原源七　361
桥本虎之助　175
秦德纯　49,139
青海　209
青木一男　162

# R

热河　10,136,253,283,293,314,331,332

日本　1，2，6，7，10－16，18，24，27，30，42－50，52，54－56，58，68－70，72，73，79－84，87，88，91，93，94，97，99，105，110，112，115－118，120－124，126－132，137－146，148，151，152，154，155，158，161，163，165－167，169－172，175，176，180，181，185，189，196，198－201，205，207，213，214，218－223，226，228，230，234，238，239，244，245，247－249，254－257，262，264，265，288，292，298，299，301，303，306－311，318，321－325，327，330，335，338－342，344，345，347，348，350，354，355，357－359

日本政府　4，7，13，14，18，47，49，207，243，245，298，300，301，307，323，327，339，357，360

日俄战争　14，42，88

日华事变　153

日满经济共同委员会　19，49，130，197

日满经济协定　128

日满年鉴　10，13

日满议定书　48，167，181，197，322

日美谅解案　17

日内瓦　258，263，264，272

日内瓦国际鸦片条约　290

日苏战争　55

阮振泽　222

瑞典　325

若槻礼次郎　43，44，65，73，75，76，79，82，85，86，91－93

若槻礼次郎第二次内阁　42

若槻礼次郎第一次内阁　42

若槻礼次郎内阁　47，58，70，72，98

## S

萨尔瓦多共和国　48

三江　314

桑岛主计　97，98，101，103

桑德斯基　305

森山锐一　161，162

沙王　209

山本惣次　361

山成乔六　358，359

山东　12，145

山海关　145

山梨半造　58

山田半藏　195，214

山形县鹤冈市　216

杉山元　43，56，205

上海　140，142，204，209，312

深井英五　161

神道教　245－248，261，321，322

神户　288

神奈川县　338

神奈川县大矶町　196

神田正种　122

沈瑞麟　254

十九人委员会报告草案　11

石本寅三　144

石井菊次郎　160

石丸志都磨　250，255

石油专卖制度　127
石原莞尔　85,86,108,175,234
矢野美章　361
施政大纲　329,331-333
守岛伍郎　86,87
水路协定　48
四平街　68
松冈洋右　7,11,156
松花江　338
松木侠　214,215
宋哲元　145
苏共十七大会议　341
苏联　8,12,15,16,25,48,54-56,117-123,125,126,137,182,214,230,254,339,341-343,353
苏联黑龙江航行局　15
苏满协定　16
苏正心　326
孙科　48
孙其昌　116,357
索王　209

## T

塔夫纳　17-19,21,22,26-28,32,34,37,38,187,188
台湾　50,65,220,256,257,259-267,269,290,295,297
太平洋战争　238
泰国　161,271
洮南　116
鹈泽总明　27
天皇　7,44,47,48,62,73-76,78,84,114-116,124,137,139,169,170,173,174,177,190,191,197-199,245-247,325
天津　5,45,47,97,98,100-106,140,142,199,253
天照大神　245,247
田中恭　356,357,361
田中隆吉　33,49,88,144,176,177
通化　314
土肥原-秦德纯协定　138
土肥原贤二　89-91,93,94,96,97,101-108,135,139,144,145,177

## W

外蒙古　12,268
汪精卫　48
王荆山　326
威廉姆斯　224,225,286,287,293,298,309,318-324,327,328,337,356
沃伦　22-24,26-28,30,33,34,94,98,101,102,104,105
无产阶级革命　341
伍德黑德　240-242
武部六藏　125-127
武藤富男　318,319,321,323,327,328
武藤信义　48

## X

西藏　12
西尾寿造　132,133,145,149,181

索　引 | 371

希特勒　155,156
熙洽　116,219,238,357
暹罗　256,257
闲院宫亲王　48
宪法研究委员会　223
香港　18
香椎浩平　253
小幡酉吉　160
小矶国昭　43,56,60-63
小矶国昭内阁　160
小松原道太郎　120,121
小原直　48
协和会　132,133,180,211-214,224,295,347
谢介石　116
辛亥革命　9
新加坡　18
新疆　12
新京　48,49,140,141,213,217,246,253,260,281,288,325,357,359
新民屯　47,68
新西兰　234
新义州　44
"新中国建立方案大纲"　203
新中央银行　226
星野直树　298-301,306,309,357-359
兴安分省　331
许丙　253
宣统帝　45,99

## Y

鸦片管制政策　277
鸦片专卖制度　256,260,277,285,287,294,295,299,302,303,308
鸭绿江　181
亚洲　86,151,164,165,247
伊丹　300
伊朗　295
伊势神宫　245
伊藤　56
翼赞政治会　50,162-164
印度　164,165,257
英国　105,242,256,257
英国政府　18
英属马来亚　161,271
樱井锭二　70
营口　96,103,104
永田铁山　88
有吉明　49
右田政夫　309
于学忠　140
宇垣一成　42,50,58,152,153,182
远东　1,10,11,18,23,29,30,40,51,61,72,82,90,100,110,119,127,138,148,159,168,176,185,195,205,215,230,234,235,240,247,256,261,264,268-271,273,276,278,292,321,335,342,350
远山猛雄　45,239
云王　209

## Z

臧式毅　116,219,324
斋藤实　357

张凤举　235

张景惠　3,4,198,219,254,324

张学良　44,47,69

张作霖　5,178,333

长城　136,138,145,180,181,208

长春　67,225,226

长江　12,204

长野县　323

昭和制铁工厂　354

赵欣伯　223

真野文二　169

郑家屯　67

郑孝胥　45,99,238

政友会　47,50,163

芝加哥　356,360

芝加哥 Brassert 公司　356

支那事变　155

植田谦吉　151,195,196,205,207

志波东吾　327

治外法权　14,15,19,49,197,198,201,226,298,303,309,347

枥渊　43

中川享　2

中国　1,10-12,25,26,43,45,47,48,55,60,67-69,91,94,96,97,99-101,119,122,123,126,131-134,137-146,151,153,154,166,167,169,178,181,182,201,203,204,206-208,212,214,217,220,226,233,241,247,256,257,261,288,310,316,331,340,341,358

中国政府　49,122,144,147,169,310

中国驻屯军　138,146

中华民国　5,9,10,79,164,169,181,207-209,249,353

中华民国政府　239

中华苏维埃　342

中央政府　48,49,68,69,137,146,203,225,314,348,359

中原变乱　9

重光葵　160

驻屯军　106,139

庄开永　326

庄士敦　5,230,232,242,243,251,252

《紫禁城的黄昏》　5,230,232,242

自治运动　151

自治指导部　225

佐贺县小城郡小城町　252